日本の若者はなぜ希望を持てないのか

日本と主要6カ国の国際比較

明治大学 国際日本学部教授
鈴木賢志

草思社

はじめに

内閣府が2013年に実施した『我が国と諸外国の若者の意識に関する調査』をご存じだろうか。これは日本および6つの国（アメリカ、イギリス、スウェーデン、フランス、ドイツ、韓国）における13歳から29歳までの若者を対象に、共通の質問項目を用いて行われた国際世論調査である。

その調査結果は、様々な点で衝撃的であったが、なかでも私が驚いたのは「あなたは、自分の将来について明るい希望を持っていますか」という質問に対する回答結果だ。「希望がある」「どちらかといえば希望がある」「どちらかといえば希望がない」「希望がない」の4つの選択肢の中で「希望がある」と回答した日本の若者は、わずか12％。「どちらかといえば希望がある」を含めても6割をやっと超える程度だ。逆に言うと、4割近くの若者が「どちらかといえば希望がない」もしくは「希望がない」と回答しているのだ。

他の国々について見ると「希望がある」と「どちらかといえば希望がある」を合わせて8割を下回る国はない。このような、日本と諸外国の希望の差はいったいどこから生まれるのだろうか。この問いが、本書の出発点である。

実は、私は当初この本のテーマを国民の幸福感にするつもりであった。しかし、日本人の幸福感はそれほど低いわけではない。特に若者たちは、古市憲寿が『絶望の国の幸福な若者たち』[1]で示したように、かなり幸せを感じながら生きている。けれども、何かがひっかかる……そう思っている時に出会ったのが、この「希望」の質問であった。

幸せと希望は、似て非なるものだ。将来に希望を持っている人は、今を幸せに感ずることができるかもしれないし、今が幸せな人は、将来に希望を抱きやすくなるかもしれない。しかし今の状況が不満であっても、人は希望を持つことができる。むしろ希望を持つことで今の苦境を乗り切ることができる。逆に、今が幸せであっても、将来に希望があるとは限らない。むしろ将来に希望がないから、現状で満足するしかない、という考え方もあるだろう。

それでは、これからの国づくりを考える上でどちらの方が大切かといえば、それは希望であると、私は思う。このまま「とりあえず今は幸せだが、希望は持てない」という若者が増え続けるようであれば、それこそ日本に明日はない。外国の真似をすればよいというものではないが、様々な国を希望という視点から理解し直してみることは、日本にとって大きな意義があるものと考えている。

経済・社会のグローバル化によって、ヒト、モノ、カネ、そして情報が国境を越えることが当たり前になった。けれども、それぞれの国の社会システムや国民性が特徴を失ってしまったわけではない。たとえば政府の役割を最小限にとどめ、自主性と市場競争を重んずる空気が社会で優勢を占めるアメリカやイギリスのような国があれば、その逆に政府の介入を積極的に認めるスウェーデンのような国もある。ドイツとフランスは、同じ大陸ヨーロッパの中にあり、EU（欧州連合）という超国家的な組織の中心に身を置いているにもかかわらず、その社会システムや国民性が融合している気配はあまり感じられない。

ところがこれらの国々は、将来について明るい希望を持っているという若者の割合が日本よりもずっと高いという点で共通している。同じ東アジア的な価値観と、それに根ざした社会システムを持っているはずの韓国でさえ、希望を持っている若者の割合は日本を大きく引き離している。いったい、日本の何が悪いのだろう。

私は縁あって、1997年から2007年までの10年間をスウェーデンに暮らし、その前後の約2年半をイギリスで過ごした。日本に帰国してからも、毎年ゼミの学生とともにスウェーデンを訪ね、現地の大学生や高校生との交流を進めている。また日本の大学では、日本の社会システムについて日本語でも英語でも教えているので、アメリカやヨーロッパ、韓国、中国、東南アジアなど幅広い地域からの留学生と接する機会も多い。彼らとの交流や議論を通じて、日本の学生たちが刺激を受けるさまを見るのは実に楽しい。しかも私自身、実は大いに勉強をさせてもらっている。40代も半ばを過ぎた私には、諸外国の若者はもちろんだが、今の日本の若者からも、そんなことを考えているのか、という気づきを与えられることが少なくない。そんな私の知見も本書の重要な糧となっている。

注記：本書に掲載されている図表について、構成比は小数点以下第1位を四捨五入しているため、合計しても必ずしも100とはならない。

日本の若者は
なぜ希望を
持てないのか
目　次

第3章 家族・人間関係と希望

第4章 学歴と希望

第5章 仕事と希望

第6章 社会との関わりと希望

終章　若者の希望は社会に何をもたらすのか

第1章
希望のメカニズム

Learn from yesterday, live for today,
hope for tomorrow.
（過去から学び、今日を生き、明日に希望を持て）
アルバート・アインシュタイン

本書における希望の定義

希望という言葉を知らない人はいない。しかし、いやおそらくだからこそ、希望という言葉の意味を真剣に考えた人はあまりいないのではないだろうか。

ためしにインターネットで「希望」の意味を調べると、このように書いてある。

き‐ぼう〔‐バウ〕【希望／×冀望】

［名］(スル)

1 あることの実現をのぞみ願うこと。また、その願い。「みんなの―を入れる」「入社を―する」

2 将来に対する期待。また、明るい見通し。「―に燃える」「―を見失う」

3 文法で、1の意を表す言い方。動詞に、文語では助動詞「たし」「まほし」、口語では助動詞「たい」などを付けて言い表す。

［補説］有人宇宙施設は別項。→きぼう

松村明監修『デジタル大辞泉』、小学館[1]

3の文法と有人宇宙施設はともかく、ごく一般的には1と2が希望の意味として、多くの人が頭に思い浮かべるところであろう。それでは英語ではどうか。オックスフォード大学出版局の Oxford Dictionaries というオンライン辞書で「hope」を調べてみると、[2] まず「1. A feeling of expectation and desire for a particular thing to happen（特定の物事が起こることへの期待や欲望の気分）」とあり、その下に「1.1 A person or thing that may help or save someone（誰かを助けたり救ったりするかもしれない人や物）」「1.2 Grounds for believing that something good may happen（何か良いことが起こるかもしれないと信じられる根拠）」となっている。また古典的な用法として「2. A feeling of trust（信頼の気分）」もある。

日本語の意味と英語の意味を比べてみると、日本語の1と英語の1、日本語の2と英語の1.2がそれぞれ対応しているように見える。なお英語の1.1に相当するものは日本語の辞書にはないが、日本語でも将来有望な人を希望（もしくはそのまま「ホープ」）と呼ぶことがある。結局のところ、「希望」と「hope」の間には、それほど大きな違いがなさそうだ。

さて、ここで重要なのは、日本語でも英語でも、希望には主に2つの意味があるということだ。2つの意味の違いは、その具体性にある。

もちろん、具体的な希望といっても、その内容が明確に特定されている必要はないし、それが叶う確率が高い必要もない。詳細まで明確に特定された内容が、高い確率で実現される可能性があるならば、それは希望というよりは予定と呼ぶべきである。

そして、これまで社会科学や心理学で研究の対象とされてきたのは、主にこの第1の意味の希望であった。たとえば2005年度に東京大学社会科学研究所の全所的プロジェクトとして発足した希望学は、我が国において希望を社会科学の枠組みから論じようとする非常に意欲的かつ画期的な試みであるが、その中でも「希望とは、具体的な『何か（something）』を『行動（action）』によって『実現（come true）』しようとする『願望（wish）』である」（玄田、宇野 2009年[3]）という定義が示されている。

また心理学の世界においても、アメリカの心理学において希望理論を打ち立てたシュナイダー（Snyder）は、希望を目標（goals）、それを達成する道筋（pathways）、そしてそれを達成できるという自負（agency）という3つの要素から成る分析枠組みを提示した（Snyder 2000[4]）。つまりここでいう希望もまた、辞書でいう第1の意味の希望である。

しかし第2の意味の希望に関心を寄せる研究者が全くいなかったわけではない。デュフォールトとマートッチオ（Dufault and Martocchio 1985）は、病気の患者がもらした「私は特に何かについて希望があるわけではないのです。ただ希望を抱いているのです。」という言葉を引いて、辞書の第2の意味に当たる「総合的希望（generalized hope）」を特定し、それを第1の意味に当たる「個別的希望（particularized hope）」と区別する分析枠組みを提示している。[5]

日本でも、都築（2004年）は、著書『希望の心理学』[6]の中で「目標としての希望」と「未来としての希望」や「未来への態度としての希望」を区別して論じている。都築はこれらの概念を対置させて論じているわけではないが、「目標としての希望」、すなわち個別的希望以外の希望があることを示している。また大橋・恒藤・柏木（2003年）は、デュフォールトとマートッチオの研究にふれつつ総合的希望にも目を向けるべきであるという主張を展開している。[7]先にgeneralized hopeを「総合的希望」、particularized hopeを「個別的希望」と訳したのは、彼らの訳語に倣ったものだ。

このように、一部の研究者は総合的希望にも目を向けているのであるが、逆に言えばこの程度しか見当たらない。これまでの希望についての研究を俯瞰《ふかん》する限りにおいて、やはり多くの研究者の主たる関心は具体的希望にあるようだ。その理由は、大橋らが指摘するように、「科学であるという立場から、客観的な指標、目に見える行動を扱う必要があるゆえに、期待や目標という構成概念を用いて希望を捉えざるを得ない[8]」ためであると考えるのが妥当であろう。

とはいえ、総合的希望を客観的な指標で表すことができないわけではない。本書の冒頭でふれた「あなたは、自分の将来について明るい希望を持っていますか」という質問に対する回答は、まさしくこの総合的希望の表れであると理解することができる。

玄田(2006年)は、希望学において「希望を個人の心の問題として受け止めるだけでなく、希望は個人を取り巻く社会とも密接に関係しているという点を重視していく」[9]と述べているが、これには全く同感である。しかし先に述べたように、玄田らの関心は主に個別的希望に向けられている。これに対して本書では、総合的希望についても、個人を取り巻く社会と密接に関係している、という仮説のもとで、議論を展開する。

デュフォールトとマートッチオの枠組みを取り上げる数少ない論者の1人であるオハラ(O'hara 2013)は、この2つの希望が相互に協力し合う関係にあると述べている。[10]すなわち、個別的希望の実現は総合的希望を下支えし、総合的希望は、個別的希望がなかなか実現しない時に、それを下支えする。また総合的希望は、個別的希望を生み出す気運を高める役割を果たしてくれる、ということだ。もしそれが正しければ、総合的希望と社会との関係を明らかにするのは、希望学で個別的希望と社会との関係を明らかにするのと同じくらい重要なことであるはずだ。

若者調査でわかること

本書では、日本の若者がどのような形で総合的希望、つまり将来についての明るい希望を感じているのかについて分析することにより、日本社会における様々な問題が、若者たちにどのような影響を与えているのかを探っていく。さらに、そうした総合的希望の感じ方が日本と諸外国との間でどのように異なるのかを明らかにすることで、それらの国々のように、日本でも多くの若者が自分の将来に希望を持つようになるには、私たちが何をすべきかについて考察する。

分析に当たっては、「はじめに」で紹介した内閣府の『我が国と諸外国の若者の意識に関する調査』(以下では『若者調査』と呼ぶことにする)のデータを主に用いる。この調査は、内閣府が日本および6つの国(アメリカ、イギリス、スウェーデン、フランス、ドイツ、韓国)における13歳から29歳までの若者を対象に、2013年の11月から12月にかけて行った、共通の質問項目を用いた国際世論調査である。

回答者は、それぞれの国で1000～1200人を集めており、統計的な信頼性は高い。各国とも、統計データに基づく各地域の人口、および各地域別の人口構成に応じた性別、年齢区分（13〜15歳、16〜19歳、20〜24歳、25〜29歳）別に標本数を割り当て、回収にあたっては、それぞれの標本数を確保し、地域や性別、年齢によって偏りが出ないように工夫されている。また調査方法はインターネットを用いたＷｅｂ調査で、質問票はそれぞれの国の公用語に翻訳されたものが用いられている。

もともと内閣府（旧総理府）は１９７２年から２００８年にかけて、ほぼ5年おきに『世界青年意識調査』という世界の若者を対象とした大規模な国際世論調査を実施してきたが、今回の調査は、その質問項目を大幅に改訂して実施されたものだ。「将来についての明るい希望」の質問は、その改訂によって今回初めて盛り込まれた。

冒頭でふれた「将来についての明るい希望」を含め、各国別の回答の結果を含めた全般的な報告と、いくつかのテーマに絞った有識者による分析や、単純集計結果、質問票（日本語および英語）は、内閣府のホームページに掲載されている。[11] また調査の概要は内閣府が発行している『平成26年版　子ども・若者白書』にも掲載されている。[12]

以下では、すでにこれらの報告に示されているものと同じデータを取り上げることもあるが、それだけではない。『若者調査』の個票データは学術研究を行う研究者に対して広く提供されている。本書では、そのデータによって可能となった独自の分析を織り込みつつ話を進めていく。

13〜17歳と18〜24歳の間で発生する「希望の落差」

「はじめに」で述べたように、『若者調査』の「あなたは、自分の将来について明るい希望を持っていますか」という質問において、「希望がある」と回答した日本の若者は、諸外国に比べて非常に少ない。

図表1‐1は、『若者調査』の対象7カ国における回答結果である。「希望がある」と「どちらかといえば希望がある」とを合わせた肯定的な回答の割合によって、アメリカから日本まで順に並べてある。アメリカとスウェーデンでは「希望あり」が9割を超えており、日本を除く他の国々においても8割を超えている。これに対して日本は6割をやっと超える水準である。比較の対象が欧米の国々のみであれば、東洋と西洋の文化の違いによって彼我の差を説明しようとする人がいるかもしれない。しかし、韓国にも明らかな差がつけられているとなると、そうもいかない。

ところで『若者調査』における対象者の年齢は13歳から29歳と、ひとくちに若者といっても、かなり幅が広い。そこでこれを①中学・高校期である13〜17歳、②高等教育・就職開始期である18〜24歳、③25〜29歳の3期に分けることにする。なお②は『若者調査』の前身である『世界青年意識調査』の対象年齢と同じなので、この年齢期については『世界青年意識調査』と同じ質問が採用されている場合に、経年的な変化をたどることも可能である。

図表1-2は、希望に関する回答結果を、これら3つの年齢期に分けたものである。ここでは国別・年齢期別の比較を容易にするため、「希望がある」「どちらかといえば希望がある」という肯定的な回答を「希望あり」、「どちらかといえば希望がない」「希望がない」という否定的な回答を「希望なし」にまとめ、この2つの割合に焦点を当てることにする。

年齢期別の特徴を見てまず気がつくのは、18〜24歳における「希望あり」の割合が、13〜17歳の割合と比べて明らかに低い国が多いということである。これは中学校や高校という閉ざされた場から社会に出て現実に直面した結果として、無邪気に希望を抱くことができなくなるためではないかと考えられる。

ただし、その差の大きさは、国によって異なるようだ。日本は7カ国の中で、この落差が最も大きい。これと対照的に、韓国とフランスでは2つの年齢期の間に、統計的に有意な差[13]が見

図表1-1　自分の将来に希望があるか

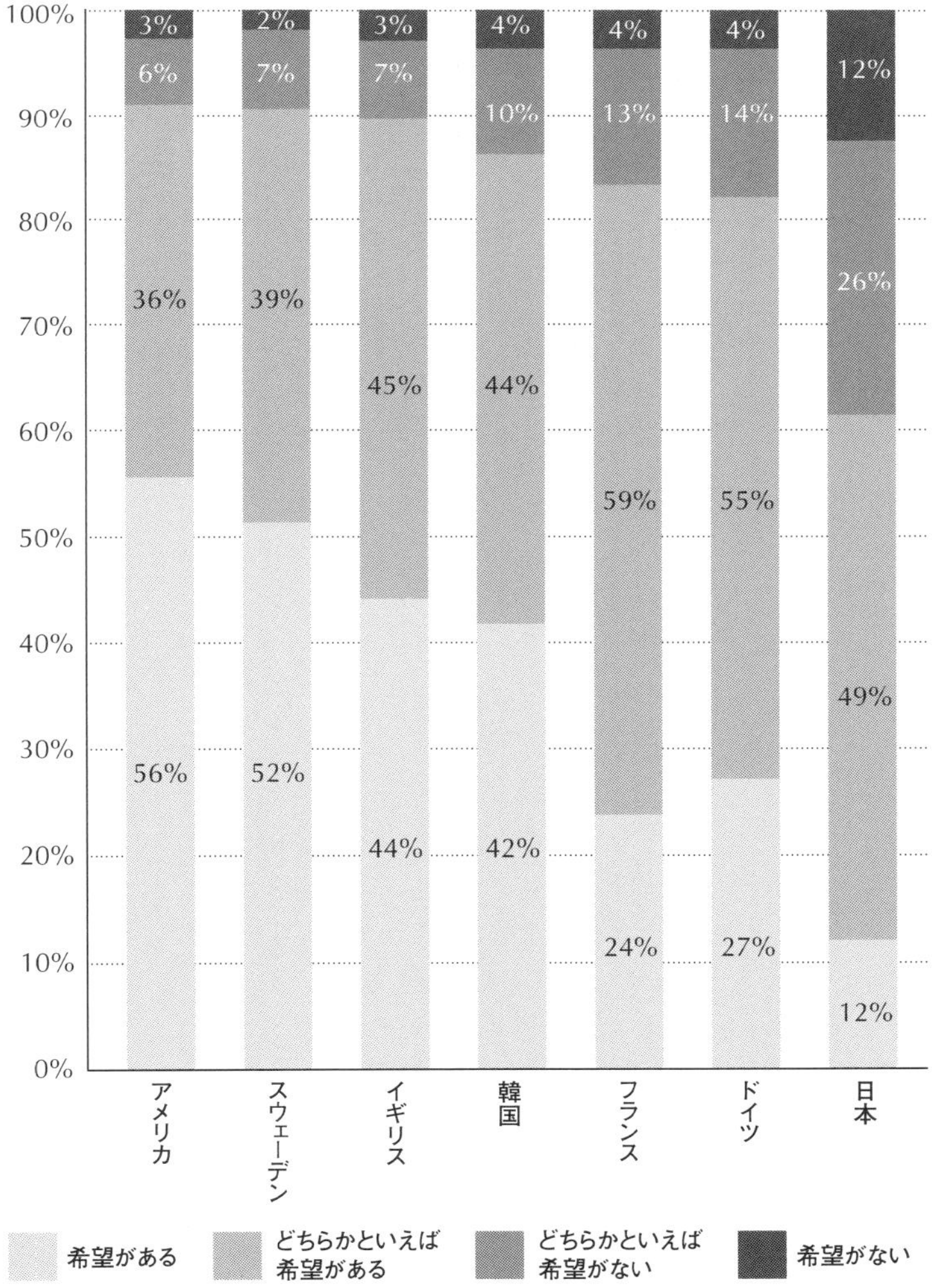

資料：『若者調査』Q7

られない。これについては、韓国やフランスの若者は高校を卒業しても将来への希望を持ち続けていられるとポジティブに評価すべきか、あるいは反対に、高校の頃からあまり希望を持っていないので変わらないとネガティブに評価すべきか、意見の分かれるところである。しかしいずれにせよ、日本よりも希望を持っている若者が多いということを忘れるわけにはいかない。

ところで13〜17歳と18〜24歳の場合とは異なり、18〜24歳と25〜29歳との間について、統計的に有意な差が見られるのはフランスのみである。先の結果と考え合わせると、フランスにおいては、「希望の落差」が他の国々よりもあとの年齢期で発生していると考えられる。

それにつけても気になるのは、日本において13〜17歳と18〜24歳の間で発生している「希望の落差」の大きさだ。日本の中学・高校生における希望の水準は他の国々に比べてもともと低いのに、高校を卒業したあとにそれがさらにぐっと下がるというのは、どうしたことだろう。日本以外の国々では、20歳代後半になっても8割かそれを超えるほどの若者が「希望あり」なのに、日本では18歳を超えると「希望なし」の若者が4割を超えるのである。

図表1-2
自分の将来に希望があるか——年齢期別

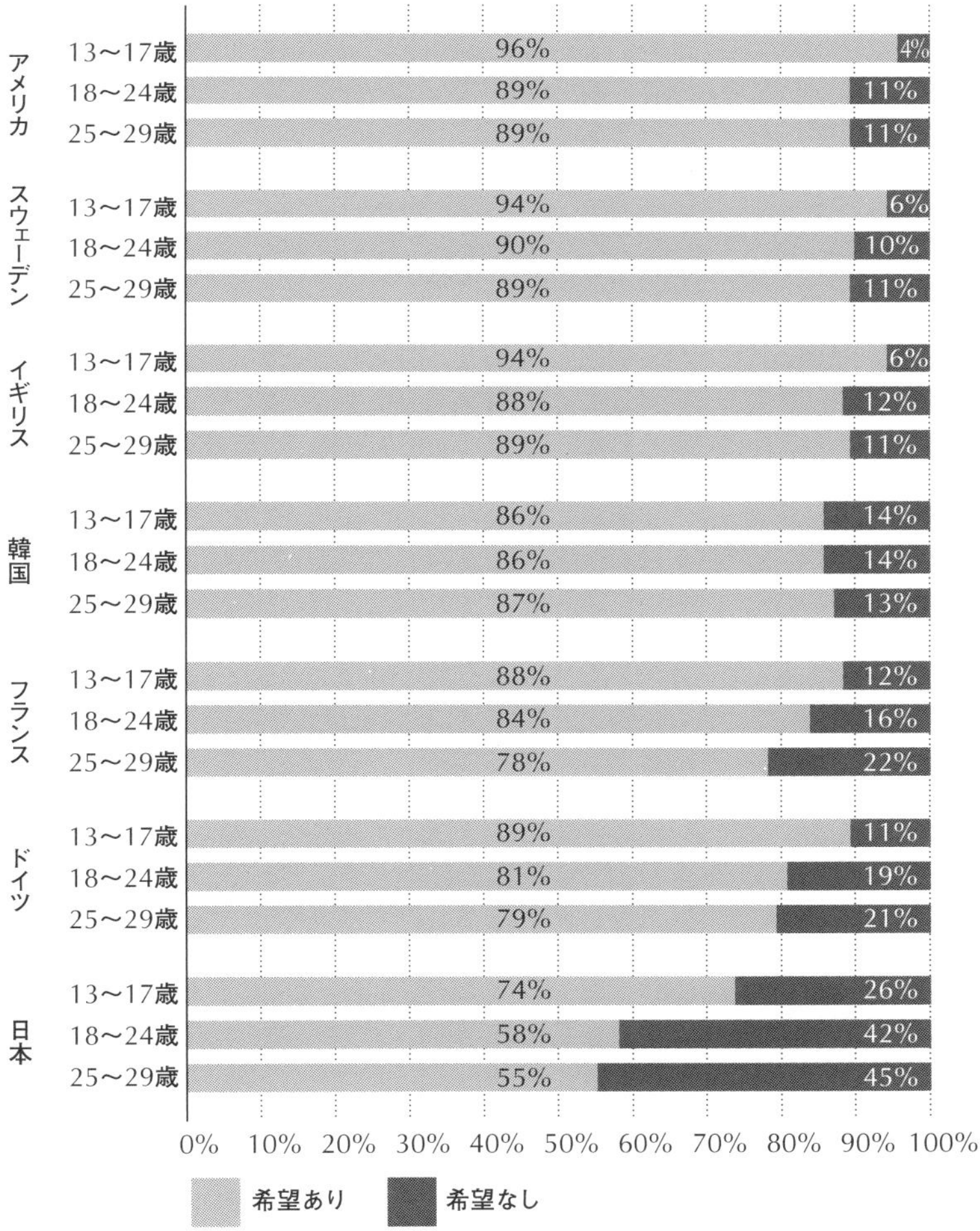

資料：『若者調査』Q7、F2

幸福感が希望に与える影響

総合的希望の意味について、もう少し考えてみよう。「はじめに」で述べたように、幸せと希望は、似て非なるものである。今の状況が不満であっても、人は希望を持つことができるし、逆に、今が幸せであっても、将来に希望があるとは限らないからである。

とはいえ、古市が述べるように「人は将来に『希望』をなくした時、『幸せ』になることができるのだ[14]」とまで言い切ることはできないように思われる。

将来に希望を持っている人は、そのことによって今を幸せに感ずることができるかもしれないし、今が幸せな人は、それを将来に投影して、希望を抱きやすくなるかもしれない。このように希望と幸福感が正の相関関係にあることは、既存の研究でもたびたび指摘されている[15]。しかし、希望と幸福感の関係は国によって異なるのかもしれない。そこで『若者調査』のデータを用いて調べてみよう。

幸福感について、何を幸せの指標とするかは人それぞれである。しかし幸福感の研究においては、自分の生活にどのくらい満足しているかという質問が用いられることが多い[16]。『若者調査』には「私は、自分自身に満足している」というのが自分にどのくらい当てはまるかという

図表1-3 自分自身に満足していると思うか

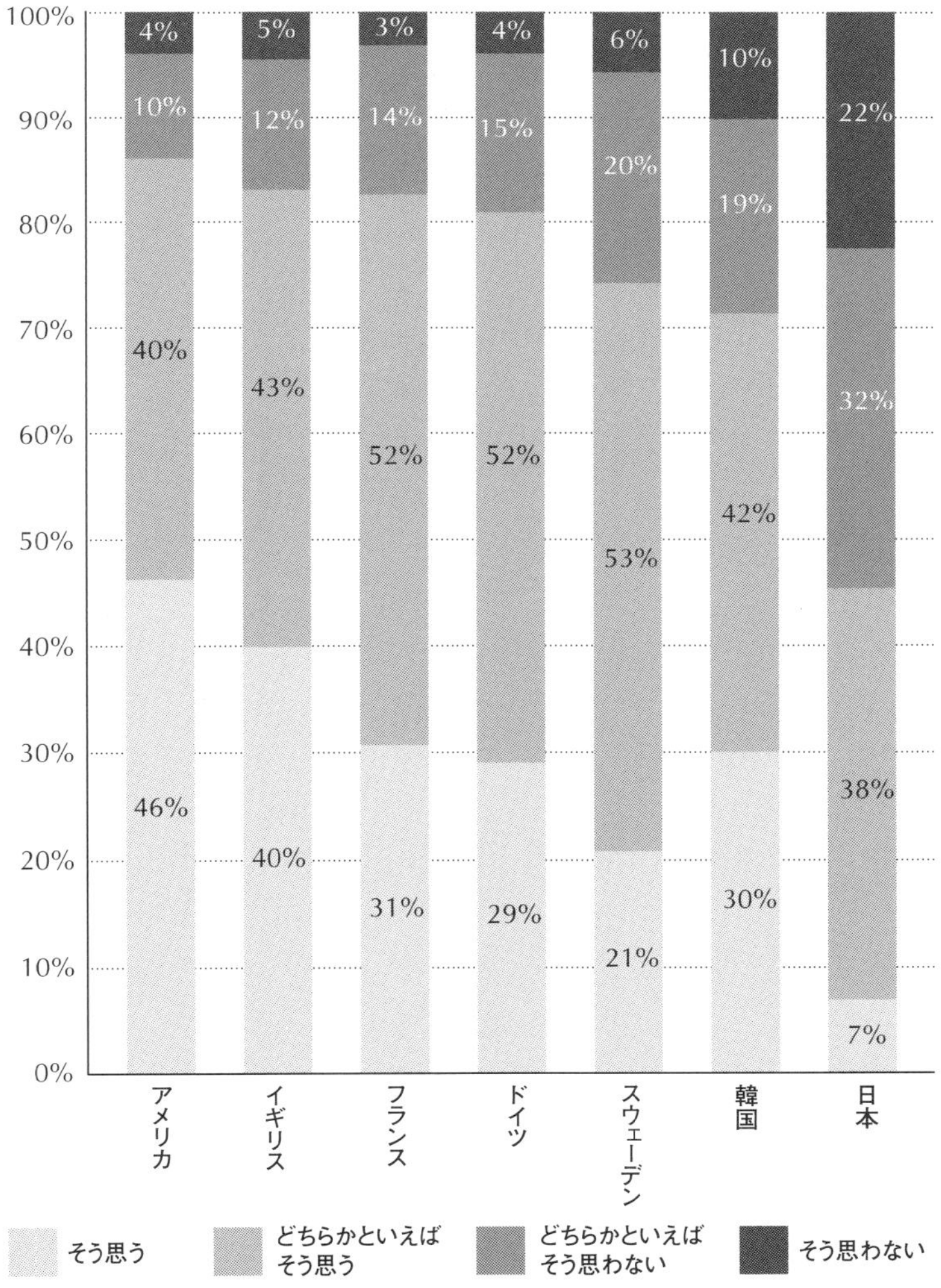

資料：『若者調査』Q1(1)

質問があるので、ここではそれを幸福感の指標として用いることにする。なお回答の選択肢は「そう思う」「どちらかといえばそう思う」「どちらかといえばそう思わない」「そう思わない」の4つである。

まずは自分自身への満足度について、7カ国の回答の傾向を見てみよう。図表1 - 3に示すように、ここでも日本は明確な最下位であり、「そう思う」に「どちらかといえばそう思う」を加えても半数に達しない。全体を見ると、まずアングロサクソン系のアメリカ、イギリスが最も高く、大陸ヨーロッパ諸国がそれに続き、最後が韓国、日本という順序になっており、地域性が明確になっている。

それでは、この自分自身への満足度と希望との関係はどのようになっているのだろうか。ここでも比較がしやすいように、「そう思う」「どちらかといえばそう思う」という肯定的な回答を「自分に満足」、「どちらかといえばそう思わない」「そう思わない」を「自分に不満」としてまとめてみると、図表1 - 4のようになる。

これによると、やはり自分自身に満足している人の方が、満足していない人よりも、将来について希望がある可能性が高い。この関係は、各国とも統計的に有意な水準で確認することができた。つまり幸福感と総合的希望は、やはりリンクしている。そして特に日本は、アメリカ

図表1-4

自分に満足していると思うか×自分の将来に希望があるか

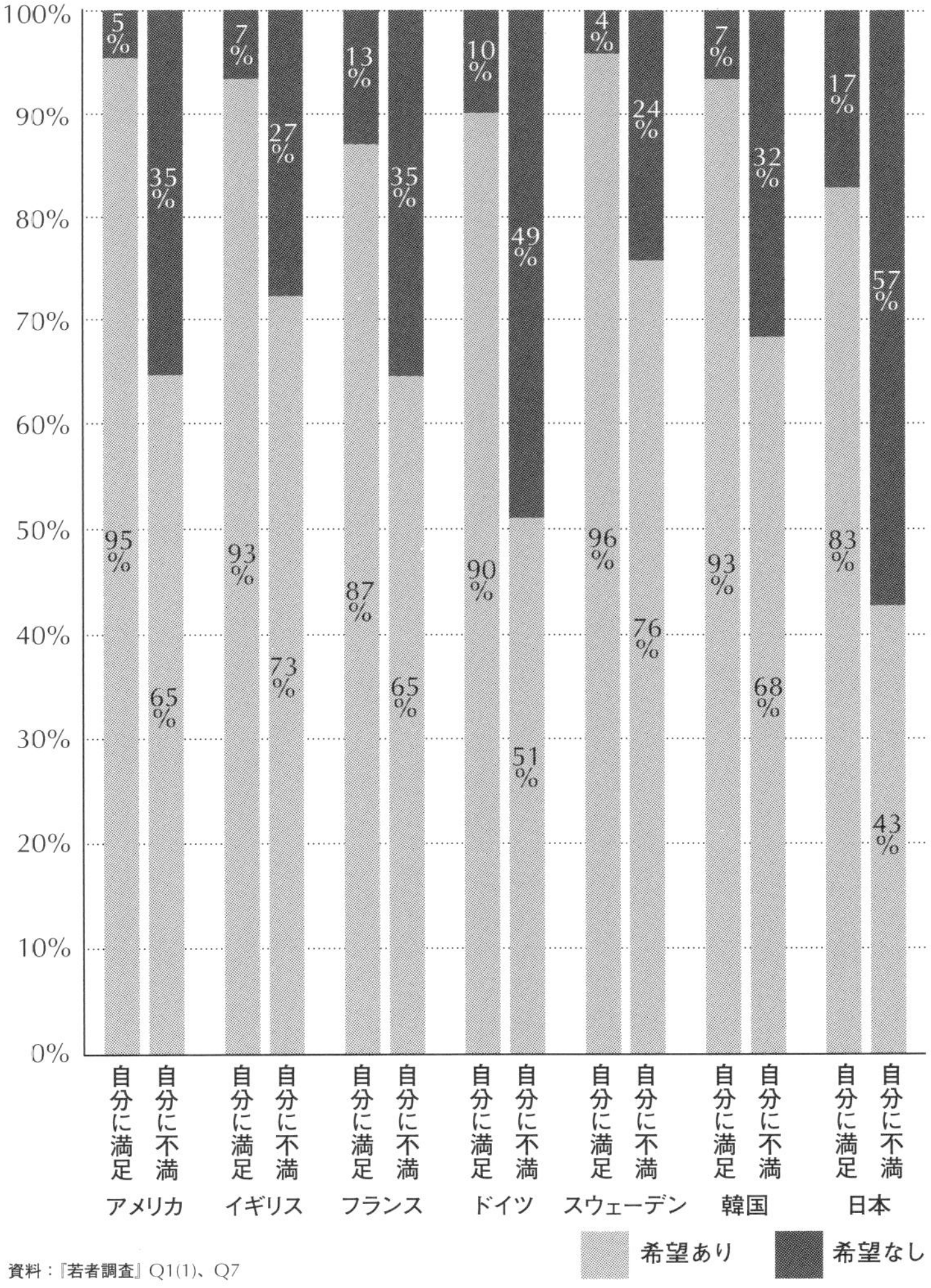

資料：『若者調査』Q1(1)、Q7

やドイツと並んで「自分に満足」と「自分に不満」との間で「希望あり」の落差が大きい、つまり幸福感が総合的希望に与える影響が大きいのである。

ただし、イギリスやスウェーデンといった国々では、自分に対して不満を持っていながらも、将来に希望があるという若者が7割を超えていることには、注目しておくべきである。逆に日本では、自分に満足しているにもかかわらず、将来に希望がないという若者が17％に達している。フランスやドイツでも、その割合が10％以上になっている。他方、アメリカやスウェーデンでは、そのような若者は5％以下である。

このように、幸福感と総合的希望は大方で一致するが、そうでない部分があること、そして日本では、古市が指摘するような「現在は満足しているが将来に希望のない若者」が目立つのに対して、アメリカやスウェーデンでは「現在は満足していないが将来に希望のある若者」が多いことが明らかになった。

将来に心配がないのに希望を持てない若者の存在

個別的希望にせよ総合的希望にせよ、希望とは未来に関するポジティブ（前向き）な予想である。これと対になる概念、すなわち未来に関するネガティブ（後ろ向き）な予想のことを、私たちはリスクあるいは不安と呼ぶ。希望学のメンバーである広渡清吾は、このような見方に沿って「希望とリスクはことがらのうらおもてという関係に立つ」という認識のもとで、「現代日本社会は、このようなリスクへの不安が支配し、希望の力が失われている」ので、「人々の希望の再生は、このリスクのマネージメントに関わっている」と述べている。[17]

確かにこのように、リスクへの不安の増大が人々を萎縮させ、希望を抱きにくくする可能性は否定できない。しかし不安と希望はそこまでうらおもて（負の相関）の関係にあるといえるのだろうか。少し言い方を変えると、人は不安があっても希望を抱くことができる。逆にリスクを取り除いたからといって、それが直ちに希望にはつながらない。むしろ先が見えてしまって、かえって張り合いをなくし、希望が持てなくなるということもあるだろう。

ただし、先の希望と幸福感と同様に、希望と不安の関係も国によって異なる可能性がある。『若者調査』には、「あなたは自分の将来のことについて、どれくらい心配ですか」という「総合的不安」とでもいうべき心情をたずねているので、これと総合的希望との対応関係がどのようになっているのかを見ていこう。

まず「あなたは自分の将来のことについて、どれくらい心配ですか」という質問に対して「心配」「どちらかといえば心配」の割合が最も多かったのは、図表1‐5に示すように、韓国であった。韓国では「心配」という若者が過半数の53％で、「どちらかといえば心配」と合わせて84％に達する。それに日本（79％）とフランス（75％）が続き、あとの4つの国々とは大きな開きがある。最も心配していないのはスウェーデンであるが、それでも過半数が「心配」あるいは「どちらかといえば心配」と回答しており、いずれの国でも多数の若者が将来に不安を感じずにいられるほど、安泰ではない今の世の中の姿を映し出している。

それでは、将来への不安と希望との関係を見てみよう。図表1‐6は、「心配」「どちらかといえば心配」を「将来が心配」、「心配していない」「どちらかといえば心配ではない」を「心配ない」に分けて、それぞれのグループにおける希望の有無を示したものである。

いずれの国でも、将来が心配ないというグループの方が、心配であるというグループよりも希望がある者の割合が高い。これは希望とリスクの「うらおもて」の関係についての、広渡の指摘を裏付ける結果である。

しかし統計的な検定を行ってみると、有意差を確認することができなかった国がある。それは韓国だ。韓国では、自分の将来に不安を持っているが、それでも将来に希望があるという若者が多いのである。7カ国の中で、韓国と日本は将来に不安を持っている若者が多いという点

図表 1-5 自分の将来が心配か

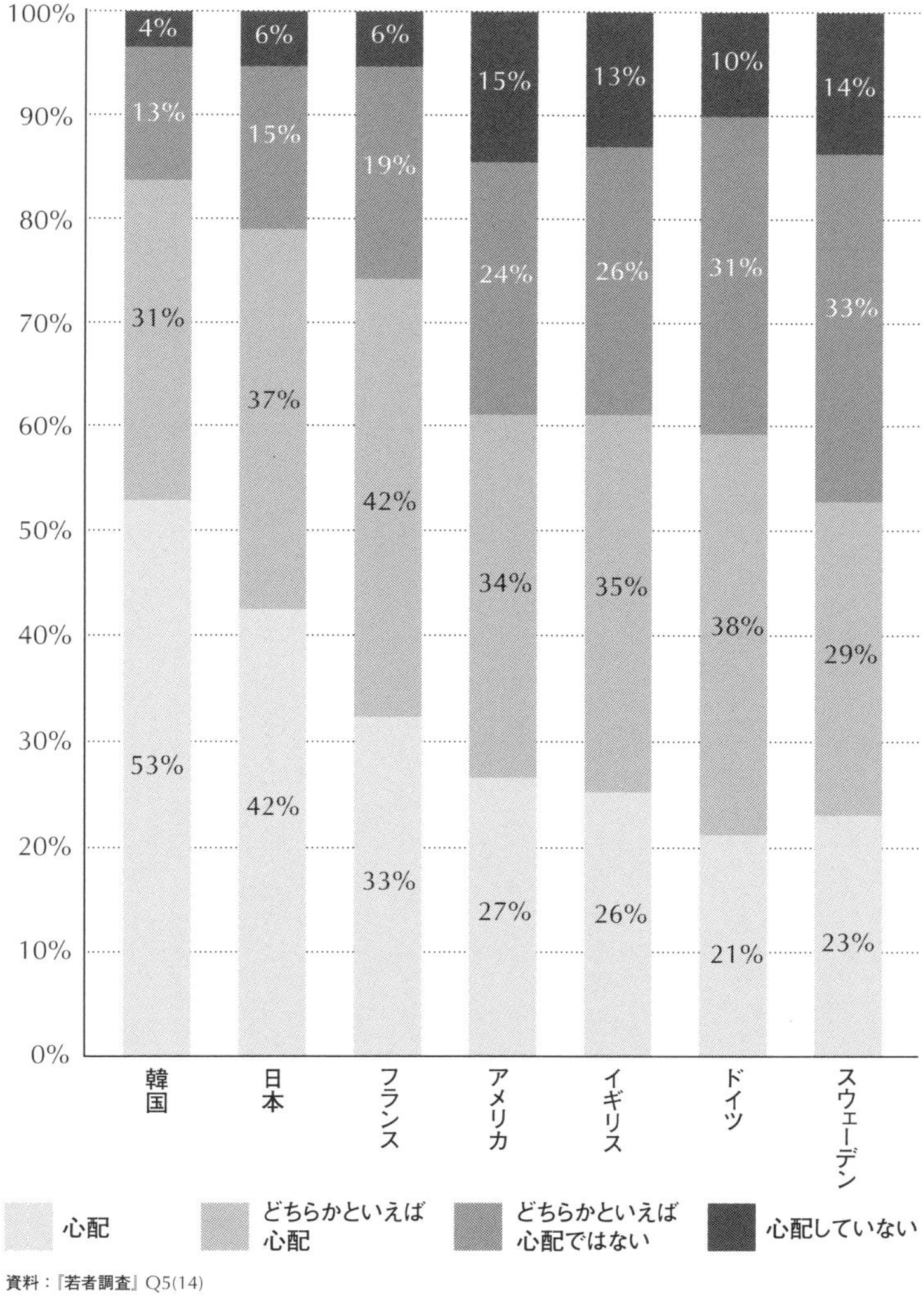

資料：『若者調査』Q5(14)

で共通しているが、日本ではそれが希望の有無と強く関連しているようであるのに対して、韓国ではそうなっていないのだ。

また日本において、自分の将来が心配なわけではないのに、将来に明るい希望を持てないという若者の割合が24％にも達しているというのも見逃せない。つまり、多くの日本の若者が希望を持てないのは、将来に不安があるからだ、と簡単にまとめてしまうことはできないのである。

＊　＊　＊

本章では、若者が将来について希望を持つということが何を意味するのか、その希望の持ち方は日本と諸外国とでどのように異なるのかということについて、特に自分自身への満足度や、将来に対する不安との関係を見ながら論じてきた。

これを踏まえて、次章からは、現代の日本そして世界における様々な社会問題に目を向ける。それらの問題を、日本および諸外国の若者たちはどのように理解しているのか、そして、それは彼らの希望にどのような影響を与えているのか、その中で、それぞれの国に違いがあるとすれば、それは何なのかを、これから明らかにしていこう。

図表1-6　自分の将来が心配か×自分の将来に希望があるか

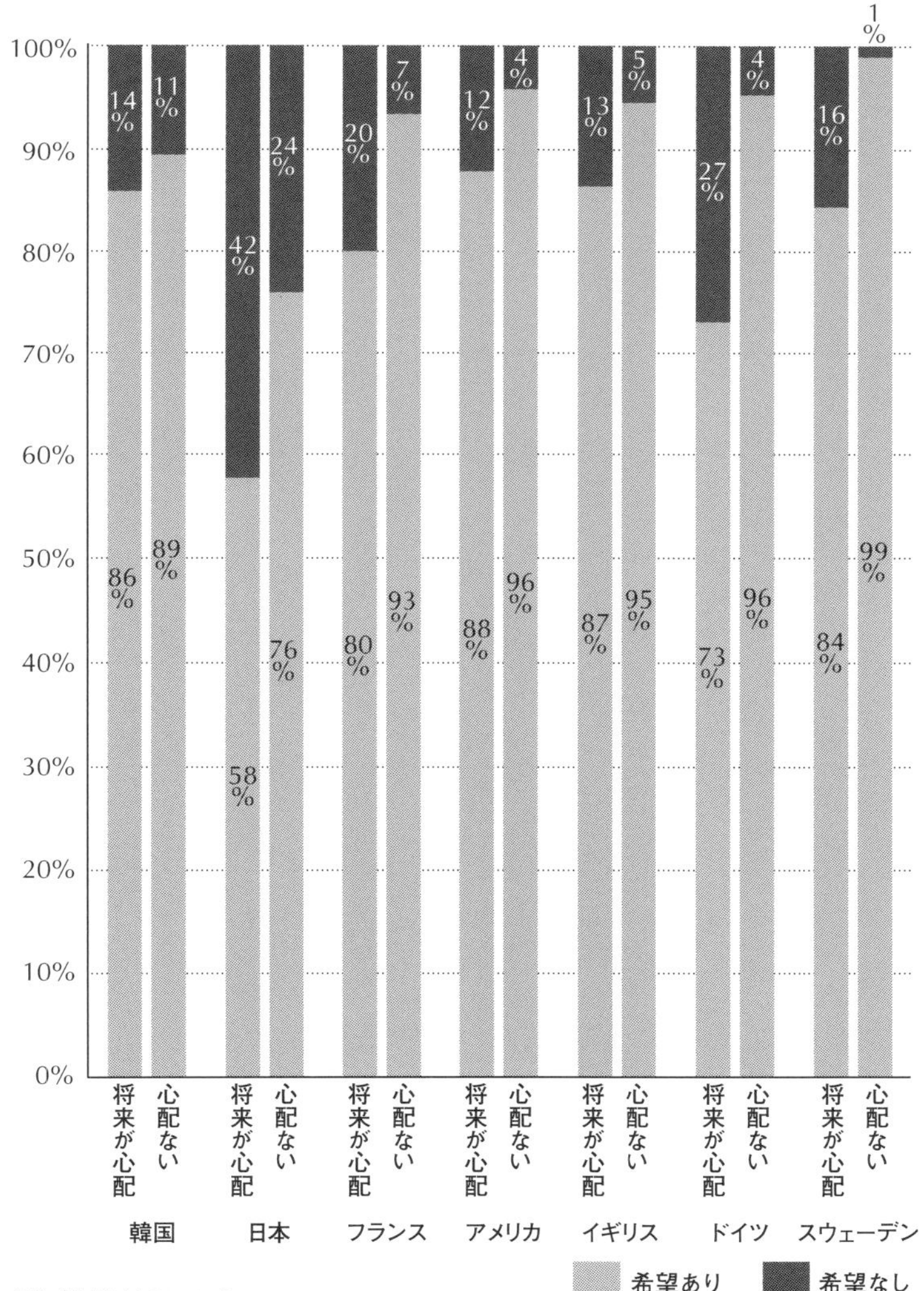

資料：『若者調査』Q5(14)、Q7

第 2 章
経済状況と希望

つまらぬ財産を持つより、
立派な希望を持つほうがマシだ。
セルバンテス
(『ドン・キホーテ』より)

閉塞感を生み出す日本の低成長率と深刻な所得格差

２０１２年の秋まで８０００円台をさまよっていた日経平均株価は、２０１５年４月に２００００円を超えた。アベノミクス以降、デパートでは高額商品が飛ぶように売れたと聞く。大手企業の業績は軒並み好調で、賃金のベースアップやボーナスの増額といった、文字通り「景気の良い」報道が相次いだ。

しかし、日本経済が今後長らく成長を続けていくと信じられる根拠は乏しい。政府は様々な局面で、実質２％程度の経済成長を目標に掲げるが[1]、２００５年から２０１４年にかけての10年間における日本経済の平均成長率は、わずか０・６％である。この先についても、「２０２０年の東京オリンピックまでは何とかなるかもしれないが、その先はどうなるかわからない」と指摘する人は少なくない。

所得格差も深刻だ。「アベノミクスの恩恵を受けたのは金持ちのみ、オリンピックの恩恵を受けるのは東京のみ」という恨み節は、日本のあちこちから聞こえてくる。

生活保護の受給世帯の推移を見ると、１９６０年代から２０００年まで60万件から70万件台を横ばいで推移していたが、その後は急速な増加に転じ、２０１４年時点で１６０万件を超えている。

「格差社会」という言葉が流行語大賞のトップ10にノミネートされたのは2006年のことだ。それから10年近くの時が過ぎたが、この言葉は廃れるどころか、日本社会の現状を表現する言葉としてすっかり定着してしまった。昨今では、トマ・ピケティの『21世紀の資本』が話題となり、所得格差に対する関心が世界的に高まっているが、少なくとも日本においては、それが現状の変革を引き起こすまでには至っていない。

それでは、他の国々についてはどうだろうか。2005年から2014年にかけての10年間における各国の平均成長率は図表2-1の通りである。リーマンショック後の世界大不況の爪痕は深く、欧米諸国においても2%を超える国はない。しかしそれらの国々と比べても、日本は最下位である。

所得格差についてはどうか。所得格差の指標には、相対的貧困率が用いられることが多い。相対的貧困率とは、各国における等価可処分所得(世帯人数の影響を調整すべく、可処分所得を世帯人数の平方根で除した値)の中央値(その所得よりも多い世帯と、少ない世帯の数がちょうど同じになる値)の半分の所得水準(貧困線)に達しない世帯(貧困世帯)の割合のことである。7カ国の中で、相対的貧困率が最も高いのはアメリカで、その次が日本だ。韓国もかなり高いが、ヨーロッパの国々はいずれも10％を下回っている。

我が国の貧困率が高いのは、高齢化の進展や、それを含めた単身者世帯の増加といった人口学的な要因によるところが大きい[2]。しかし子どものいる世帯においても、所得格差はじわじわと拡大している。一国の子ども（0～17歳）の数に対する、貧困世帯に属する子どもの割合を「子どもの貧困率」と呼ぶが、これも日本はかなり高い。特に日本ではシングルペアレント世帯の貧困率が50・8％と異常なまでに高く、OECD（経済協力開発機構）に加盟する34カ国の中で、最悪なのだ[3]。

最もお金に対する不安が強い国はどこか

セルバンテスは、財産より希望を持つ方がよいというが、お金に困っているより、お金に余裕がある方が、将来に希望が持てる気もする。この点について、若者たちはどのように考えているのだろうか。

『若者調査』には、若者本人あるいは家族の所得がいくらかといった質問は含まれていないが、回答者が心配していることについてたずねた質問の中に「お金について」という項目が含まれ

図表 2-1　各国の経済指標

	経済成長率（2005 ～ 2014 年平均）	相対的貧困率（2009 年）	子ども（0 ～ 17 歳）の貧困率（2009 年）
日本	0.6%	16.0%	15.7%
韓国	3.7%	15.3%	10.2%
アメリカ	1.6%	16.5%	19.8%
イギリス	1.3%	9.9%	11.1%
ドイツ	1.3%	9.5%	10.3%
フランス	0.9%	7.5%	10.0%
スウェーデン	1.8%	8.7%	7.5%

資料：OECD StatExtracts

ているので、その結果から若者たちが自分の経済状況についてどのような認識を持っているのかをうかがい知ることができる。

質問に対する選択肢は「心配」「どちらかといえば心配」「どちらかといえば心配ではない」「心配していない」の4つだが、ここではまた、初めの2つとあとの2つをまとめ、心配であるかどうかを見てみよう。

図表2 - 2がその結果である。日本は76%の若者が「心配」「どちらかといえば心配」と回答しており、経済的にかなり不安な様子がうかがえる。ただし日本は7カ国中2番目で、最も不安が大きいのは韓国だ。逆に7カ国の中で不安を感じている者が最も少ないのはスウェーデンである。かの国では、大学の学費無料化や学生に対する生活費の補助、若者に重点を置いた職業訓練・就労支援政策など、若者の生活を支援する様々な施策が採られていることが、この背景にあるのだろう。ただし、そんなスウェーデンでさえも、過半数の若者が経済的な不安を抱いていることも忘れてはならない。

それでは、お金に対する心配の有無は、将来についての希望の有無とどのような関係にあるのだろうか。将来に希望があると答えた若者の割合を「希望度」として、この希望度が、お金に対する心配がある（「心配」「どちらかといえば心配」）グループと、お金に対する心配がない（「ど

図表 2-2　自分の経済状況に対する不安

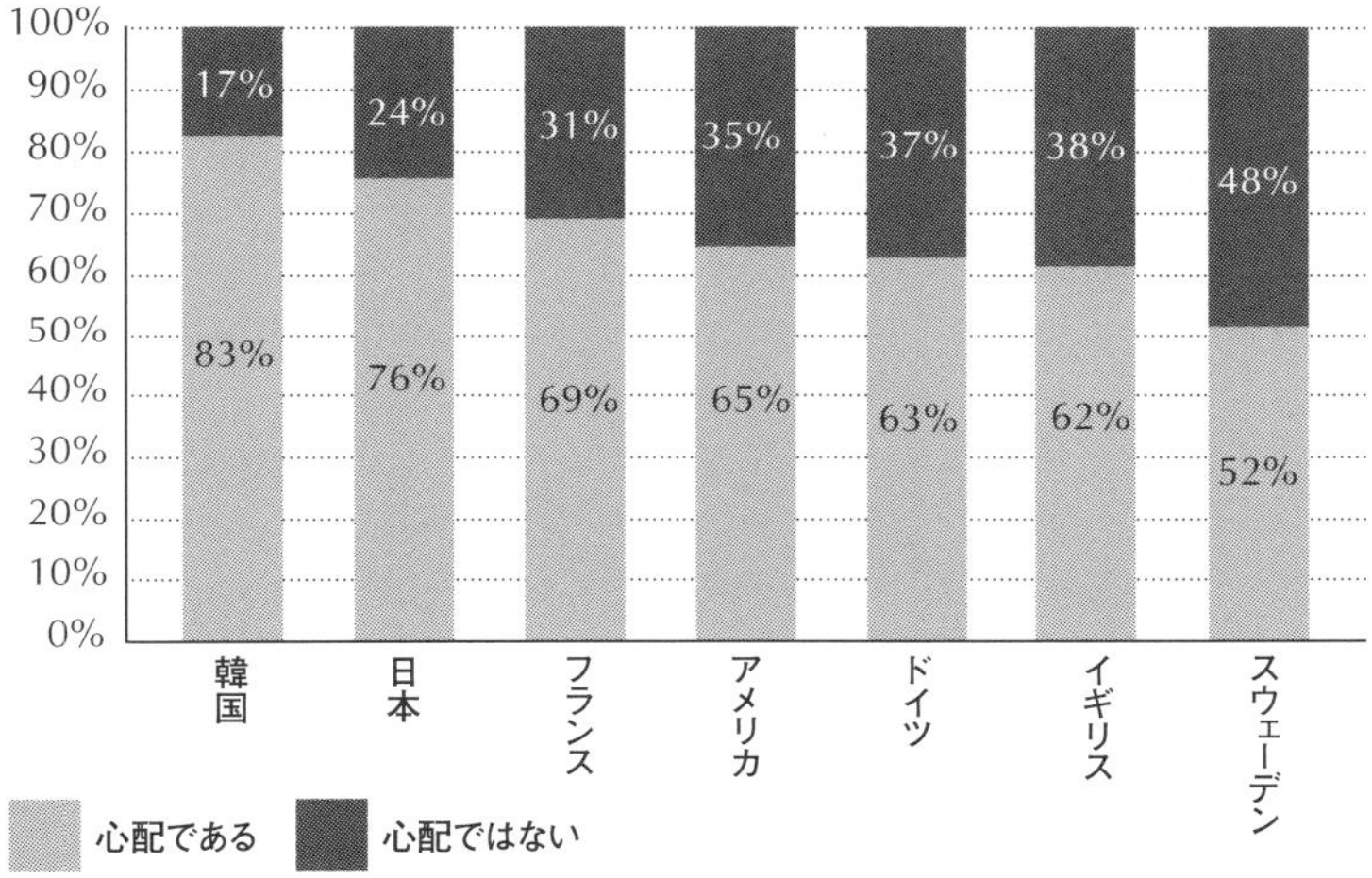

資料：『若者調査』Q5(8)

図表 2-3　お金に対する心配の有無による、希望度の差

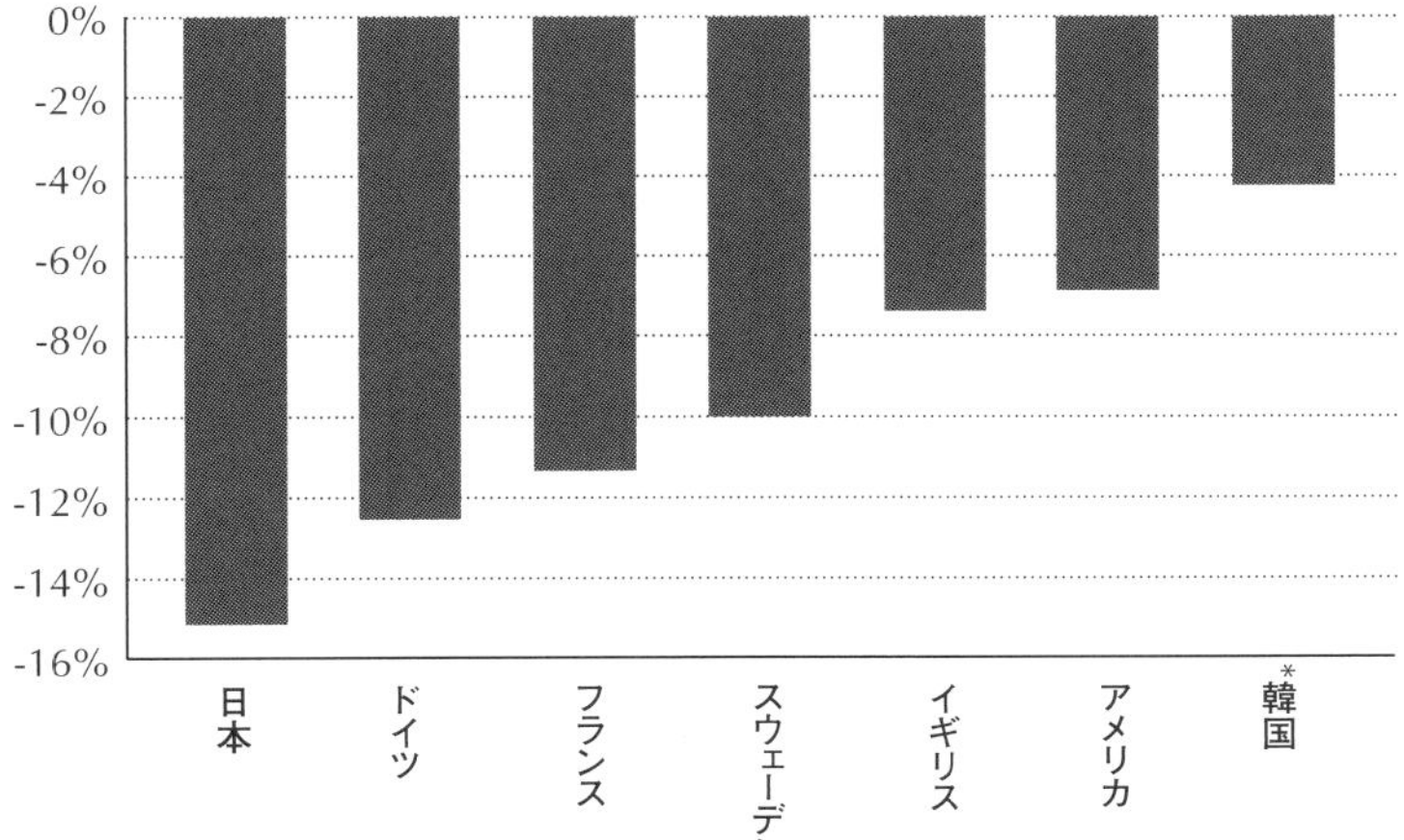

注：* は統計的に有意でないもの
資料：『若者調査』Q5(8)、Q7

ちらかといえば心配ではない」「心配していない」）グループとの間で、どのような違いがあるかを調べてみよう。

図表2-3がその結果である。各国ともマイナスとなっているが、これはお金に対する心配があるグループの方が、心配がないグループよりも希望度が低いということだ。韓国については、その差に統計的な有意性が認められなかったが、他の6カ国については、自分の経済状況に不安を感じていると、希望度が低くなる。とりわけ日本はマイナス15％と、落ち込みの幅が最も大きい。つまり、そのようなマイナスの影響力が、日本において最も強いということだ。

韓国のようにお金に対する不安と希望との間に相関関係が認められないのは、お金があっても希望が持てないということかもしれないので、必ずしも望ましいこととは言い切れない。しかしながら、日本のように、現在のお金に対する不安が将来の希望を大きく押し下げているというのは、決して望ましい状況ではない。

自国の経済成長への信頼感が希望度を大きく高める

このように、特に日本の若者において、自分の経済状況に対する認識が、将来への希望に影響を与えていることがわかった。それでは、自国の経済状況に対する認識についてはどうだろうか。少なくとも日本では、街を歩く若者たちが自国の経済について思いを巡らせているようには見えないが、本当のところはどうなのだろうか。また、他の国の若者たちについてはどうか。

『若者調査』において、若者が自国の経済状況をどのように認識しているかを示すデータとしては、「自国で誇れるものは何か」という問い（複数回答）において「将来発展していく可能性があること」を自国で誇れるものとして挙げる者の割合と、「自国の社会の問題を挙げよ」という問い（複数回答）において「貧富の差がありすぎる」を挙げる者の割合がある。前者は経済成長に対する信頼感、後者は所得格差による不信感と見ることができる。

まず前者について見ていこう。図表2-4は、それぞれの国で「将来発展していく可能性があること」を自国の誇りとして選んだ者の割合を、先に掲げた2005年から2014年の10年間における平均成長率と並べて示したものである。グラフの左目盛と右目盛は、それぞれが示すデータの平均値が同じ高さになるように調整してある。

さて、日本で「将来発展していく可能性があること」を選んだ若者の割合はわずか7・1%であった。これは7カ国中最下位であったが、それまでの低成長ぶりを考えれば、さほど不思議ではない。このように多くの国々では、平均成長率と若者の信頼感は、概ね一致している。

自国の成長に対する若者の信頼感が目立って高い国としては、スウェーデンが挙げられる。スウェーデンはこの10年、平均1・8％という先進国としては比較的高い成長率を記録してきた。しかし、ほぼ同じ程度の成長率であるアメリカの若者と比べると、将来の発展性への信頼感はずっと高いのである。そこには、環境技術や情報技術など将来を見据えた技術の発展に官民を挙げて積極的に取り組んできたこと、そしてそうした戦略がこれまで成功してきたことへの自信が感じられる。

これと対照的なのは韓国だ。この10年の平均成長率が3・7％と他の国々に比べてずば抜けて高いにもかかわらず、将来の成長を信じている若者の割合がスウェーデンのみならずドイツやアメリカよりも低い。今は確かに好調だが、将来にわたってそれが続くというほどの自信を持てないでいるようだ。

スイスにある世界的に有名なシンクタンク、世界経済フォーラムが毎年発表している「世界競争力指標（Global Competitiveness Index）」というのがある。これは世界各国の経済的な競争力を、150余りの多様なデータから総合的に評価して作成される指標として定評がある。その2013－2014年版[4]によると、ドイツが4位、アメリカが5位、スウェーデンが6位、日

図表2-4　平均成長率と自国の経済成長に対する信頼

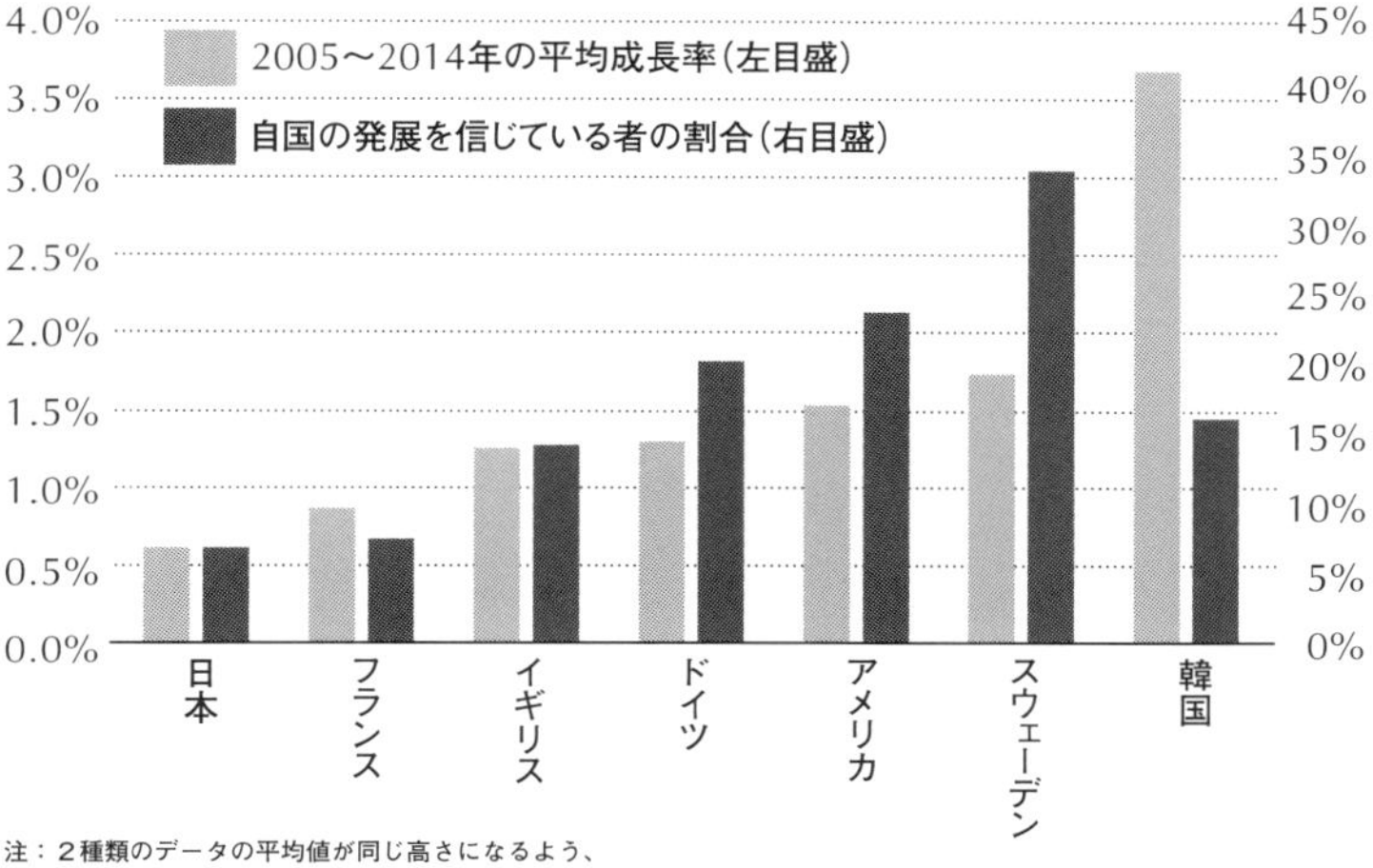

注：２種類のデータの平均値が同じ高さになるよう、
左目盛と右目盛の幅を調整している
資料：OECD StatExtracts、『若者調査』Q24

本が9位、イギリスが10位であるのに対して、フランスは23位、韓国は25位とあまりふるわない。多くの韓国の若者がこの指標について知っているわけではないと思うので、彼らが世の中の様々な情報からつくり上げる認識が、わりと的確であるということなのだろう。

さて、自国の経済成長に対する信頼の有無は、将来についての希望とはどのように関わっているのだろうか。図表2-5は、自国の誇りとして「将来発展していく可能性があること」を選んだ者のグループと、選ばなかった者のグループとの希望度の差を各国別に示したものである。なお7カ国のうちフランスとイギリスについては統計的な有意差が見られなかった。

図表 2-5

自国の経済成長に対する信頼の有無による、希望度の差

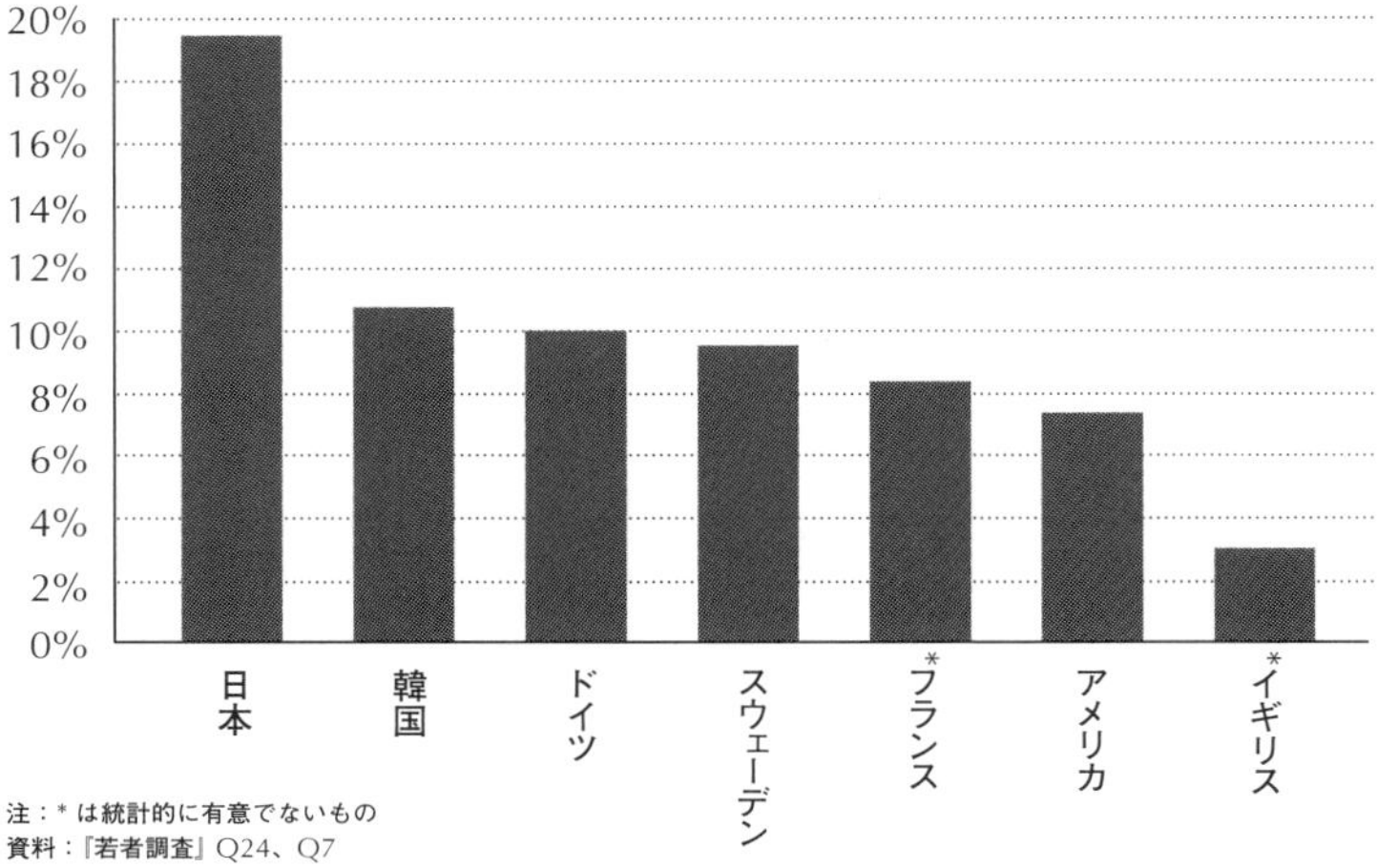

注：* は統計的に有意でないもの
資料：『若者調査』Q24、Q7

この図表で最も注目すべきは日本である。先に示したように、これまでの長い低迷状況を反映して、自国の経済成長に信頼を寄せる日本の若者は極めて少ないが、自国の経済成長に信頼を寄せているグループでは、そうでないグループよりも、希望度がおよそ20％も高い。希望の有無には様々な要因が複合的に関わっているので、経済成長への信頼が回復すれば、将来に希望を持つ若者がそれだけ増えるということではない。とはいえ、経済という足場に大きな不安を抱えた状況で多くの若者が萎縮してしまっては、さらなる発展を望むことなど到底できない。つまり日本の若者が経済成長に信頼を寄せることができるようになれば、それが彼らの将来への希望を大

図表2-6　相対的貧困率と自国の所得格差に対する問題意識

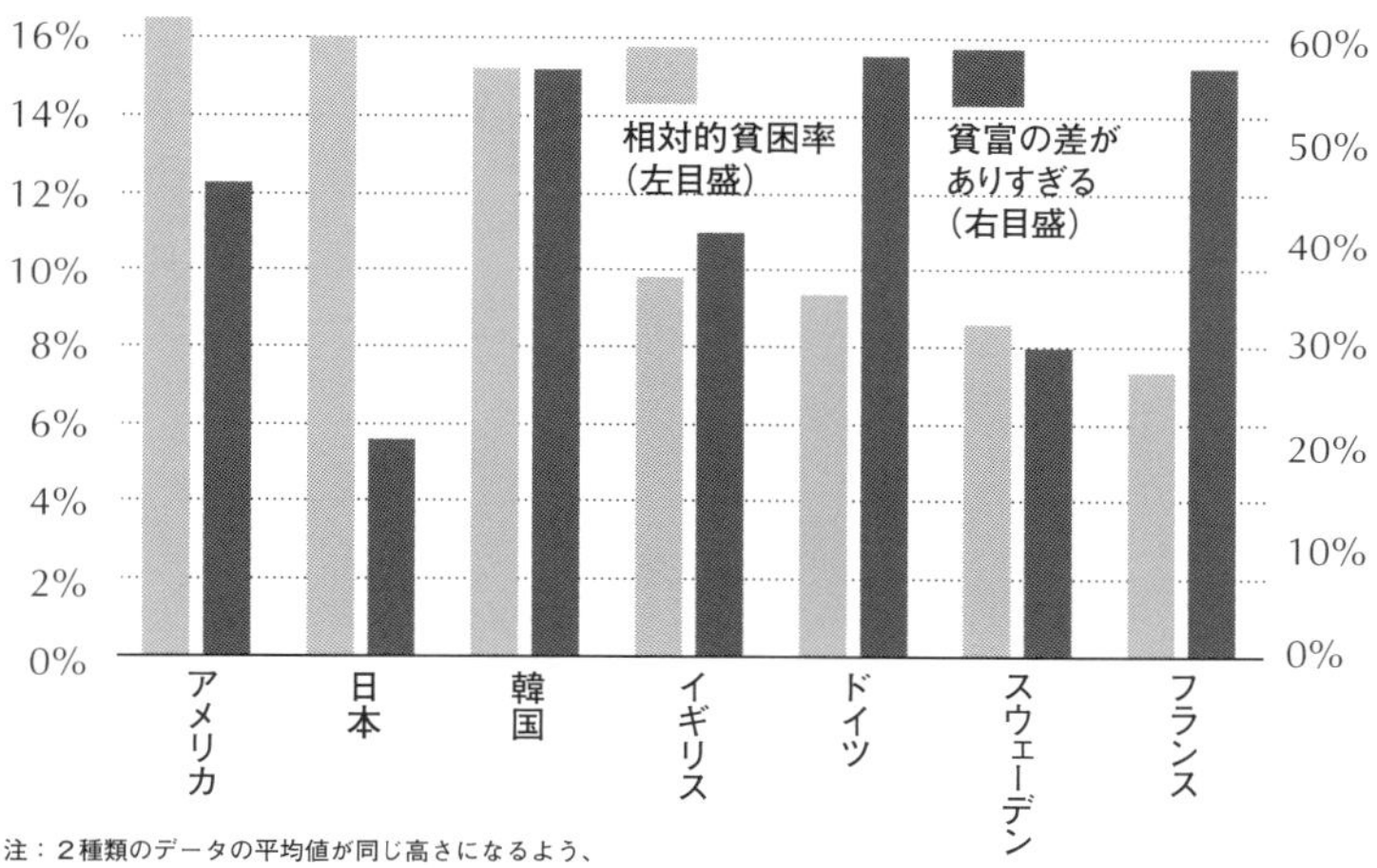

注：２種類のデータの平均値が同じ高さになるよう、
左目盛と右目盛の幅を調整している
資料：OECD StatExtracts、『若者調査』Q30

く高める可能性がある。特にお金に対するこだわりが強い日本人においては、その効果はより大きい。この結果は、そういうことを示しているのではないだろうか。

貧困率は高いのに、所得格差を感じない日本の若者

次に所得格差に関する意識について見てみよう。先ほど、日本の貧困率は韓国よりやや高く、アメリカよりやや低いが、ヨーロッパの国々に比べると非常に高い水準にあることを示した（図表２‐１）。

しかし図表２‐６に示す通り、若者の認識はそれとあまり一致しない。日本で自国の問

題点として「貧富の差がありすぎる」を選んだ若者の割合は21%と、アメリカや韓国はおろか、日本よりも貧困率がずっと低いヨーロッパ諸国をも下回っている。多くの日本の若者は、自分の経済状況に不安があっても、それを社会における貧富の差とは別次元の問題として認識しているということだ。

これにはいくつか理由が考えられる。第1に、日本の絶対的な生活水準は高い。所得が貧困線を下回れば、当然生活は苦しくなる。しかしそれでも多くの場合、明日の食べ物に困るというほどではない。また国民健康保険や生活保護をはじめとする社会保障制度も、十分ではないかもしれないが、全く整備されていないわけでもない。

第2に、格差が表面化しにくい。日本人は裕福でも貧しくても、そのことがあまり世間で目立たないようにしたがる傾向がある。たとえば、これはリーマンショックの直後に不動産業者の人から聞いた話であるが、世の中が不景気になると、自分にお金があっても高額な物件を買い控える人が多いそうだ。また逆に自分が貧しくても、それをアピールして他人や政府から支援を引き出そうとするのではなく、そのことを恥として、世間に悟られないようにしようとする傾向がある。

第3に、これは第1と第2の議論にも関係してくるが、日本人の間には根強い中流意識が存在する。先に述べたように「格差社会」という言葉は今やすっかり定着しており、かつて流行した「一億総中流」というのはすっかり過去のことのように思われるかもしれない。しかし自分が中流であると思っている日本人は、実は今でも意外に多い。図表2-7に示すように、2014年の時点においても自分の生活の程度として「中の中」を選んだ人は57%もおり、「中の上」「中の下」を合わせれば、実に94%が中流意識を持っていることになる。この調査は20歳以上の成人が対象であるが、周囲の大人たちがこのような意識であれば、若者たちがあまり貧富の差を感じなくても不思議ではない。

第1と第3の議論は、日本の次に格差に対する危機感が小さいスウェーデンにも当てはまる。特にスウェーデンでは、低所得者に対する社会保障が充実している。アメリカも実際の格差の大きさの割には、そこに危機感を抱いている若者が比較的少ないが、日本やスウェーデンとは異なり、市場競争と自主性を重んずるがゆえに、格差に対して寛容であるというのが、その最大の理由であろう。

また逆にフランスやドイツでは、貧困率に比べて貧富の差に対する問題意識が高いが、それはなぜだろうか。日本との違いで1つ思い浮かぶのは、両国がEU（欧州連合）の主要国であり、特に東欧の貧しい国々やEU域外から多数の移民が流入していることだ。彼らの多くは、正式

図表 2-7　自分の生活程度についての意識（日本）

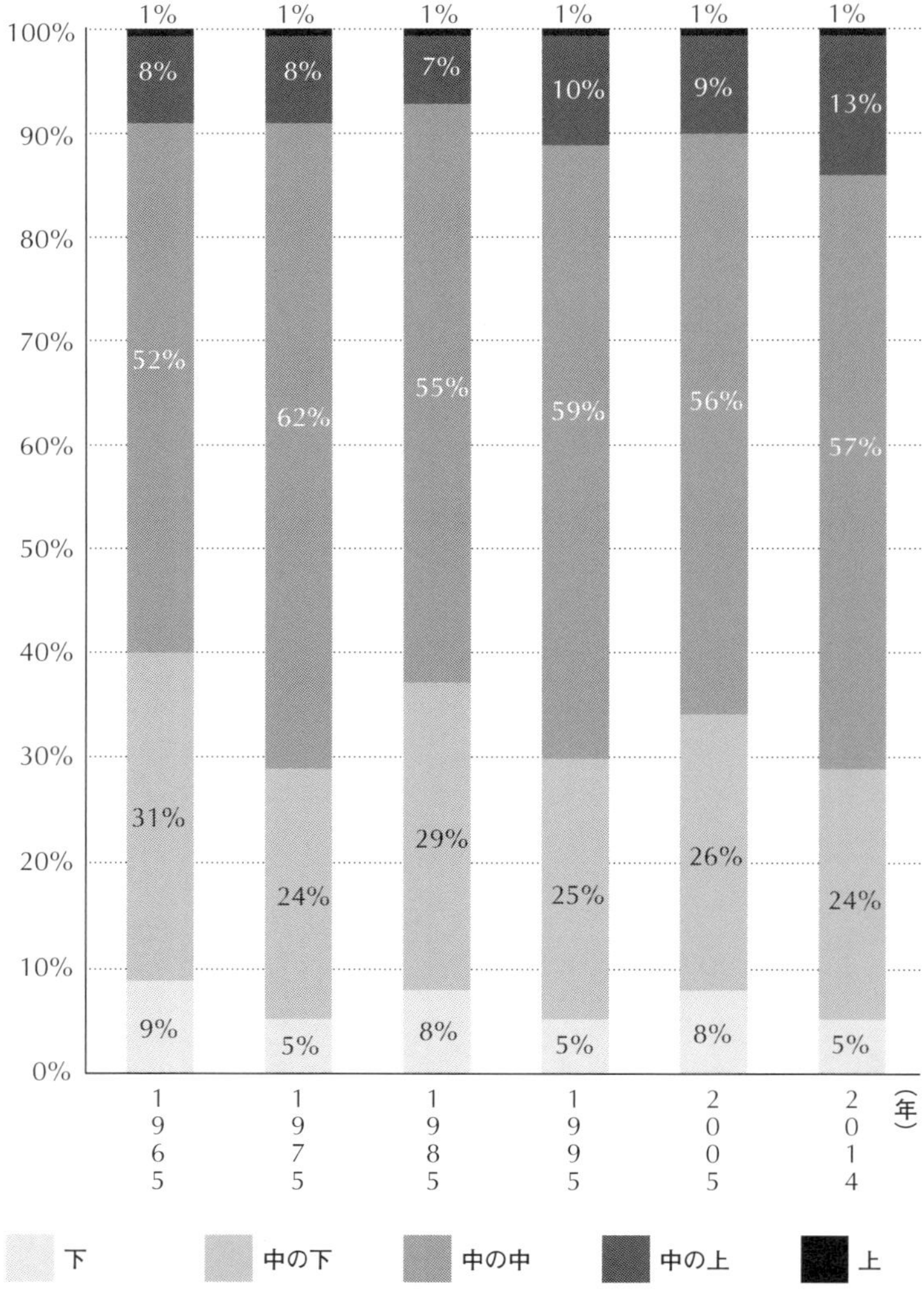

資料：内閣府『国民生活に関する世論調査』

図表 2-8　自国の所得格差に対する問題意識の有無による、希望度の差

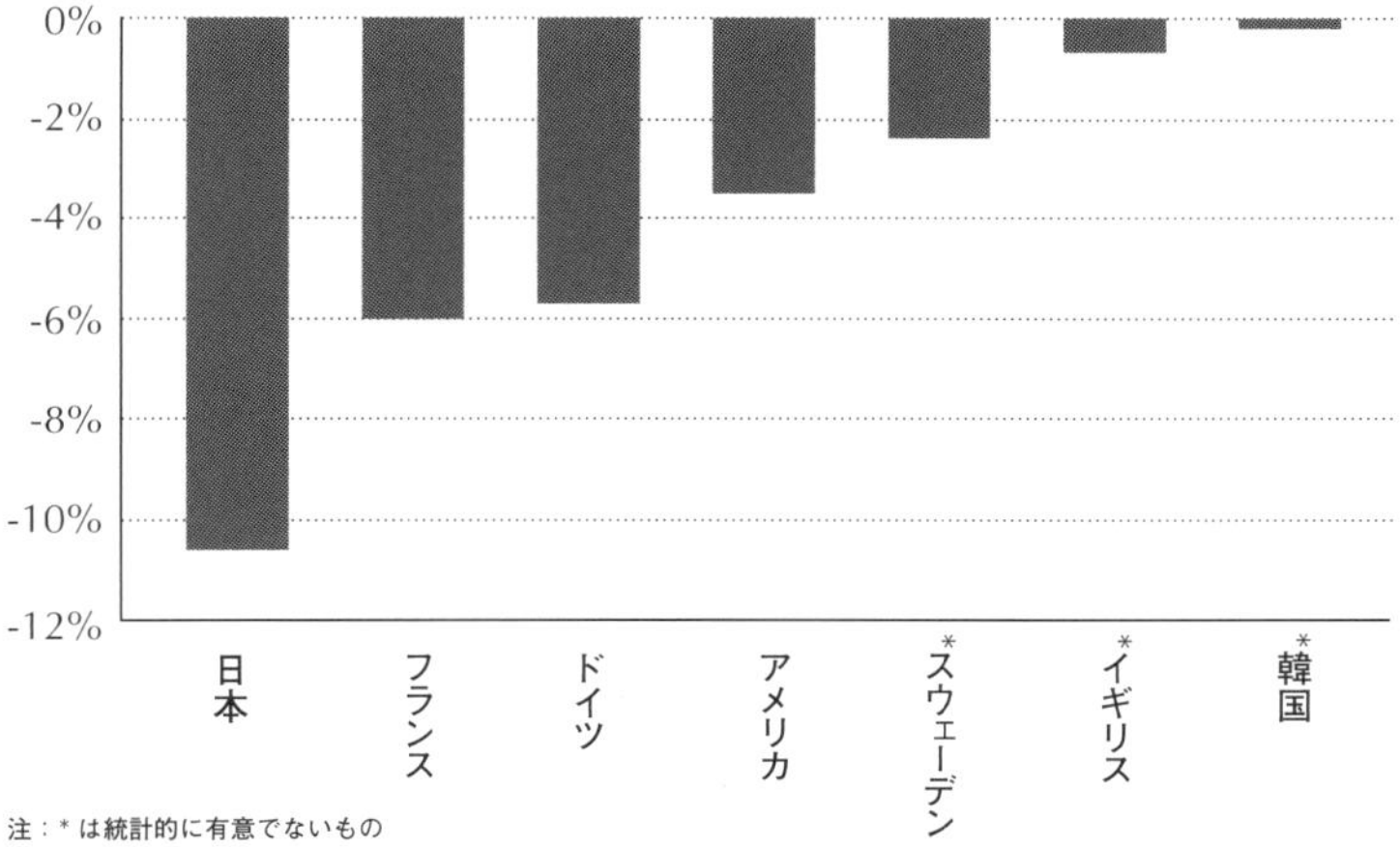

注：* は統計的に有意でないもの
資料：『若者調査』Q30、Q7

に居住を認められたわけではないので、貧困率の統計には含まれていない。路上で物乞いをしたり、郊外にキャンピングカーやテントを置いたりして生活している移民たちを目の当たりにして、強い問題意識を持つようになったとしても、何ら不思議ではない。ただし同じEU加盟国であっても、イギリスはフランスやドイツほど高くない。イギリスはヨーロッパの国であるにもかかわらずどちらかといえばアメリカ寄りで、経済格差を市場競争の当然の帰結、また市場競争の源泉（貧しければ豊かになろうと頑張る）としてとらえる傾向が大陸ヨーロッパ諸国よりも強いというのが、この結果にも表れている。

　それでは、所得格差に対する問題意識と希

望度との関係について見てみよう。図表2-8は所得格差があるとする者の希望度からないとする者の希望度を引いたものである。これによると、所得格差に対する問題意識の有無は、経済成長に対する信頼感と同じく、将来についての希望に与える影響が日本で最も大きい。日本では、所得格差に対して問題意識を持っている若者が比較的少ないが、もし問題意識を持っていれば、希望度のレベルは大きく下がるようだ。

7カ国比較、社会で成功する要因

ここまで自分の経済状況と自国の経済状況について、各国の若者たちがどのように認識しているのかを見た上で、その認識の違いが、彼らの希望の持ち方とどのように関わっているかを明らかにしてきた。しかし、そのような現状認識を踏まえて、これから自分たちが社会で成功するための道筋をどのように考えているかということも、彼らの希望の持ち方に影響を与えるかもしれない。

『若者調査』は、社会で成功する要因として「身分・家柄・親の地位」「個人の才能」「個人の努力」「学歴」「運やチャンス」の5つを挙げ、それらのうち最も重要なものは何か（あるいは「その

図表2-9　社会で成功する要因（日本）

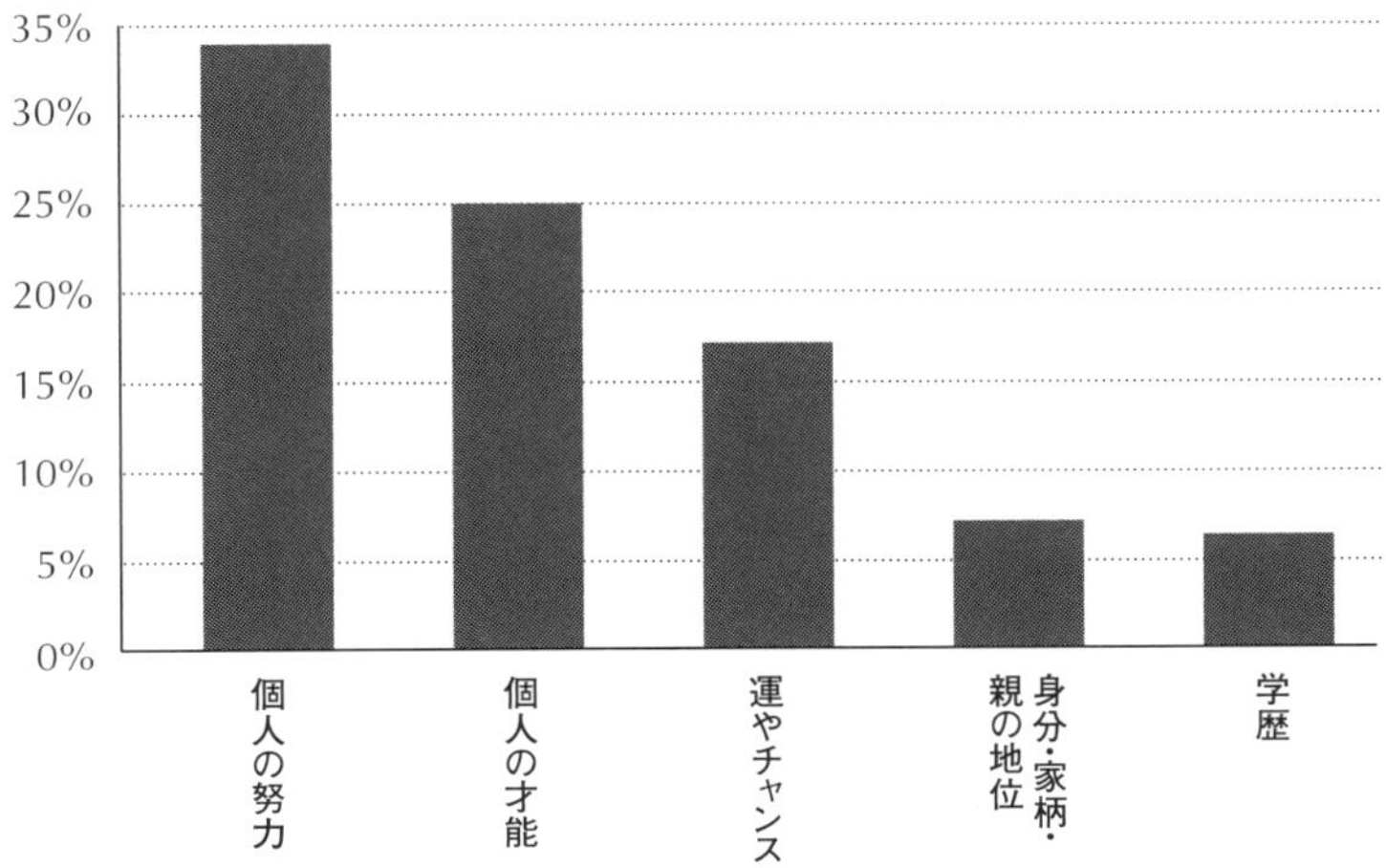

資料：『若者調査』Q31

他・わからない」）をたずねている。日本についての調査結果は、図表2-9の通りである。以下では、これら5つの要因を各国の若者がどのくらい選んだのか、またそれぞれの要因を選ぶことが、希望の持ち方とどのような関わりを持っているのかを見ていくことにしよう。

1　身分・家柄・親の地位

日本の若者の中で、社会で成功する要因として「身分・家柄・親の地位」を挙げた者の割合は7％と、7カ国中で最も低い（図表2-10）。むしろ日本人としては、欧米諸国の方が日本よりも「身分・家柄・親の地位」を挙げる若者の割合が高いことを意外に感ずるかもしれない。なぜならわれわれは、家柄やコネで出世が決まるような情実人事はアジア的で、そこから脱却することが近代化であり、欧米諸国に追いつくことであるとみなす傾向があるからだ。

しかし実際のところは、欧米でもそのようなバックグラウンドが重視されることが結構ある。たとえば就職の際に、親や知人のコネを通じて情報を得たり、口を利いてもらったりするのは、それほど珍しいことではない。その意味では、むしろ日本の方が公平だ。日本特有の制度である新卒一括採用制度には様々な問題点が指摘されているが、会社説明会や入社試験が一斉に行われ、少なくとも応募の段階では、コネが入る余地が少ない。

そういえば数年前に、ある出版社がコネを採用条件とした（一般公募を廃止した）ことが大きな話題となった。毎年数名しかない募集枠に多数の応募が殺到するため、それを緩和したいということ、また本当に就職したいなら、その出版社と縁のある作家に自分で連絡を取ってアピールし、コネをつくってくるくらいの気概が欲しいことなどがその理由であったそうだ。

法律上、性別や年齢によって採用を決めることは原則として禁止されているが[5]、コネの有無を採用基準にすることは禁止されていない。しかしこの出版社は世間から激しい非難を浴び、果てには厚生労働大臣が懸念を表明し、東京労働局が聞き取り調査を行うまでの騒動に発展し

図表2-10　身分・家柄・親の地位が最も重要な社会の成功要因と思う者の割合

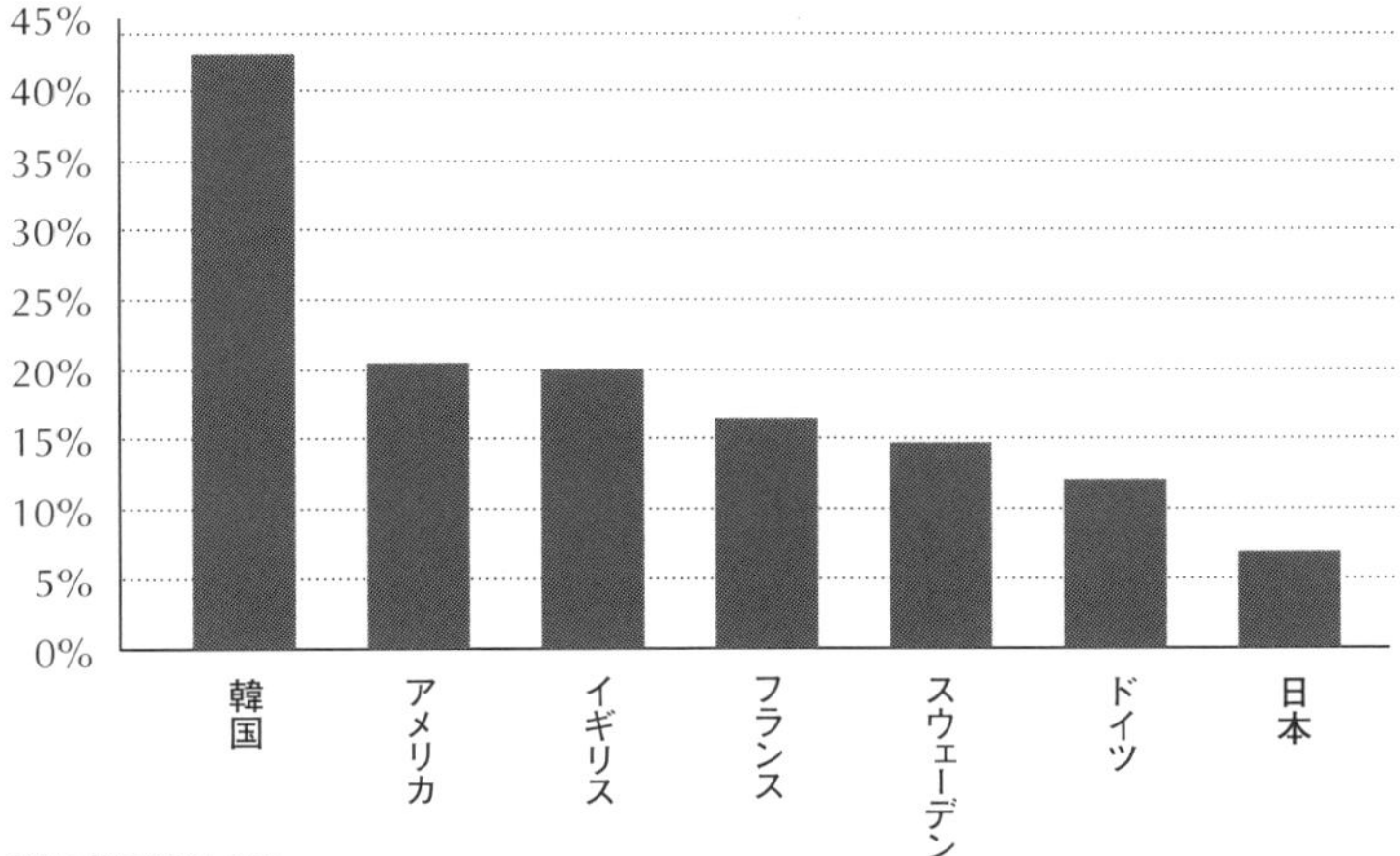

資料：『若者調査』Q31

た。日本企業の採用の現場で、家柄やコネが実際にどのくらい考慮されているのか、またそれは諸外国と比べて多いのか少ないのかといったデータは存在しないが、少なくともそういったものに対する世間の風当たりは、日本で断然強い。したがって日本の若者の多くが、家柄や親の地位を社会の成功要因であるとみなさないという認識は、あながち間違いではないように思われる。

それでは、家柄や親の地位が社会の成功要因であると若者たちが思っている国々では、そのことを肯定的に受け止めているのかといえば、決してそんなことはない。図表2-11は、社会の成功要因として「身分・家柄・親の地位」を挙げた若者たちの希望度を、それ

図表2-11　身分・家柄・親の地位が最も重要な社会の成功要因であると思うか否かによる、希望度の差

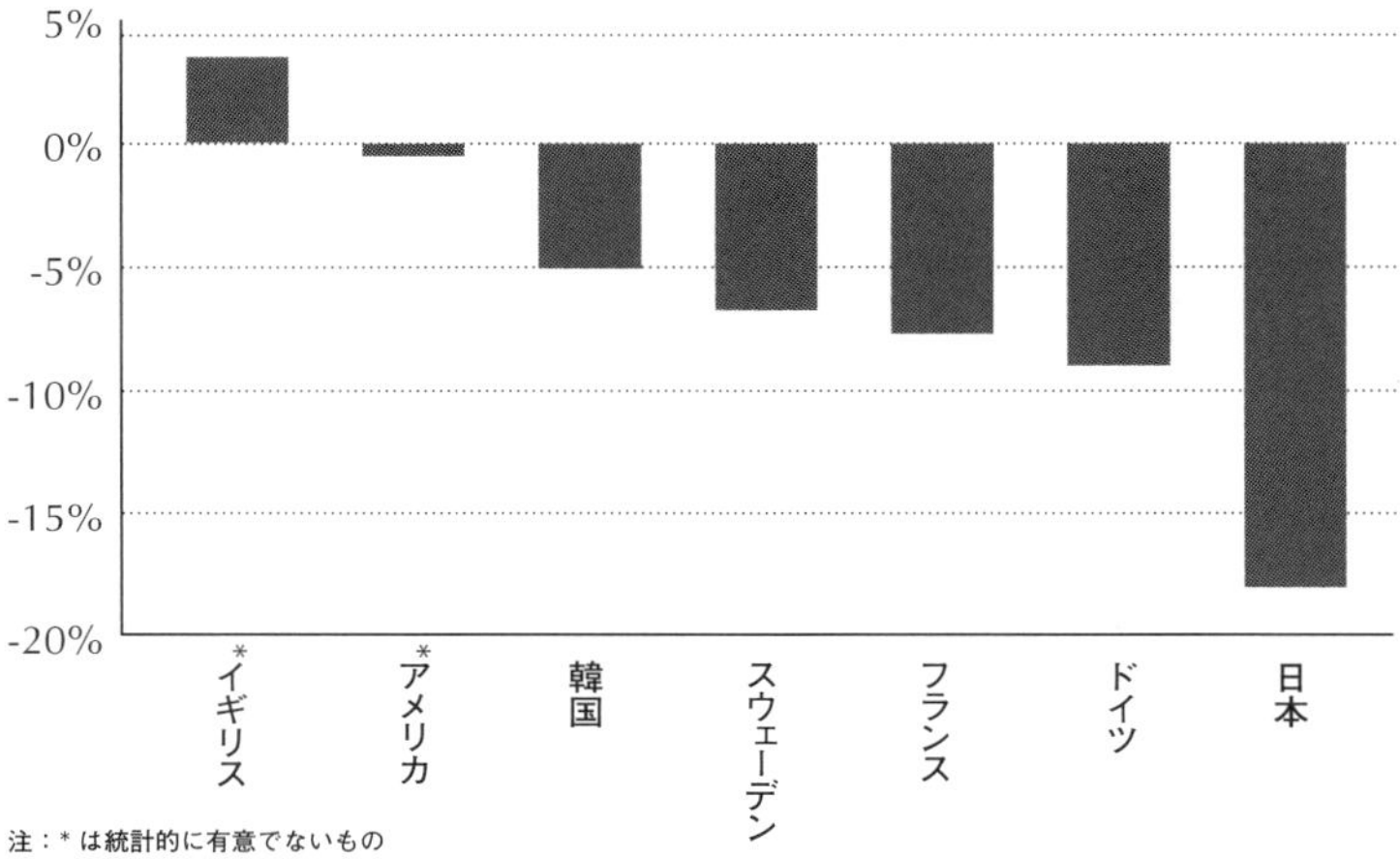

注：*は統計的に有意でないもの
資料：『若者調査』Q31、Q7

以外の若者たちと比べてみたものであるが、統計的に有意な差が出ている国々については、いずれもマイナス、つまり家柄や親の地位が成功要因であると思っている若者は、将来に希望をより持ちにくいという結果が出ているのである。

2　個人の努力、個人の才能

両方とも個人に関する項目である。日本の若者が社会の成功要因として挙げた項目のトップが「個人の努力」、2位が「個人の才能」であった。「個人の努力」は、韓国以外の6カ国でトップに挙げられており、なかでもドイツでは47％と半数近くに達している（図表2-12）。ドイツ人は、生真面目で努力家と

図表 2-12　個人の才能、個人の努力が最も重要な社会の成功要因と思う者の割合

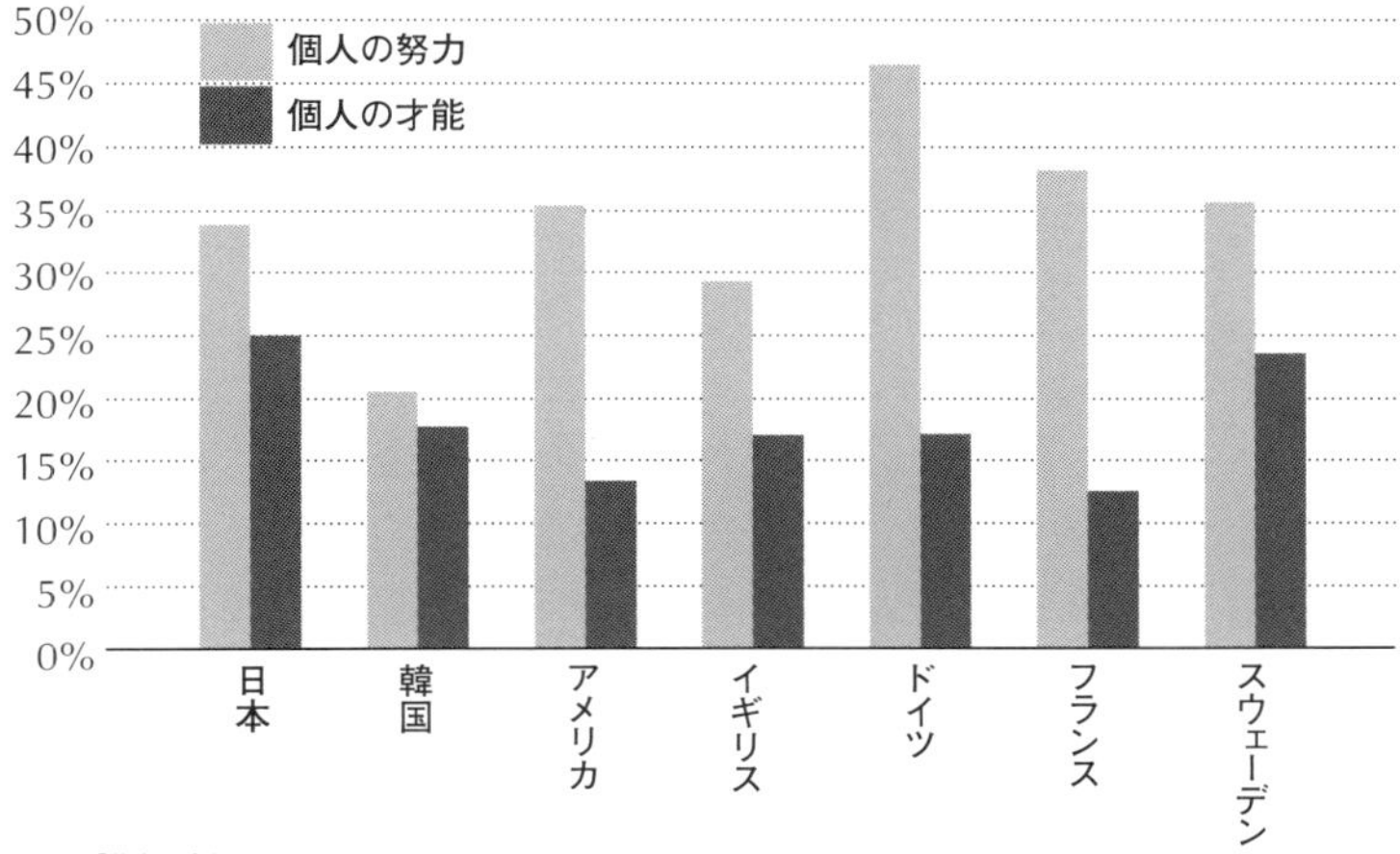

資料：『若者調査』Q31

図表 2-13　個人の才能、個人の努力が最も重要な社会の成功要因であると思うか否かによる、希望度の差

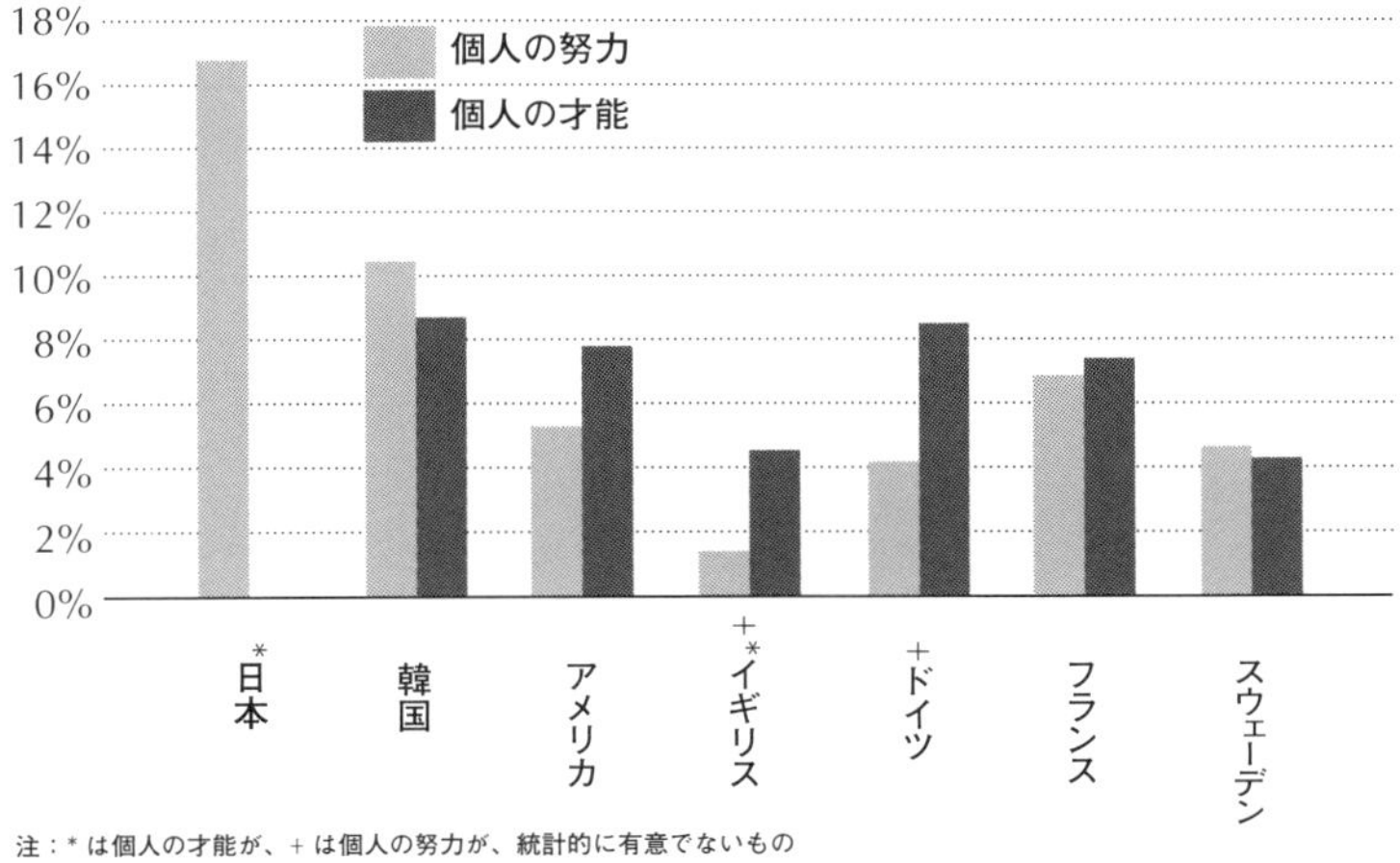

注：* は個人の才能が、+ は個人の努力が、統計的に有意でないもの
資料：『若者調査』Q31、Q7

いわれることが多いが、そのことが成功を導く最大の要因であると信じているからこそ、ということなのだろう。

ただしドイツでは、個人の努力が成功要因であると考えているか否かで、希望度に有意な差が見られない（図表2－13）。日本はこれと対照的で、個人の努力に対する評価が希望度に与えるプラスの影響が、他の6カ国よりもずっと高い。これは、日本では相対的に多くの若者が、努力すれば明るい将来が開けると思っているということだ。逆に言えば、ドイツをはじめ他の国々の若者は、日本の若者ほど「努力すれば何とかなる」とは考えていないようだ。

他方、個人の才能については、全く対照的な結果が出ている。日本では、成功の要因として個人の才能を挙げた若者が比較的多いが、その一方で個人の才能の選択の有無による希望度の差は全くなかった。他の多くの国々で、社会的な成功を導くのは個人の才能であると思っている人々の希望度が高いということは、自分に何らかの才能があると考えている人が多いということだろう。これに対して日本では、そのような効果が見られない。つまり日本では、自分の努力には期待をかけているが、自分の才能にはそれほど期待をかけていない（希望度がマイナスにはなっていないので、全くかけていないというわけではない）のである。

図表2-14　学歴が最も重要な社会の成功要因と思う者の割合

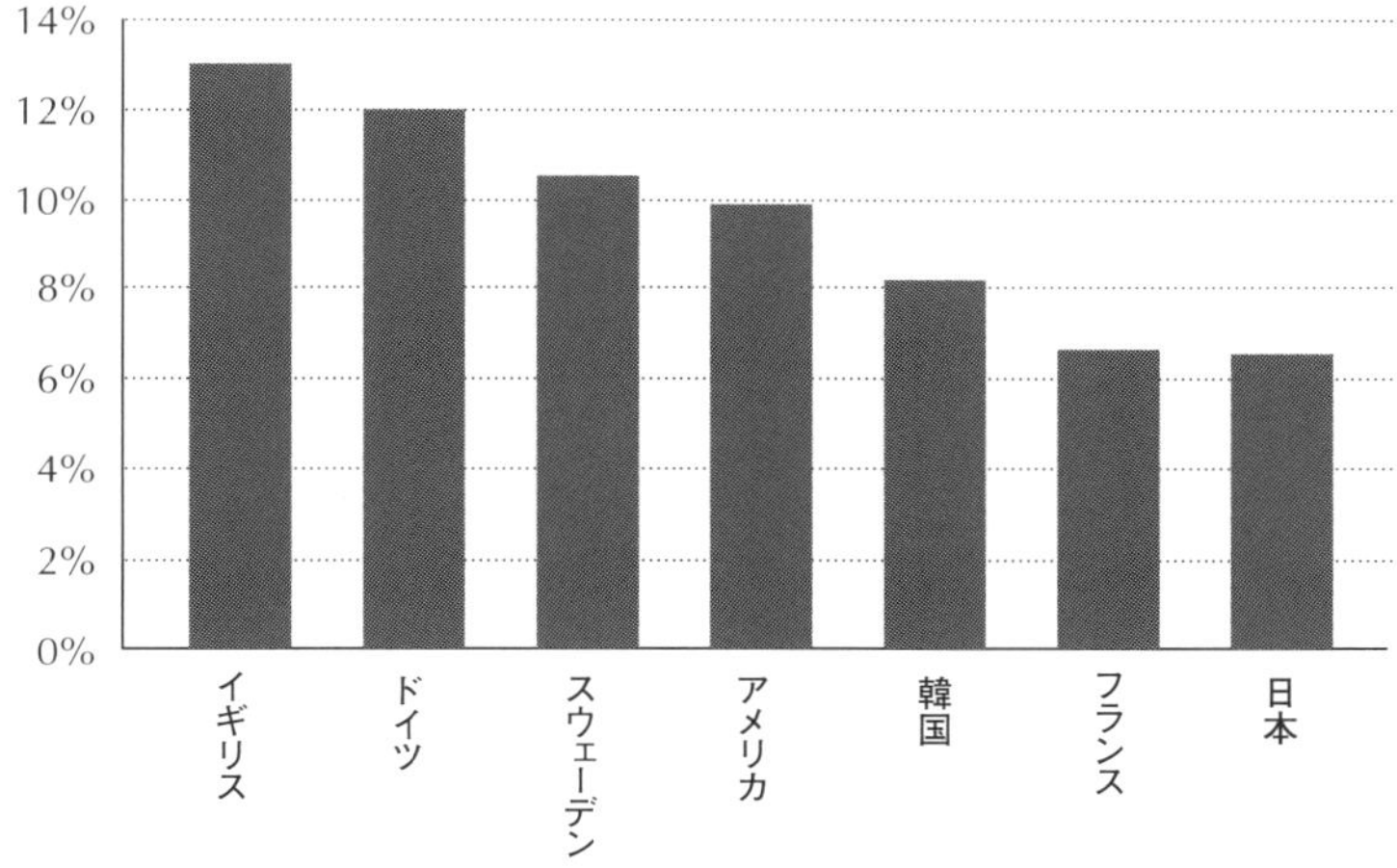

資料：『若者調査』Q31

3　学歴

「日本は学歴社会である」という見方は、日本の社会全体としてはいまだに根強い気がする。しかしどうも若者たちはそう思っているわけではないようだ（図表2-14）。ただし高等教育機関への進学率は年々上昇し、しかも多くの若者が少しでもいい大学に入ろうと躍起になって受験勉強をしているという状況は大きく変わっていないので、彼らは学歴が必要でないというのではなく、学歴だけで成功するほど社会は甘くないと思っているということだろう。他の国々も日本と比べて極端に高いわけではないが、日本人としては、むしろ他の国々に学歴重視の若者の割合が多いことの方に驚かされる。7カ国中のトップはイ

図表 2-15　学歴が最も重要な社会の成功要因であると思うか否かによる、希望度の差

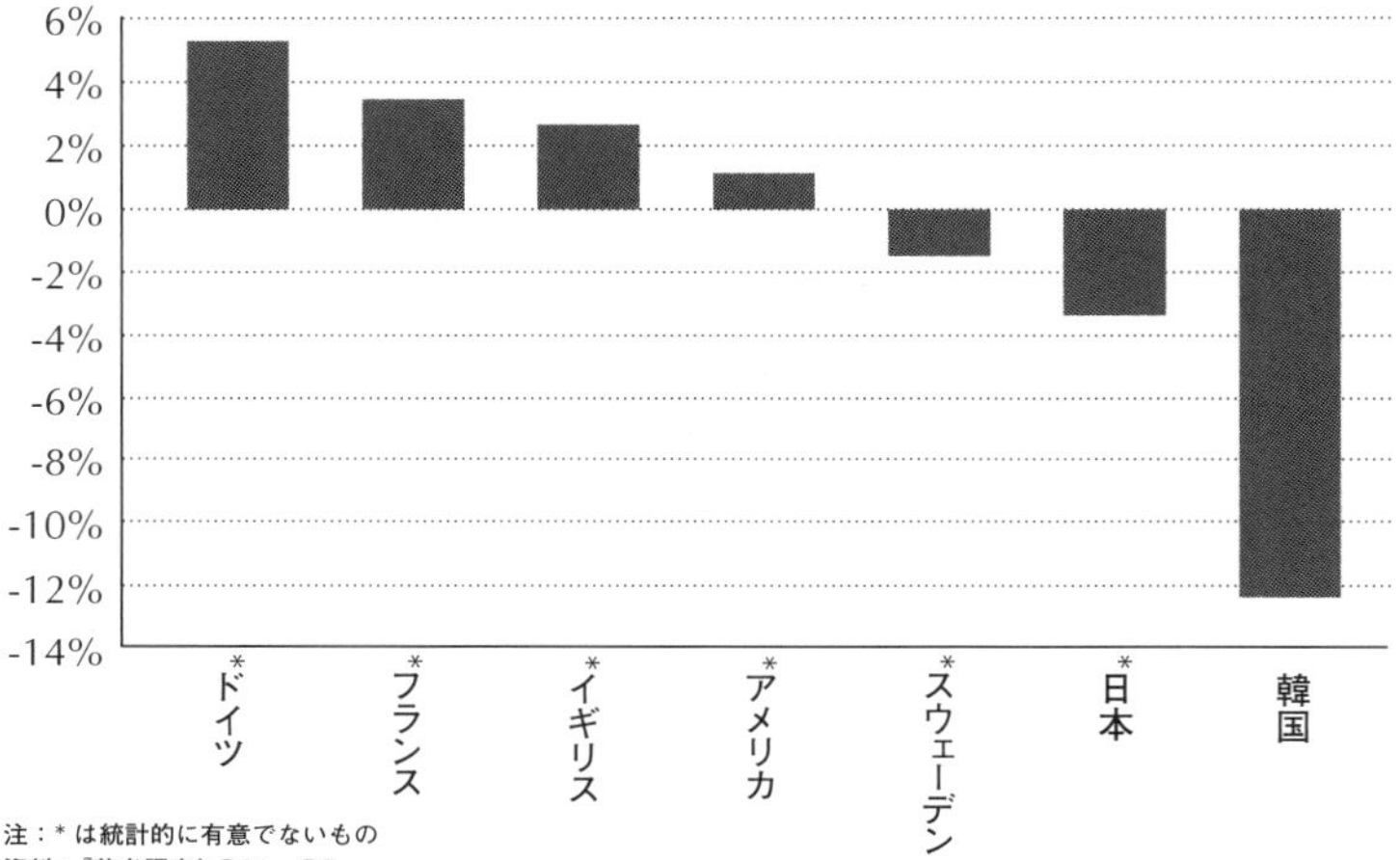

注：* は統計的に有意でないもの
資料：『若者調査』Q31、Q7

ギリスだが、伝統的なエリート養成機関として知られる名門パブリックスクールの人気がいまだに高いことや、オックスフォード・ケンブリッジという2つの大学の出身者が社会の要職を占めていることなどが背景にありそうだ。

学歴と希望度の関係については、韓国のみが有意なマイナスの差、すなわち学歴が社会の成功要因であると考えることが、希望度を下げるという結果が出た（図表2-15）。韓国も日本に負けず劣らずの学歴社会であるとされているが、「社会での成功を決めるのは学歴だから、自分には希望がない」と考える若者が多いというのは、あまり望ましい状況ではあるといえないだろう。統計的に有意ではな

図表 2-16

運やチャンスが最も重要な社会の成功要因と思う者の割合

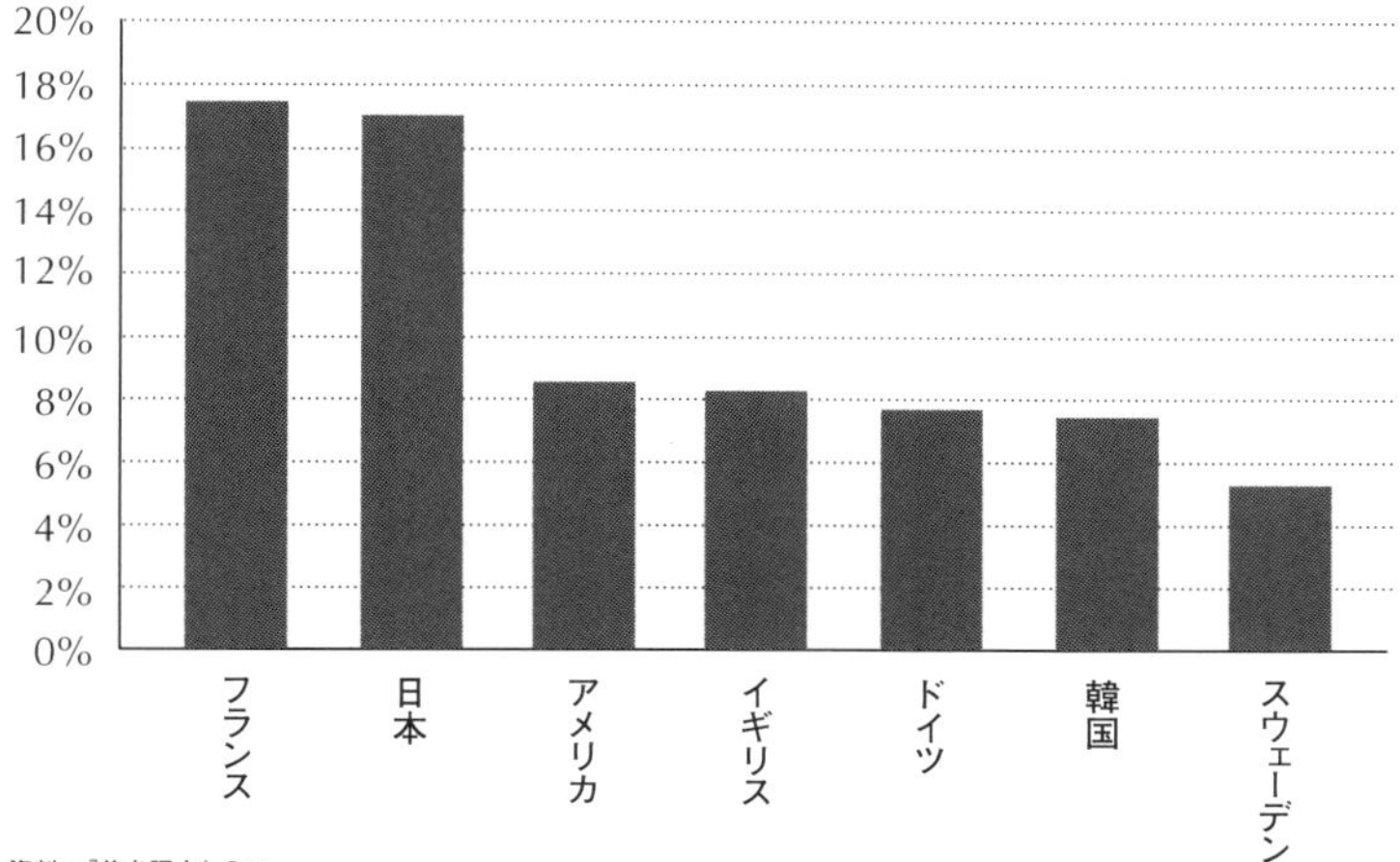

資料：『若者調査』Q31

いものの、日本でもマイナスの差が現れていることには、注意を払う必要がある。

4 運やチャンス

運やチャンスを社会的な成功要因と考える若者の割合は、フランスと日本が他の国々に比べて非常に高い（図表2-16）。運やチャンスといった、個人ではどうしようもない要因が社会的成功において重要であると考える人ほど、公的な政策による所得の再分配を支持する傾向にあるとされているが[6]、この結果を見る限り、若者のみの意識、あるいは国際比較においては、その議論はあまりよく当てはまっていないようだ。フランスはともかく日本は所得再分配政策が充実しているとはいえ

図表2-17　運やチャンスが最も重要な社会の成功要因であると思うか否かによる、希望度の差

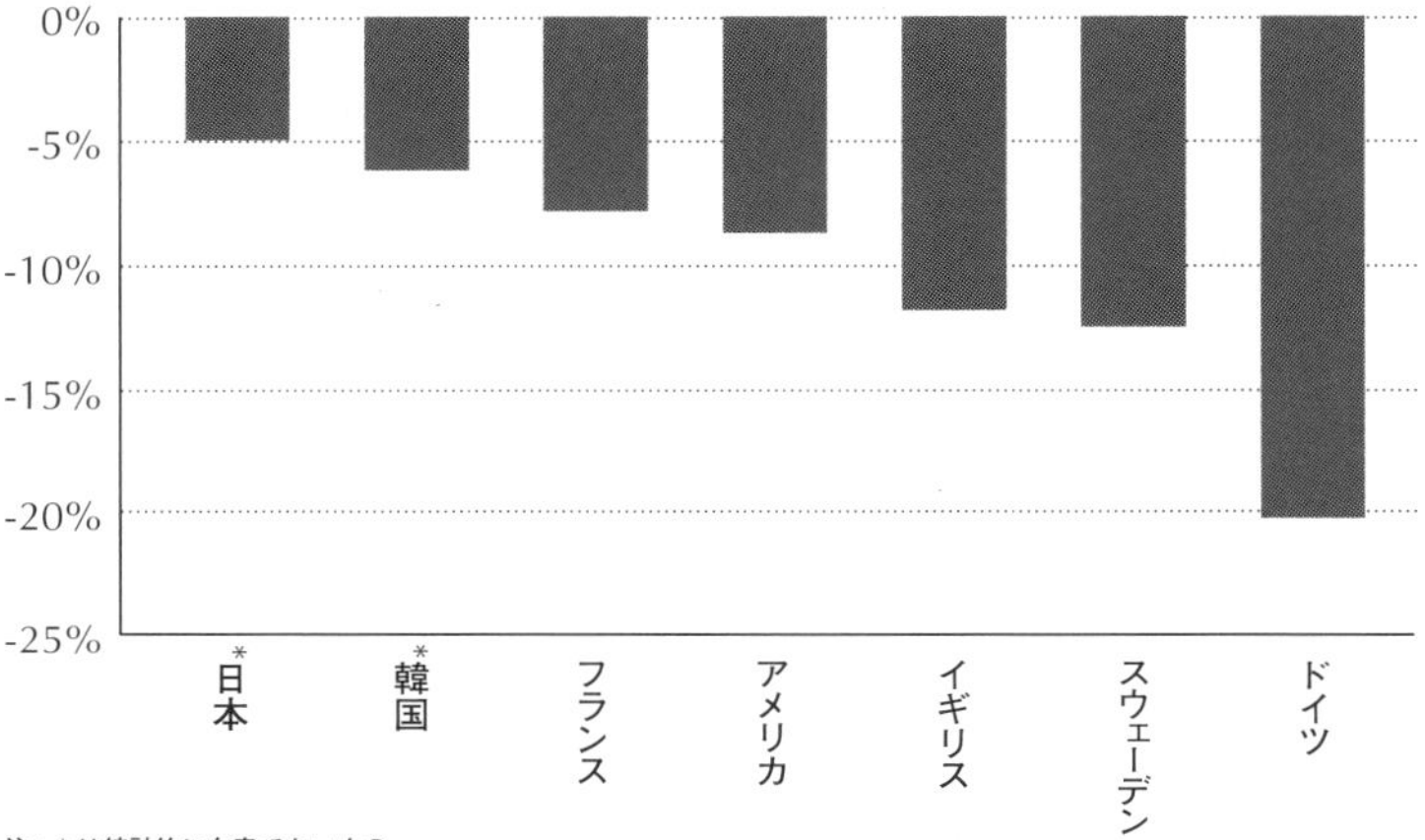

注：* は統計的に有意でないもの
資料：『若者調査』Q31、Q7

ない。また、所得再分配政策が充実しているドイツやスウェーデンにおいて、運やチャンスが最も重要な成功要因であると考えている者の割合は低く、所得再分配を最小限にとどめるアメリカやイギリスを下回るほどだからだ。

運やチャンスを成功要因と考えることと希望度との関係も興味深い。図表2-17に示す通り、欧米諸国では運やチャンスを成功要因とみなす人ほど希望度が有意に低いのに対して、日本と韓国ではそのような有意性が見られないのである。調査対象の7カ国のみの比較で安易に断ずるべきではないが、東洋では運やチャンスといった個人を超えた力について、西洋ほど否定的な見方をしているわけで

はないということかもしれない。

＊　＊　＊

本章では、経済システムや経済環境が若者の総合的希望にいかなる影響を与えるのかを考えるべく、まず自分の経済状況に対する意識、そして自国の経済状況に対する意識を国際的に比較した上で、それらの意識と希望との関係を示した。その結果、少なくとも日本においては、個人レベルにせよ国レベルにせよ、経済状況が良くないという認識が、若者の希望度を押し下げている可能性が高いことがわかった。

たとえ感覚的なものであれ、日本の若者の多くは、自国の経済の発展性をあまり信頼していない。彼らの信頼を取り戻す方策を探ることは、目先の株価を無理矢理に押し上げるよりも、ずっと大切なことだろう。ただし発展と引き換えに貧富の差がさらに拡大し、平等性に対する信頼を失ってしまえば、かえって若者の希望度を低下させる可能性があることを忘れてはならない。

また社会的な成功要因に関する意識と希望度について、日本で有意な差が示されたのは、「身分・家柄・親の地位」の選択が希望度を押し下げることと、「個人の努力」の選択が希望度を押し上げることであった。つまり日本では「身分・家柄・親の地位」を選択した者がもともと多いわけではないが、そのような者がさらに減り、その代わりに個人の努力が社会的成功を導くと信じられる者が増えれば、希望度を高めることができる、ということだ。

以上のことを踏まえつつ、次章では若者の家庭生活・人間関係と総合的希望との関連性について考えていくことにしよう。

第3章
家族・人間関係と希望

愛が深いところには、絶え間なく、
希望が流れ込んでくる。
ウィラ・キャザー
（米国の女性作家、ピュリッツァー賞受賞／1873〜1947）

変化する日本の家族構造と意識

このところ新聞やテレビで、児童虐待に関するニュースを目にしない日はない。厚生労働省によると、2013年度における児童虐待相談件数は7万3802件と過去最高を更新し、10年前の3倍近くにまで達している（図表3-1）。2000年に児童虐待防止法の全面的な改正が行われ、虐待を受けたと思われる児童を発見した者に対して、速やかに福祉事務所や児童相談所に通告する義務を負わせるなど、それまで表に出にくかった虐待のケースが明るみに出るようになったのは良いことである。しかしながら、少子化によって子どもの数は減っているはずなのに、虐待の件数が増えているという現状は、それまで手がつけられてこなかった問題の深刻さを物語っている。

また日本の家族における最近の変化を語る上で、婚姻率の低下と離婚率の上昇についてふれないわけにはいかない。婚姻率については、1960年時点では人口1000人当たり年に9・3組が結婚していたのが、2013年には5・3組にまで低下した。その反面、離婚率は1960年の人口1000人当たり年0・74組から、2013年にはその約2・5倍の1・84組へと上昇した。[1]

図表 3-1　児童虐待相談対応件数の推移（日本）

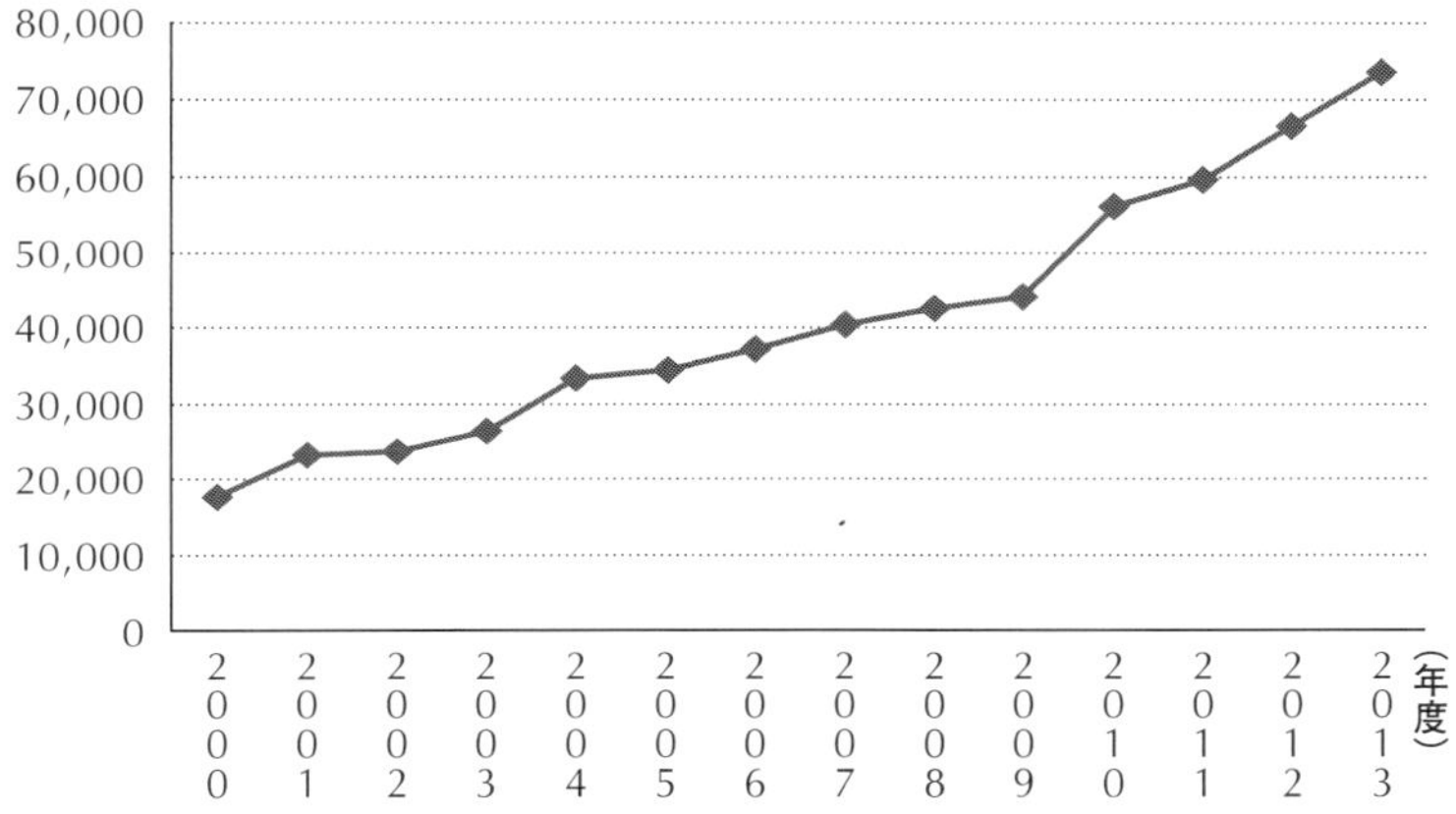

注：2010 年度の件数は、東日本大震災の影響により、福島県を除いて集計した数値である
資料：厚生労働省『児童相談所での児童虐待相談対応件数』、2014 年 8 月、厚生労働省『平成 25 年度　福祉行政報告例』

このように結婚しない人が増え、離婚する人が増えたことに加えて、結婚していても子どもをあまり多く持たないカップルが増えたこと、年を重ねても子どもと同居せず独立して暮らす高齢者が増えたことが相まって、家庭の規模は大きく縮小した。その結果、1960年に4・14であった1世帯当たりの平均世帯人員が、2010年には2・42にまで減少した。[2] 世帯の規模が縮小して核家族化が進み、個々の世帯が内向きで閉鎖的になっていることが、上述のような児童虐待の一因とも考えられる。

ただし家族の規模が縮小したからといって、人々にとって家族の重要性が薄れてしまったというわけではないらしい。統計数理

図表 3-2

自分にとって最も大切なものとして「家族」を挙げた人の割合

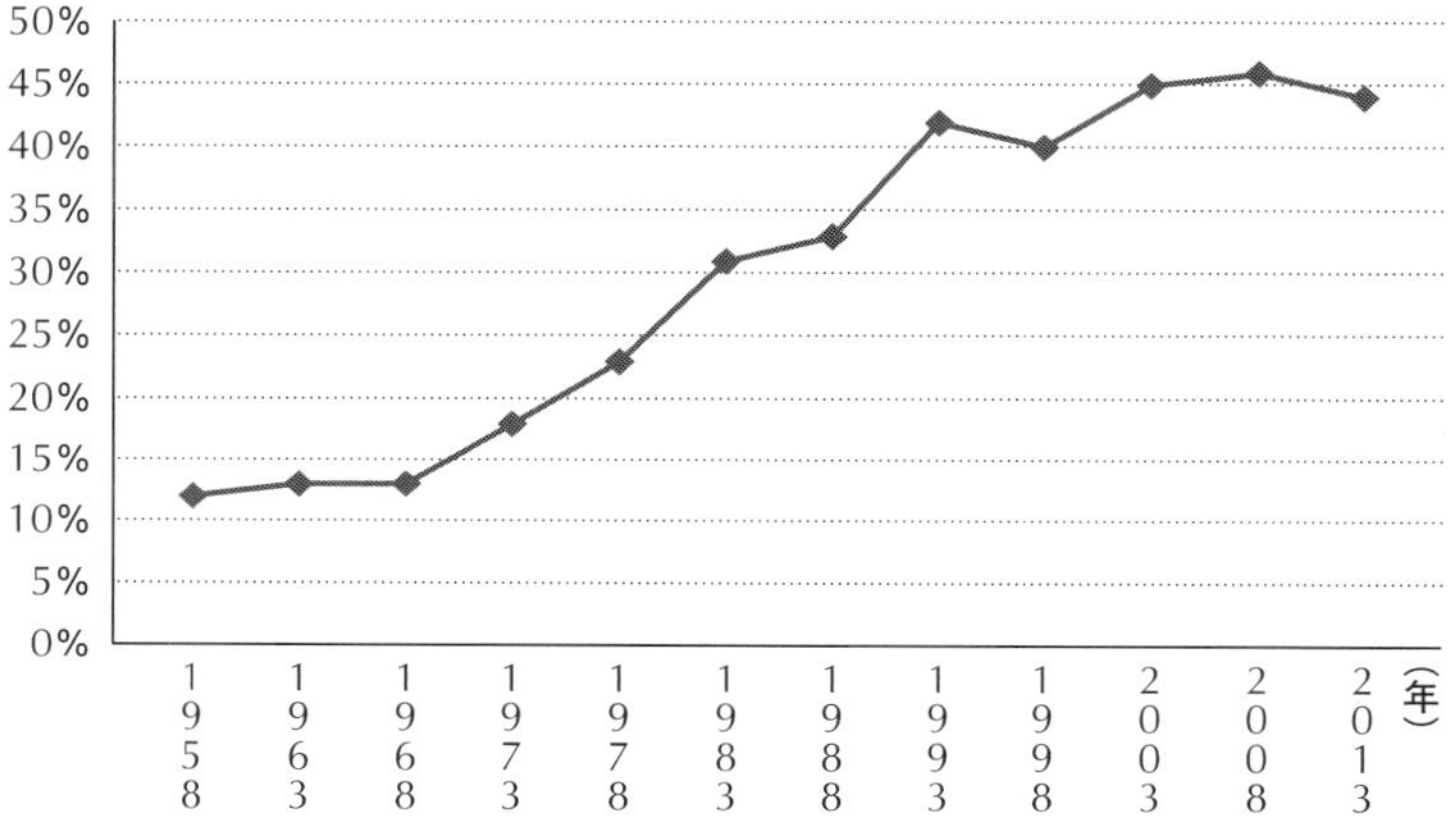

資料：統計数理研究所『国民性調査』、第2回〜第13回

研究所が1950年代から5年おきに実施している『国民性調査』によれば、自分にとって最も大切なものとして「家族」を挙げた人の割合は、1958年には12％と「金・財産」(15％)よりも低かったが、図表3-2に示すようにその後上昇し、近年では半数近くにまで達している(ちなみに「金・財産」はその後減少し、近年は5％前後である)。日々メディアに流れる児童虐待や少子化、非婚化、離婚といったニュースにふれていると、あたかも世の中の家族が全て崩壊に向かっているような錯覚に陥るが、決してそんなことはない。

とはいえ、現在の日本の家族のあり方に何ら問題がないというわけでもない。そして、それらの問題が若者たちの総合的希望を押し下げている可能性がある。このような問題意識に基づいて、本章では、日本および諸外国の若者たちの家庭・家族に対する意識と、それが希望に与える効果を探っていくことにする。

家庭生活に対する満足度が突出して低い日本の若者

『若者調査』には「あなたは、家庭生活に満足していますか、それとも不満ですか」という質問がある。この質問によって回答者がイメージする「家庭生活」は、親元で暮らす中高生と、結婚して仕事を持ち、親元から離れて暮らす年長の若者とでは大きく異なるものと考えられる。そこで、ここでは対象を13~17歳で未婚の若者に限って分析を進めることにする。

家庭生活に対する満足度については「満足」「どちらかといえば満足」「どちらかといえば不満」「不満」「わからない」の5つの選択肢が設けられているが、図表3-3に示す通り、日本では「満足」という回答が全体の15%と非常に低い。「どちらかといえば満足」を加えても7割に届かず、「満足」のみで51%、「どちらかといえば満足」を加えれば84%に達するアメリカとは大きな違いがある。

それでは家庭生活に対する満足度は、彼らの希望の持ち方を左右するのか。図表3-4は、家庭生活に「満足」「どちらかといえば満足」と回答したグループと、「どちらかといえば不満」「不満」「わからない」と回答したグループの希望度（「希望がある」「どちらかといえば希望がある」の割合）の差を示したものである。これによると、日本を含めた多くの国では、13〜17歳で未婚の若者において、家庭生活に対する満足度が希望の有無と密接に関係している（満足という者の希望度が高い）ことがわかる。

離婚は本当に子どもの希望を失わせるのか

しかし一口に家庭生活といっても、いろいろな側面がある。そこで、子どもに影響を与えそうな家庭生活上の出来事として、離婚について考えてみよう。先に述べたように、我が国でも離婚件数は長期的に見て増加傾向にあるが、親の離婚は子どもの総合的希望にどのような影響を与えるのだろうか。

『若者調査』では、自分の親の婚姻状況をたずねていないが、現在自分と同居しているのは誰かをたずねる質問が含まれている。そこで先ほどの13〜17歳で未婚の若者を、父と母との同居状況によって分け、それぞれのグループにおける希望度を調べてみた。同居しているというグ

図表 3-3

家庭生活に「満足」という若者（13 ～ 17 歳、未婚）の割合

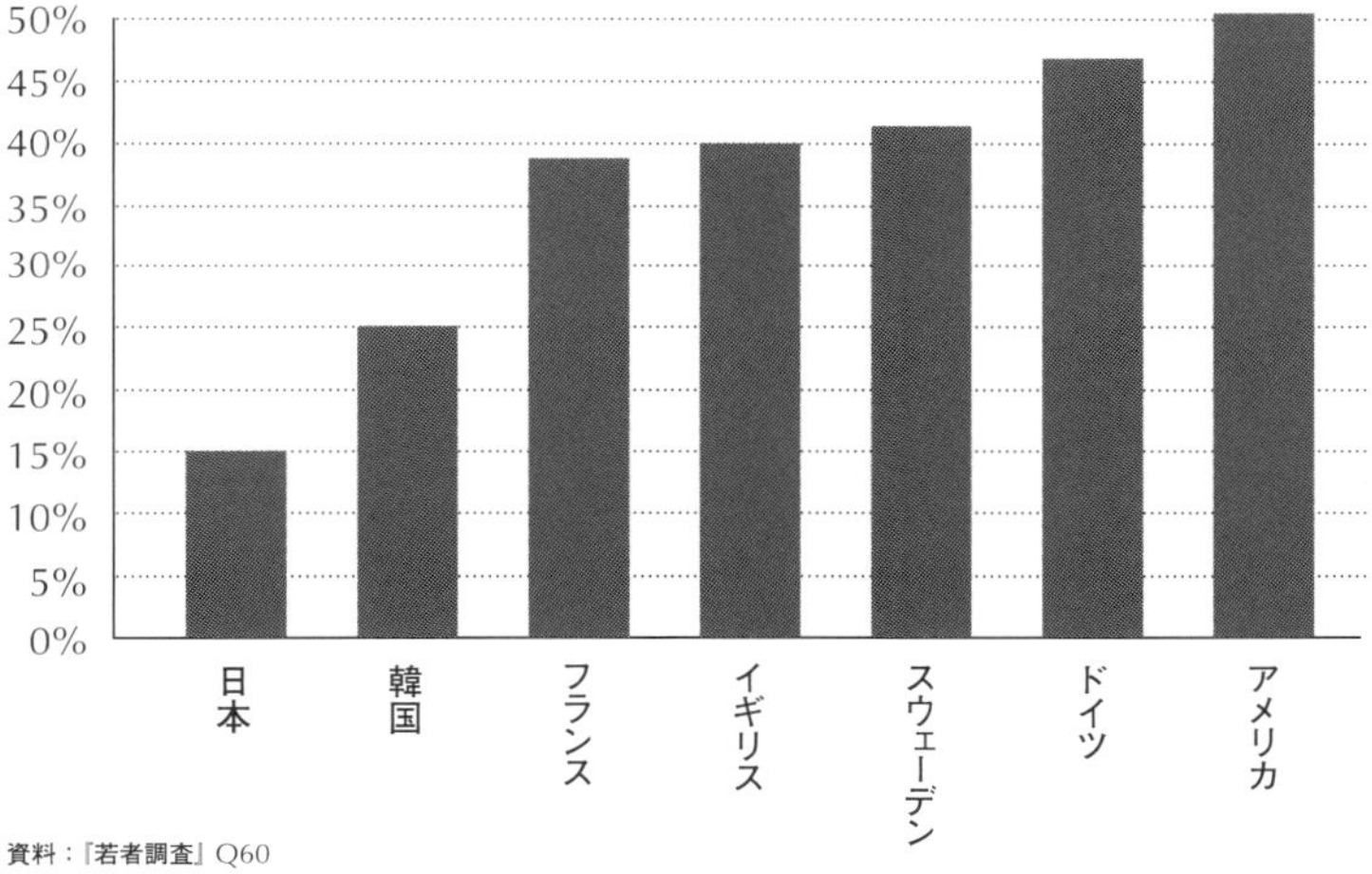

資料：『若者調査』Q60

図表 3-4 家庭生活に満足か否かによる、希望度の差（13 ～ 17 歳、未婚）

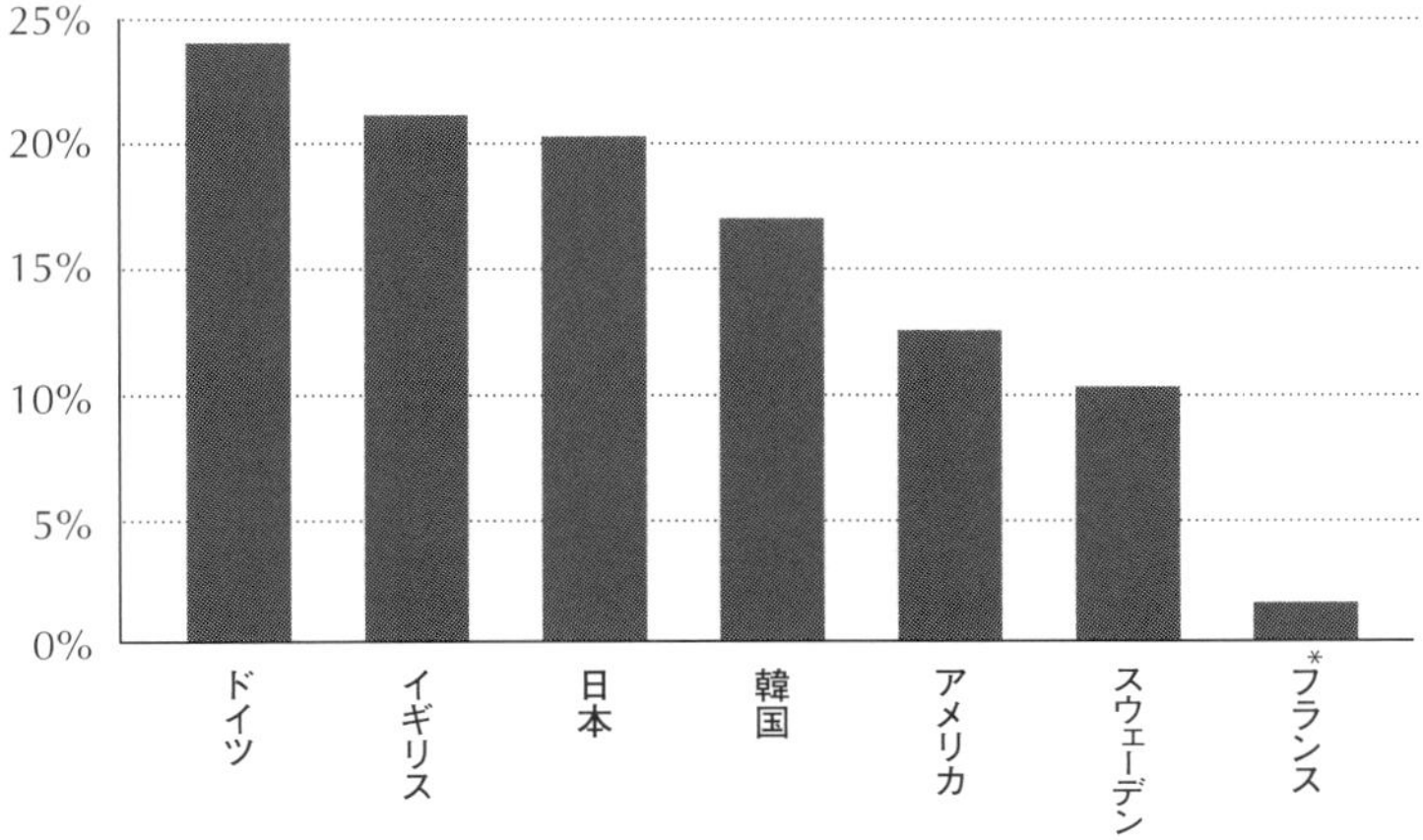

注：* は統計的に有意でないもの
資料：『若者調査』Q60、Q7

ループには、実の両親は離婚したけれども、再婚した人を親として同居しているというケースが含まれるし、また同居していないというグループには、両親が離婚したというケースだけでなく、たとえば片親が単身赴任しているというケースが含まれるため、同居状況別の比較によって厳密に離婚の影響を測定できるわけではない。とはいえ、再婚相手を親として良い関係を築いている家庭もあるし、正式に離婚していないが別居しており実質的な離婚状態に入っている家庭もある。そういったことを考えると、婚姻状況による比較の方が、同居状況による比較よりも厳密である、ということもできない。

ともあれ、両親との同居の別によって希望度を比較したのが図表3－5である。これを見ると、確かに両親と同居しているグループの希望度がこの4つのグループの中で最も高く、逆に両親のどちらとも別居しているグループの希望度が最も低い。しかしながら、両親と同居しているグループの希望度が74％であるのに対して、母親とのみ同居しているグループの希望度は73％と、ほぼ変わらないといってよい。実際、残差分析という統計的な手法によって各グループの希望度の差について調べてみると、いずれのグループについても統計的な有意差は確認できなかった。つまり若者の希望度は、両親との同居状態（あるいは離婚）によって下がるというものではないようだ。ちなみに『若者調査』の他の6カ国についても全く同様に、両親との同

図表 3-5

両親との同居状況別に見た希望度（日本、13 ～ 17 歳、未婚）

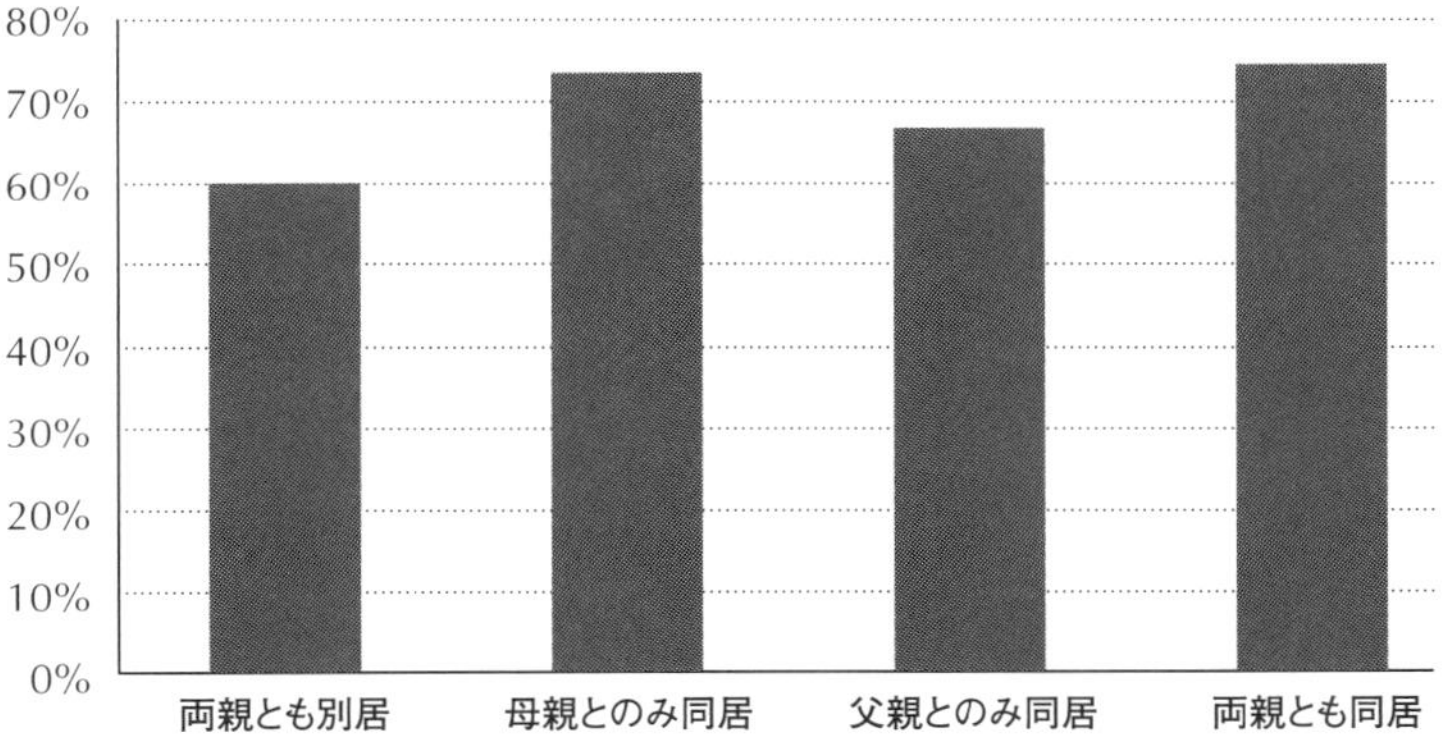

資料：『若者調査』F4、Q7

居状態は若者の希望度に有意な影響を与えることはないという結果が出ている。つまり離婚は子どもの希望を失わせるわけではないのだ。

ただし、家庭内の人間関係が子どもの希望度とは何ら関係がないというわけでもない。『若者調査』には「あなたは、家庭で生活をする上で、次の事に満足していますか」という質問があり、そこで挙げられている項目の1つに「家庭内で争いごとがないこと」というのがある。日本においてこの項目を選択した、つまり家庭内に争いごとがないと認識しているグループと、そうでないグループの希望度を比べてみると、前者の方が希望度は高く、しかも統計的に有意であった。家庭内の争いごとの当事者が誰かという質問はないが、子どものいる家族の大半が核家族であることを考えれば、これが夫婦間の争いを指している可能性は高い。

そして日本は「家庭内で争いごとがないこと」の満足度が7カ国中で下から2番目だ（図表3-6）。つまり自分の家庭内には争いごとがあると思っている若者が、日本には比較的多いのである。昔、ドイツの友人から、日本には「家庭内離婚」や「仮面夫婦」という言葉があるそうだね、と聞かれたことがある。その彼に、日本では、子どもを傷つけたくないから別れないと考える人が多いんだよ、と答えたところ、ドイツはその逆で、子どもの前で自分たちがケンカしている姿を見せたくない、つまり子どもを傷つけたくないから別れるんだ、と言われたことを思い出す。確かにドイツの離婚率は1000人当たり年間2・29と日本よりも高いが、「家庭内で争いごとがないこと」の満足度も日本よりずっと高い。ただしスウェーデンのように、この満足度が日本より低い上に離婚率も高い国もあるので、これはなかなか一筋縄でいかないところもある。

結婚して子どものいるカップルが、少しケンカしたくらいで簡単に別れるべきではないと思う。しかし、日本では「離婚は子どもを傷つける」「愛情がなくなっても、子どものために別れない」という考え方が少し強すぎるような気がする。離婚することだけを避けて、子どもの前

図表3-6　家庭内で争いごとがないことに満足していると回答した若者（13～17歳、未婚）の割合

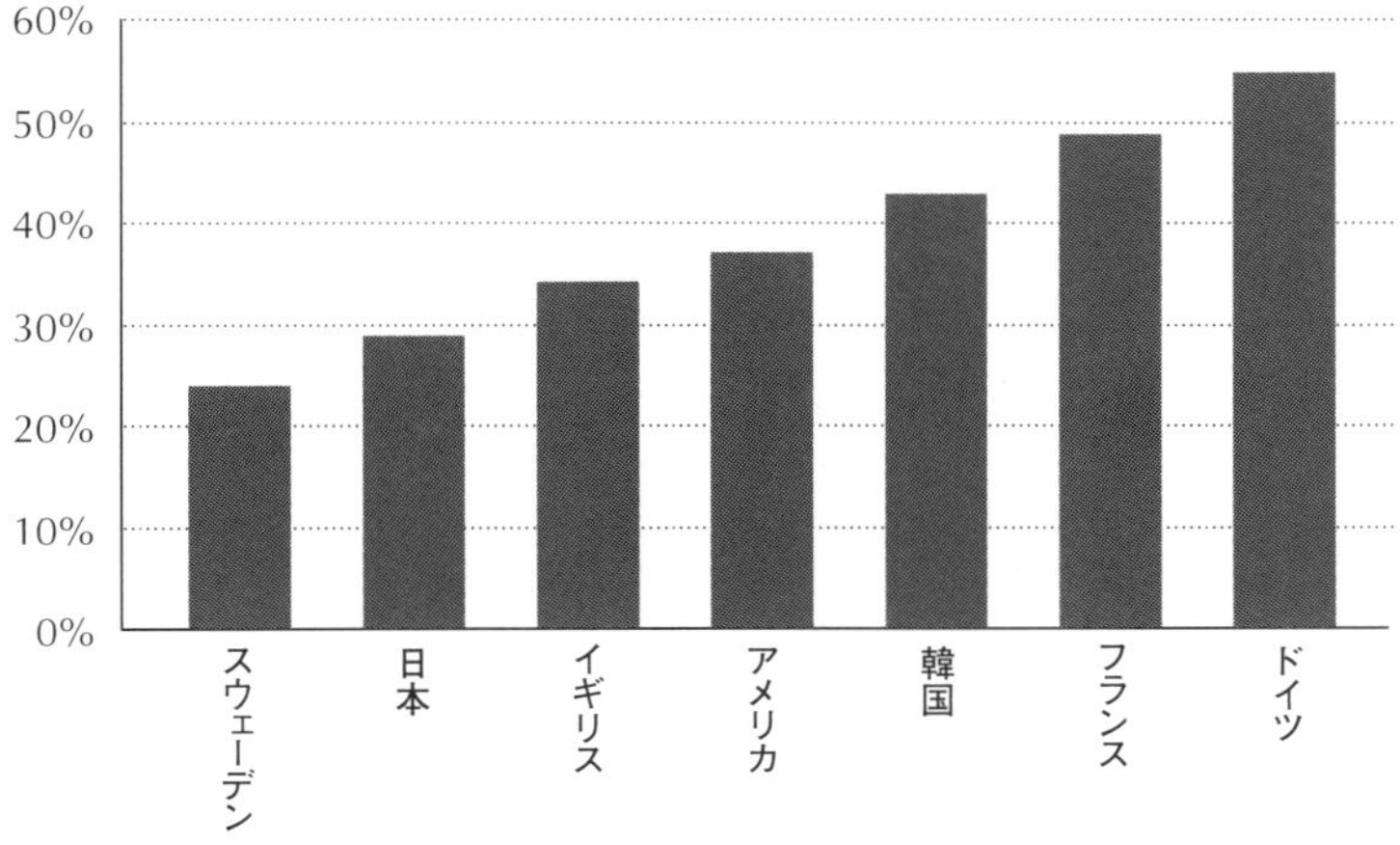

資料：『若者調査』Q61

でケンカばかりしている親の方が、かえって子どもに悪い影響を与えている可能性もあるのだということを、私たちはもっと考えた方がよいのではないだろうか。

家族の絆や親の愛情度はドイツに完敗

次に親子の関係と希望との関連について調べてみよう。まず単純に考えれば、親の愛情を十分に感じている子どもの希望度は高いように思われる。『若者調査』によれば、日本の13～17歳の未婚の若者のうち、親の愛情に満足しているというグループでは、83%が将来に「希望がある」「どちらかといえば希望が

図表3-7　親の愛情に満足していると回答した若者（13～17歳、未婚）の割合

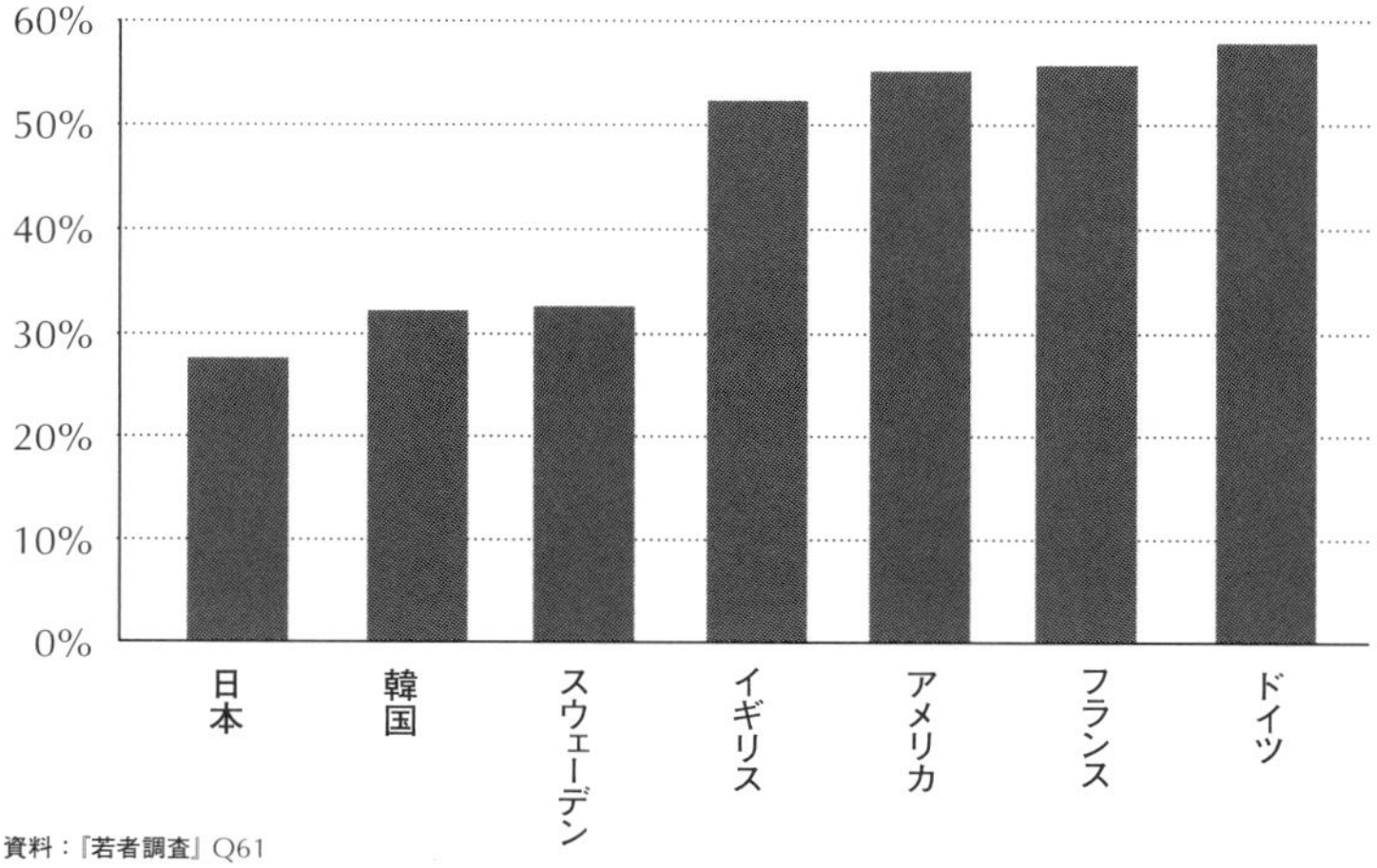

資料：『若者調査』Q61

ある」と答えているのに対して、それ以外のグループでは70%と低く、両者の差は統計的に有意であった。やはり親の愛情を感じている子の方が、将来に希望を持つ可能性が高いのだ。

そして残念ながら、親の愛情に満足していると回答している13~17歳の未婚の若者の割合が7カ国の中で最も低いのは日本である。図表3-7に示すように、日本の割合は28%と、7カ国中で首位のドイツ（58%）の半分にも満たない。逆に言うと、親の愛情を感じている子の割合がドイツ並みに高まれば、希望を持つ若者の割合も増えるのではないかと思われる。2年前に『住んでみたドイツ　8勝2敗で日本の勝ち』[3]という本が出版されて話

題となったが、家族の絆や親の愛情に対する若者の評価という点では、どうやら日本はドイツに完敗のようだ。

さて『若者調査』には、親の愛情に対する満足度だけでなく、若者が父親そして母親のことをどのような存在と見ているかについての質問がある。図表3‐8は、日本の13〜17歳の未婚の若者について、それぞれの項目について「あてはまる」「どちらかといえばあてはまる」と回答した割合を示したものである。父親についても母親についても最も高かったのは「やさしい」であり、その他には「尊敬できる」「生き方の手本となる」が両親ともに高かった。また「自分のことをよく理解してくれる」は、母親については2番目に高かったが、父親ではそれほどでもなく、父母間のギャップが目立った。また多くの項目で、父親よりも母親の方が高く、父親の方が高かったのは「うっとうしい」「自分とはあまり関係がない」のみであった。特に「自分とはあまり関係がない」の父母差は大きいが、このように母親よりも父親のことを「自分とは関係ない」とみなす傾向は、日本のみならず他の全ての国に共通していた。これは父親のはしくれとしては、少し寂しい感じもする。

ただし親を「うっとうしい」「自分とはあまり関係がない」と思っているからといって、それが希望度を下げているかというと、そこに統計的な有意性は認められなかった。これはあくま

図表3-8　親をどのような存在であると見ているか（日本、13〜17歳、未婚）

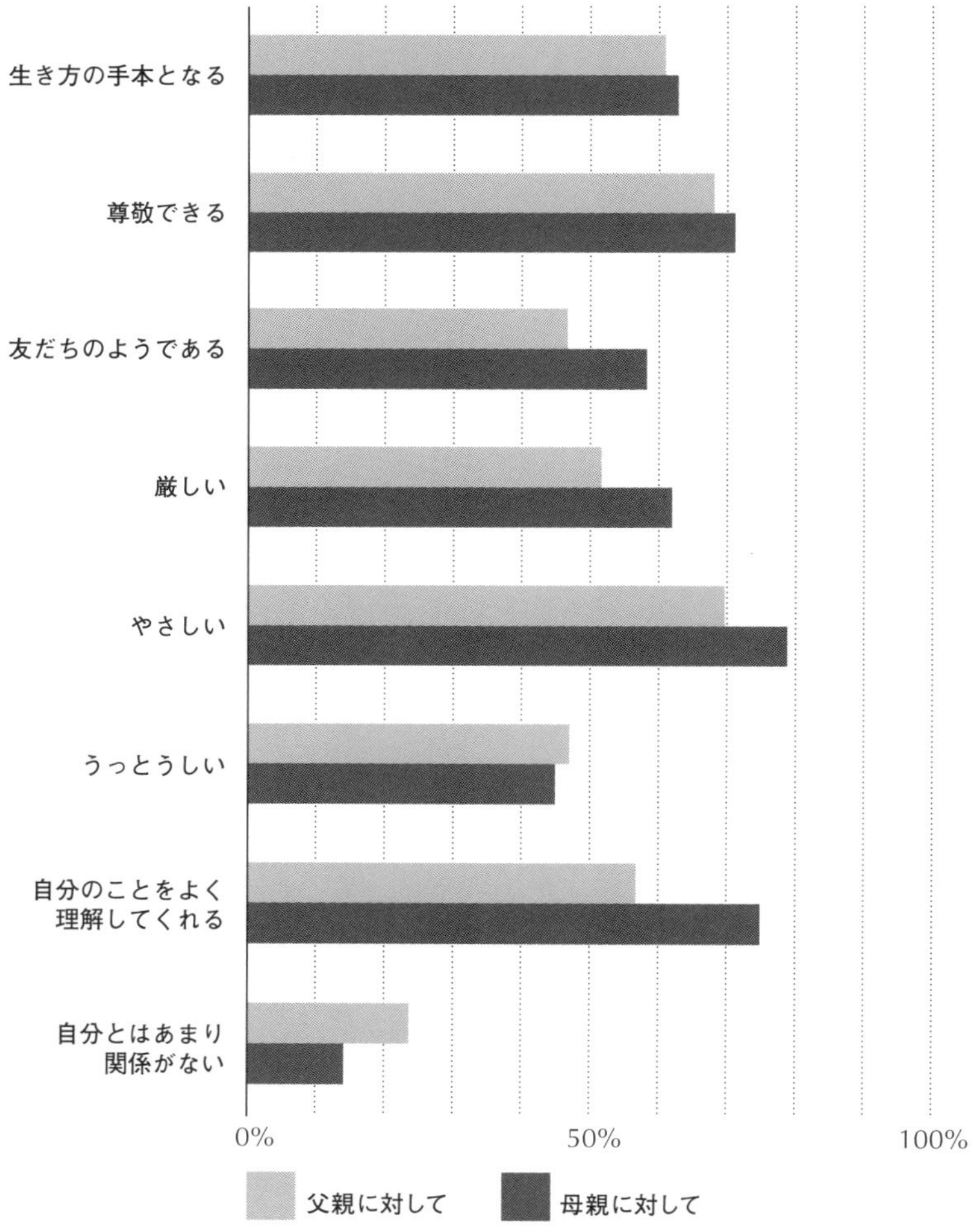

注：複数回答
資料：『若者調査』Q56、Q57

で仮説だが、親がうっとうしいとか、自分とは関係がないと思うのは、あくまで思春期に見られる自立心の表れであって、親を悪く見ているとか、希望が失われるというのとは別の話のようである。

他方、「生き方の手本となる」「尊敬できる」「やさしい」「自分のことをよく理解してくれる」の4つの項目については、父親に対しても母親に対しても、同様に統計的に有意な正の相関が認められた。なかでもとりわけ相関性が強かったのは「自分のことをよく理解してくれる」であった。つまり、父親もしくは母親が「自分のことをよく理解してくれる」と思っている若者は、そうでない若者と比べて将来に希望を持っている可能性がとても高いのだ。

国際的に比較すると、「自分のことをよく理解してくれる」と思っている若者の割合が最も高いのはドイツであった(図表3-9)。これは図表3-7に示した、親の愛情に満足している若者の割合が7カ国中で最も高い国がドイツであったことと符合する。

他方、下位に名を連ねるのは韓国、スウェーデン、日本である。先の図表3-7に示したように、これら3つの国々は親の愛情に満足していると回答した若者の割合も低い。スウェーデンには当てはまらないが、日本と韓国という、家族関係を重視する儒教的思想が根強く残っている国々で、親が自分のことをよく理解しているとか、親の愛情に満足しているという若者が

図表3-9　親は自分のことをよく理解してくれると思う若者（13～17歳、未婚）の割合

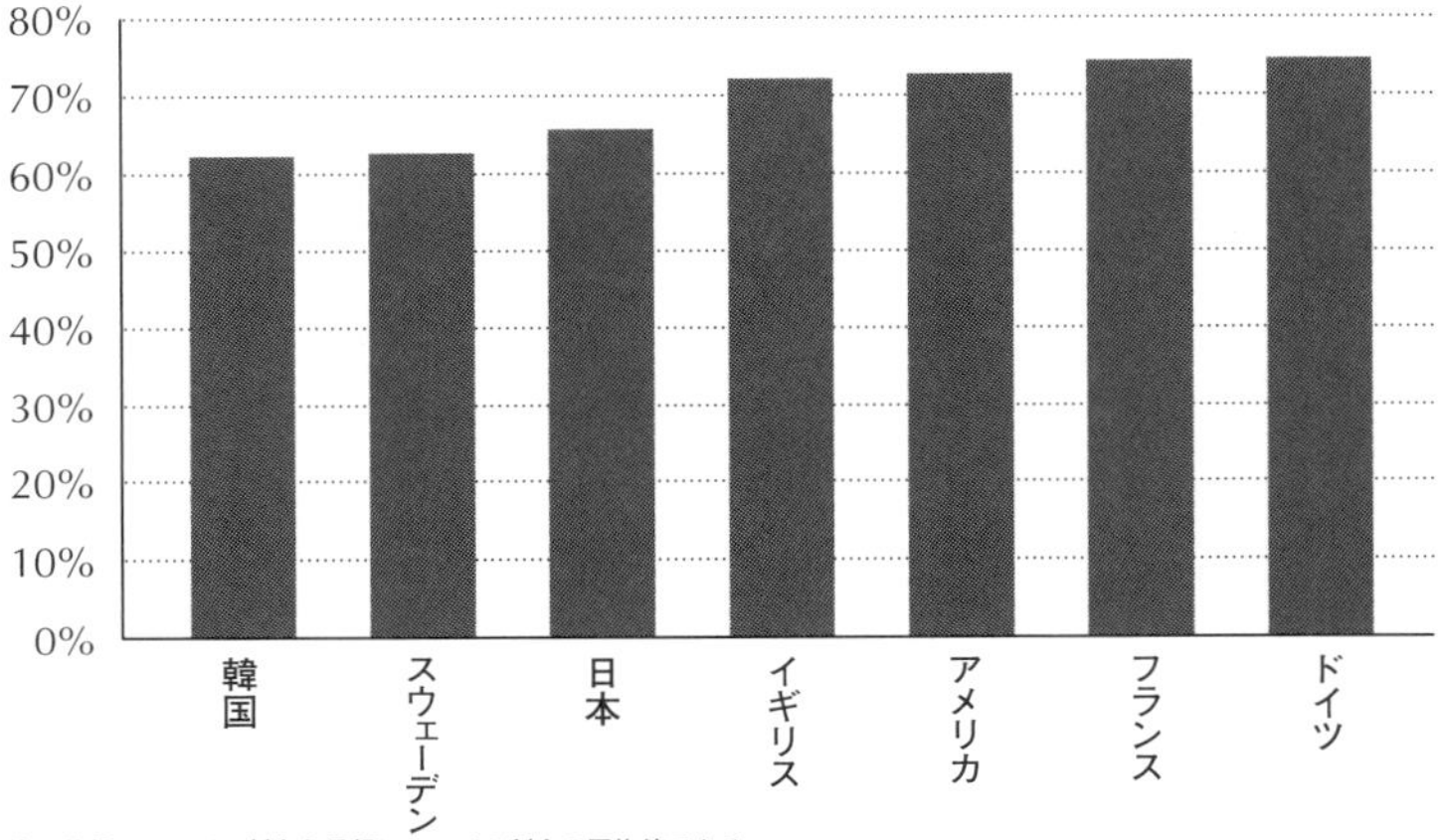

注：父親についての割合と母親についての割合の平均値である
資料：『若者調査』Q56、Q57

少ないというのは、一見矛盾しているような気がする。

しかし家族関係を重視するという発想がかえって悪い影響を与えていると考えることもできる。長らく検事を務め、現在は公益財団法人さわやか福祉財団の会長である堀田力氏は、「検事として30年、福祉の現場で17年、どろどろとした親子の人間関係を見てきた。その結論をいえば、いい親子関係のキーワードは、自立。自立心があるからこそ、人を理解し、愛することができる」と述べている[4]が、日本や韓国では親の側も子の側も、このような自立心を確立できていない家族が多いということかもしれない。

友達はいるのに安心感は持てない日本の不思議な人間関係

次に若者の友人関係と希望との関連性について考えてみよう。東京大学の希望学プロジェクトのメンバーである永井暁子は、家族からの愛情を受けたという人の方が結婚している確率が高く、友人が多い（正確には、友人が少ないと思っている人の割合が低い）ことを示している。[5]さらに永井は、グレアム・アランの『友情の社会学』[6]を引用しながら、友人に囲まれることで、自分が誰かに受け入れられていると思えることが、人に希望を与えると述べ[7]、彼らが実施したアンケート調査の結果を用いてこのことを実証している。

しかしながら、第1章でも述べた通り、希望学プロジェクトが対象としている希望は仕事や恋愛といった個別的な形の希望であり、本書が取り上げている総合的希望とは異なる。また彼らのアンケート調査の対象者は20歳代から40歳代までと幅が広い。

そこで、まずはこの関連性が『若者調査』のデータによっても確認できるかを調べてみよう。『若者調査』には、仲が良い友人の数についての質問がある。これは友人の数の効果を客観的に測ることができる反面、友人が何人いればちょうどいいと思うかは人によって異なるため、主観的な意味での友人の多さ／少なさとの関係を測ることができない。ただしその代わり『若者調査』では、友人の数の質問とは別に、友人との関係に対する満足感と安心感をそれぞれたずねている。そこでこれら友人に関するデータと、希望の有無との関係を明らかにする。なお、本章ではここまで、家庭環境や親子関係の影響を探るべく、それらの要素が人生で大きな比重を占めると考えられる18歳未満の未婚者に焦点を当ててきたが、ここからは13歳から29歳までの既婚者を含む「若者」全体を対象にして分析を進める。

図3-10は、仲が良い友人の数ごとに、将来について希望がある（「希望がある」あるいは「どちらかといえば希望がある」と回答した）日本の若者の割合を示したものである。これによると、仲が良い友人が「いない」若者の中で希望があると答えた者は25％と、わずか4人に1人に過ぎない。他方、仲が良い友人が6人以上いるという若者の間では希望があると答えている者が7割を超えている。6人以上についてはいくら増えても頭打ちになるというのは興味深いが、やはり仲の良い友人がいない、もしくは少ない場合には、将来についての希望が持ちにくくなるようだ。

友人との関係に対する満足感そして安心感も、若者たちの希望の持ち方と密接に関連している。友人との関係に満足していると回答した日本の若者の中では、将来に希望があるという者の割合は75％に達するが、友人との関係が不満であると回答した若者の中では29％にまで落ち

図表 3-10

仲が良い友達の数ごとに見た「希望がある」若者の割合（日本）

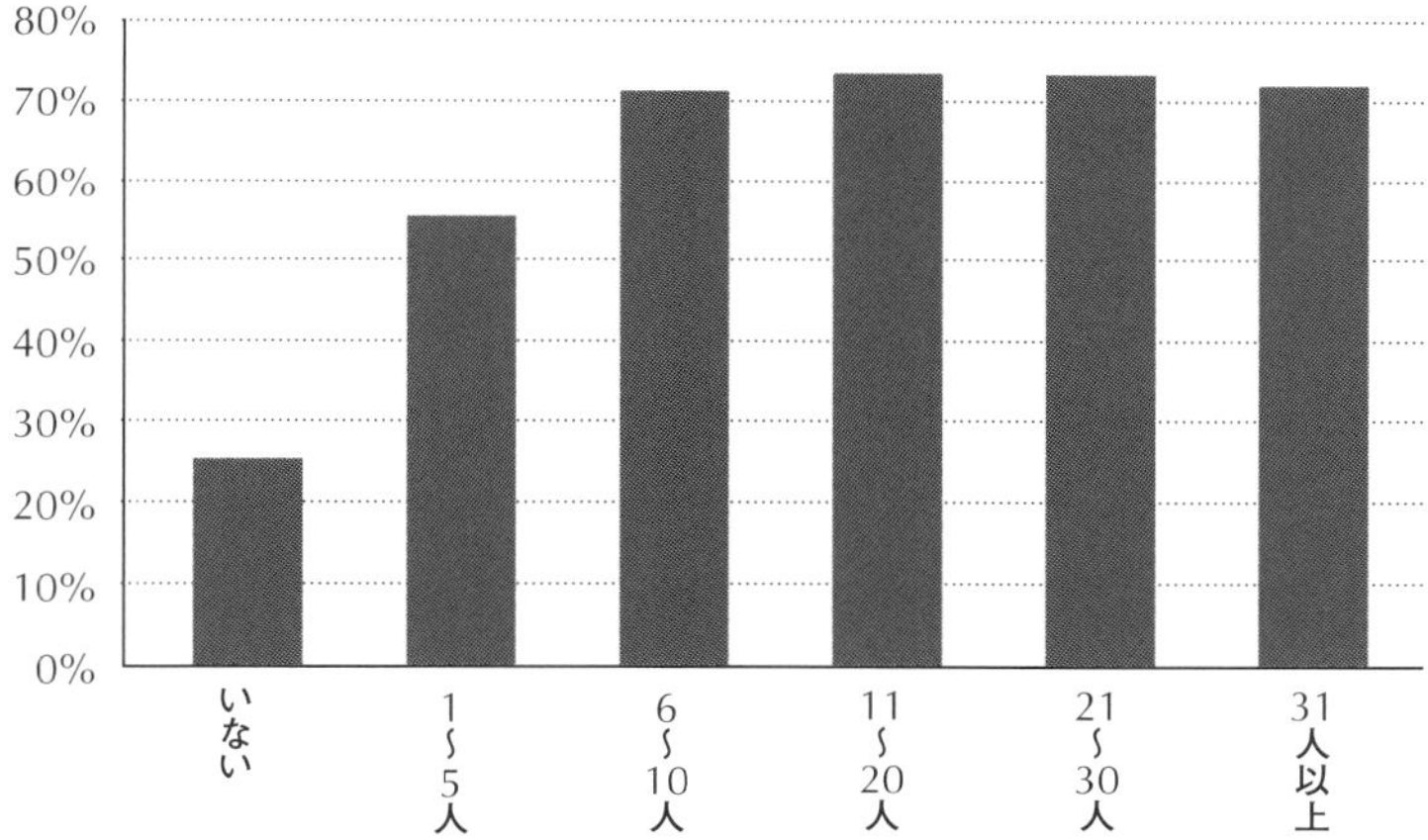

資料：『若者調査』F17

込んでいる。友人に対する安心感との関係も、これとほぼ同じような結果が出ている。以上のことから、対象を若者に限定したとしても、また特定の希望ではなく将来についての総合的希望においても、永井が指摘するような友人と希望の関連性が認められることがわかる。なお、ここでは詳しく述べないが、これらの傾向は、日本だけでなく他の国々においても同様に認められた。

となれば、日本の若者の希望度が低いのは、日本の若者たちには友人が少ないとか、友人との関係に満足している若者が少ないとか、友人に対して安心感を覚えている若者が少ないから、といえるのだろうか。

まず友人の数について見てみよう。図表3

‐11は、各国別に見た友人の数の比較である。先に示したように、友人数が6人以上になると希望度との関連性が変わらなくなるので、6人以上については1つにまとめている。これによると、日本では仲の良い友人が「いない」という若者の割合が7％と7カ国中で最も高い。しかし6人以上いるという回答も50％と、7カ国の中では高い方である。つまり日本の若者の友人の数は、他国に比べて飛び抜けて少ないというわけではない。

他方、友人関係に対する満足度や友人に覚える安心感については、日本の若者が他国の若者よりも低い傾向が見られる。特に友人に安心感を覚える（「安心」「どちらかといえば安心」）若者の割合は、図表3‐12に示すように、日本以外の国々ではいずれも7割から8割程度であるのに対して、日本では6割を少し超える程度でしかない。つまり日本の若者は仲の良い友人が他国に比べて少ないわけではないが、その関係に満足している、あるいは安心感を覚えている割合が低いのである。普段よく遊んでいるし、仲の良い友人ではあるけれども、お互いに完全に心を許しているわけではなく、どことなくよそよそしい。たとえば学生と話をすると、普段仲良さそうにしている学生どうしが、お互いのプライベートを全く知らない、ということがよくある。日本の若者の希望度が低いのは、このような友人との人間関係のあり方が関わっているのかもしれない。

図表 3-11　友人の数

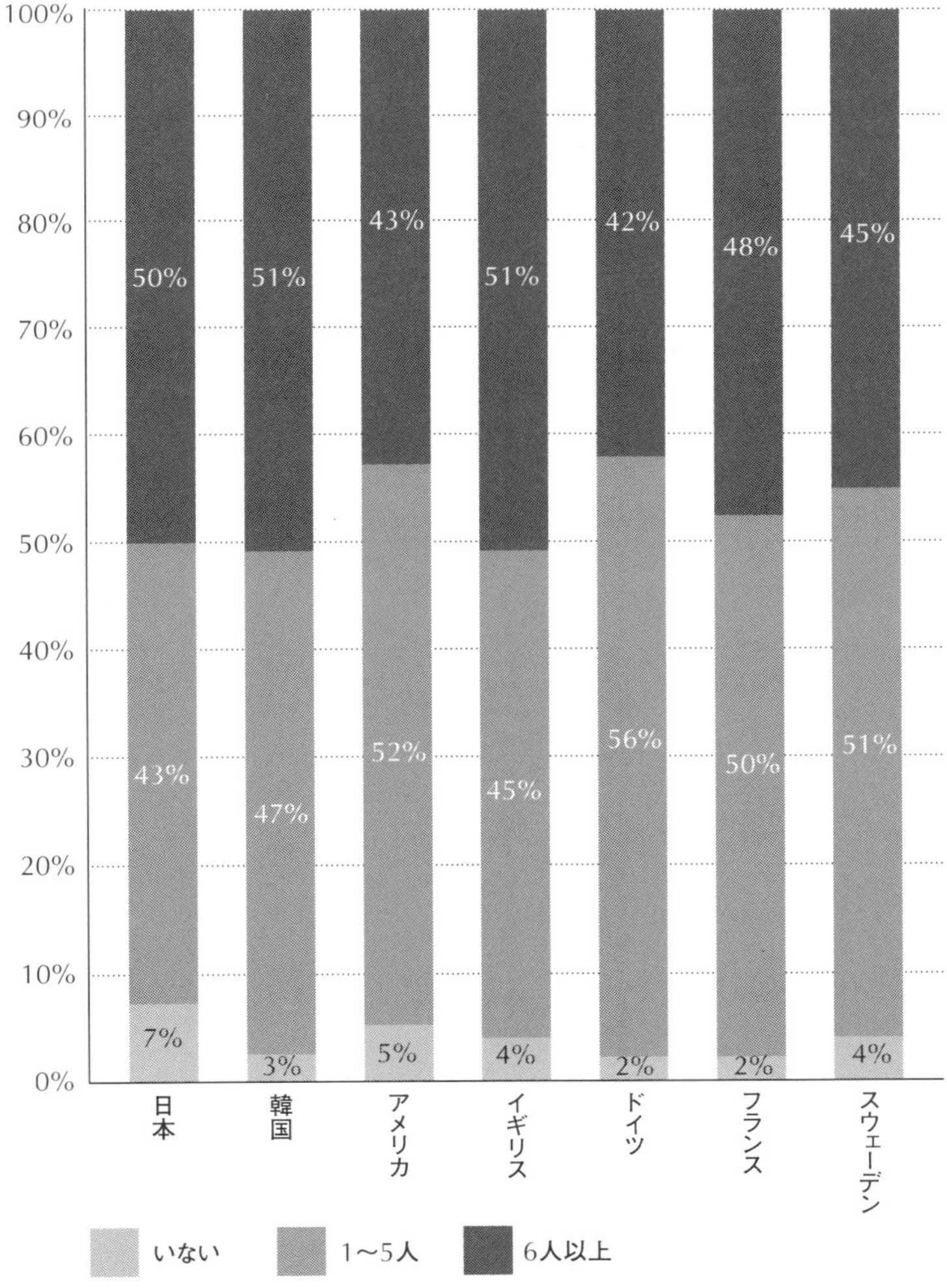

資料：『若者調査』F17

図表3-12　友人に安心感を覚える若者の割合

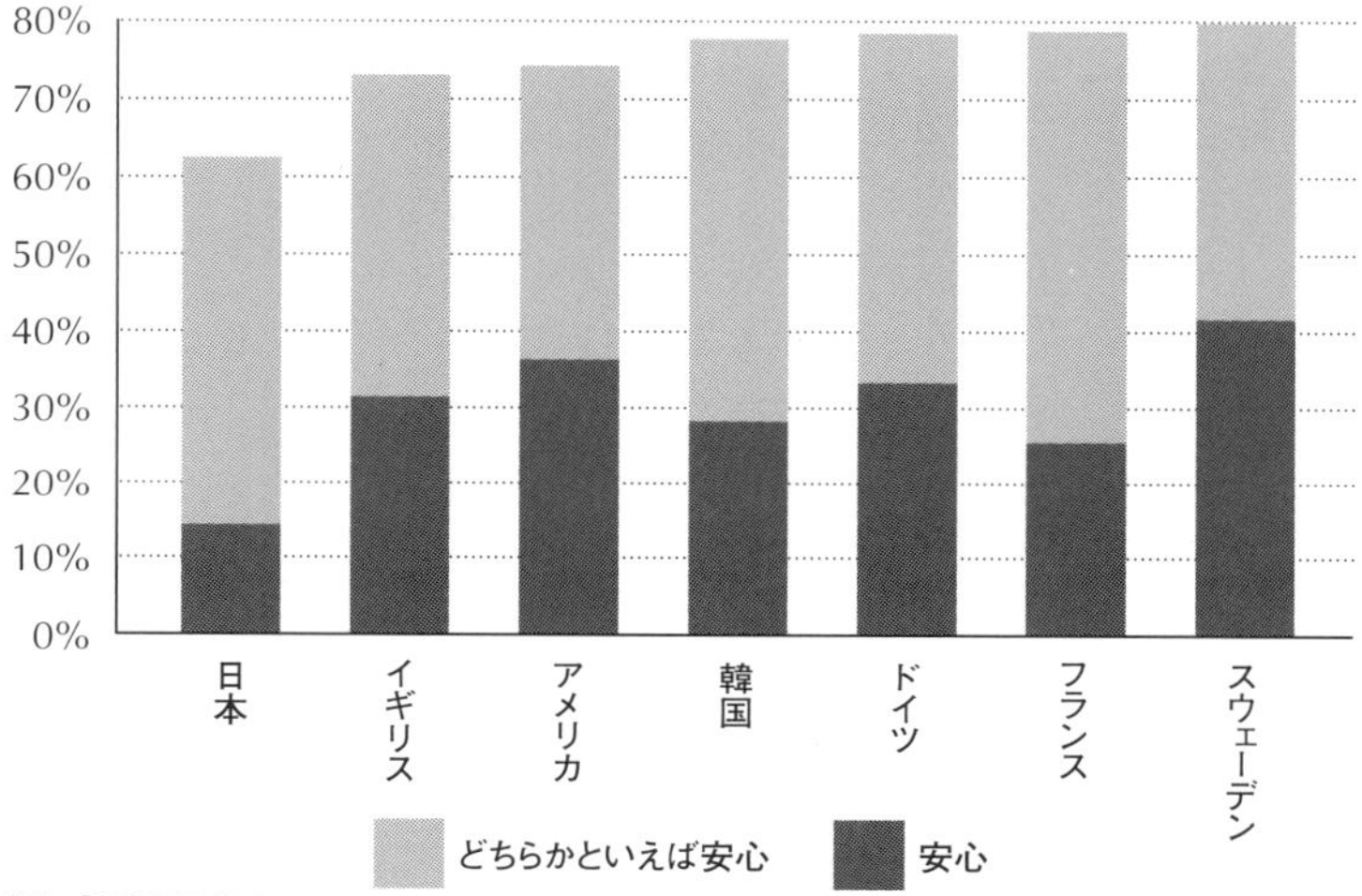

資料：『若者調査』Q12

パートナー問題はフランスより日本のほうが深刻

本章の最後に、結婚しているか否か、また恋人がいるか否かで希望の持ち方に差があるかどうかを調べてみよう。先に紹介した「友人に囲まれることで、自分が誰かに受け入れられていると思えることが、人に希望を与える」という仮説が正しいとすれば、結婚している、もしくは恋人がいる若者は、そうでない若者よりも希望を持っている可能性が高いことが予想されるが、実際はどうだろうか。

図表3-13は、このことを日本について、18〜24歳の年齢層と25〜29歳の年齢層に分けて見たものである。この2つの年齢層に分け

図表3-13　結婚・事実婚・恋人の有無別に見た希望度（日本）

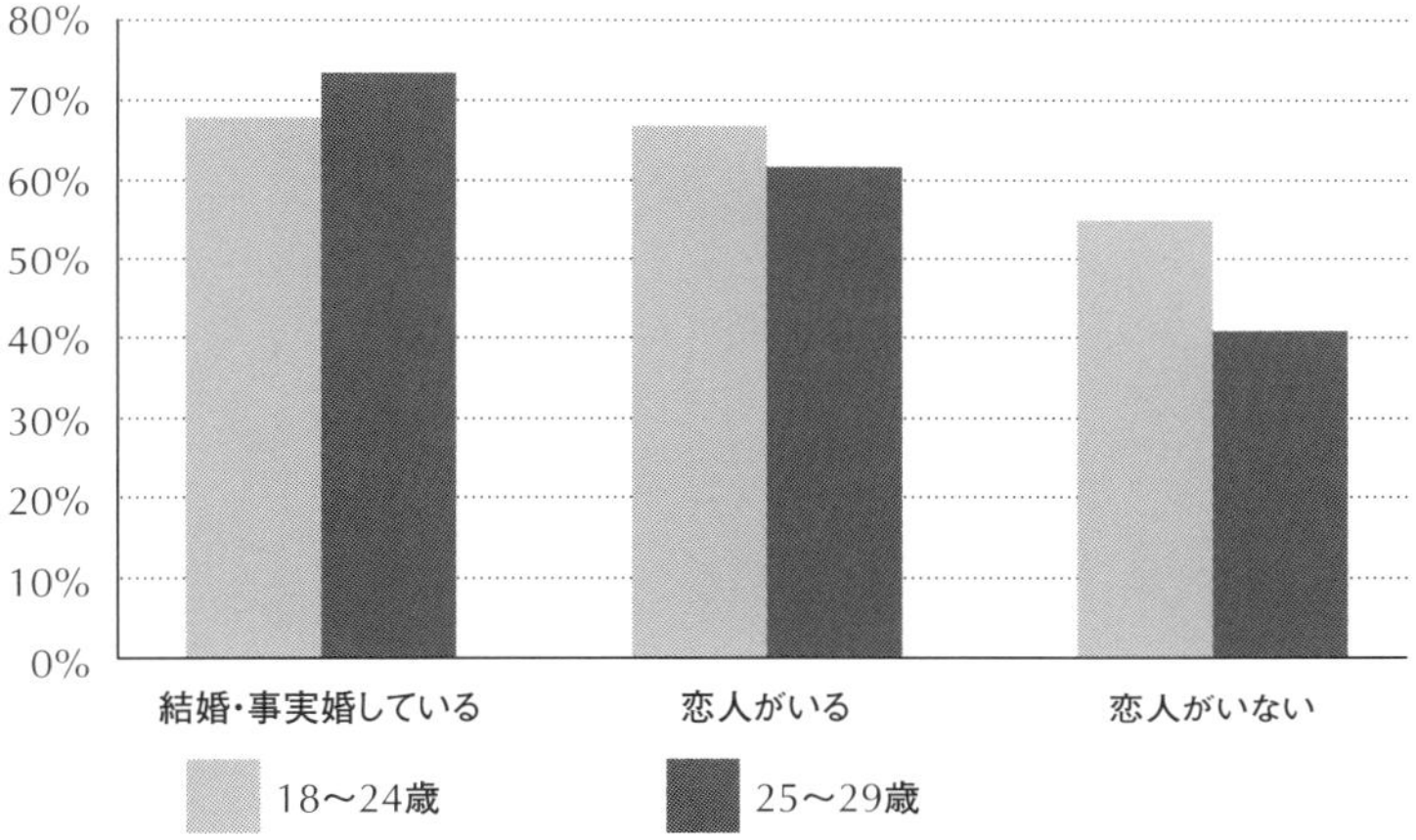

資料：『若者調査』F3、Q7

た理由は、同じ若者の中でも年齢層が高い方が、結婚するべき、あるいは少なくとも恋人がいるべきという社会の規範意識を強く受けるために、結婚や恋人といった要素が希望の有無に大きな影響を与えるのではないかと思われるからである。

結果はご覧の通りである。まず明らかなのは「恋人がいない」という人々の希望度が、他の人々よりも明らかに低いことだ。逆に言えば、結婚・事実婚や恋人といったパートナーがいる人は、やはり明らかに希望を持っている確率が高い。ただし、ここでは因果関係を示しているわけではないので、将来に希望を持っている人の方が魅力的に映るので、結婚していたり恋人がいたりする確率が高いという、逆の因果関係が成立している可能性もある。

また18〜24歳の年齢層と25〜29歳の年齢層を比べてみると、後者の方が、結婚・事実婚していることによるプラスの効果も、恋人がいないことによるマイナスの効果も大きいようだ。厚生労働省『人口動態調査』によれば、2013年における日本の初婚年齢は夫30・9歳、妻29・3歳であるので、その年齢に近づくにつれ、結婚や恋愛に対する自己意識も社会的期待も強くなり、その結果としてパートナーの有無による変動が大きくなっていると考えられる。

また25〜29歳の若者について、パートナーの有無による希望度の差を国際比較すると、日本の差が最も顕著であった（図表3-14）。アメリカやドイツ、フランスのように統計的に有意な差が見られない国々もある中で、日本においてはパートナーの有無が総合的希望に大きな影響を与えるというのは、興味深いところである。日本においては、最近の若者があまり結婚にこだわらなくなったことが、少子化の1つの原因に数えられることも多いが、国際的に見ればまだまだこだわりが強いということであろうか。

あるいは、自分が将来について希望を持てる人間かどうかを、パートナーの有無によって判断する傾向が強いということかもしれない。特に結婚後に家計の主要な稼ぎ手として期待される男性においては、将来に希望が持てるような人物の方が女性にパートナーとして選ばれやす

図表 3-14　結婚・事実婚の相手、恋人がいる人と、いない人との希望度の差（25 ～ 29 歳）

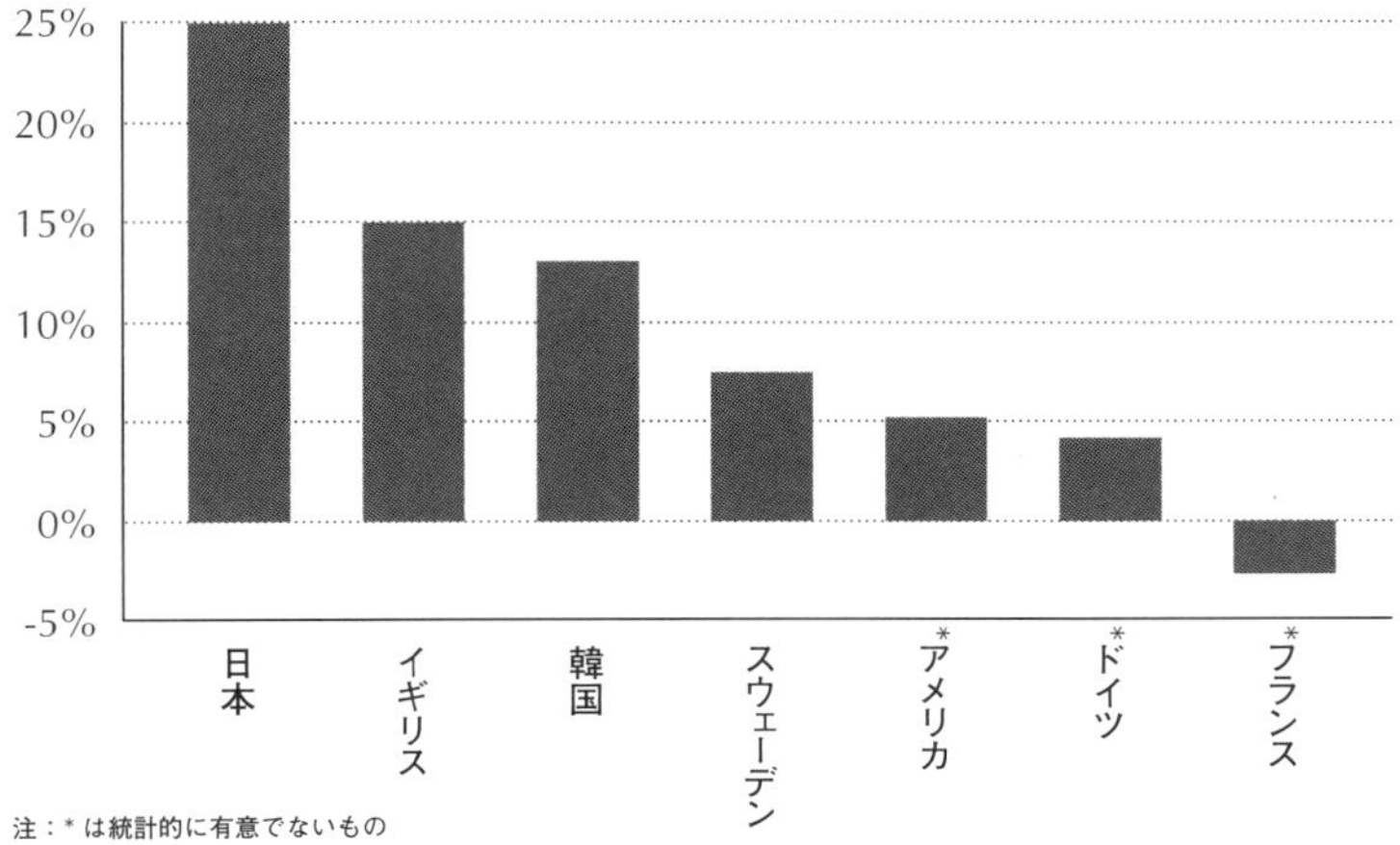

注：* は統計的に有意でないもの
資料：『若者調査』F3、Q7

いようだ。男性としては、自分を頼りにしてくれるパートナーを持つことで、自分の評価を確認できるということもあるだろう。実際、パートナーの有無による希望度の差は、日本において男性の方が女性よりも大きいのである。

むろん最近は夫婦共働きのライフスタイルが主流となりつつあるが、女性が主な稼ぎ手となるケースはそれほど多いわけではない。国立社会保障・人口問題研究所がほぼ5年おきに実施している『出生動向基本調査』の2010年調査[8]によれば、結婚相手に求める条件として経済力を重視すると回答した独身者の割合は、男性がわずか4・0%であるのに対して女性は42・0%、職業を重視すると回答した独身者の割合は、男性が５・０％であるのに対して女性は31・９％と、性差による隔たりは依然として大きいのが現状である。もちろんそれは、女性が男性に甘えているという話ではなく、女性が働きにくい世の中にあって、望むと望まざるとにかかわらず、男性に頼らざるを得ないという事情がある。

いずれにせよ、女性は男性に頼る、男性は女性に頼られるという意識は依然として強く、結婚や事実婚という形でそれを実現できる人の方が、そうでない人よりも希望度が高いという状況が、日本にはあるということだ。

＊　＊　＊

本章では、家族、親子、友人、恋愛といった、人と人との結びつきが、若者の希望の抱き方とどのように関連しているのかを調べた。その結果、家庭生活への満足度、家庭内の平穏さ、親の愛情と自分への理解、友人関係への満足度、結婚・恋愛のパートナーの存在は、若者が将来について希望を抱くことと有意に関連づけられることがわかった。

人にとって、家族や他人との結びつきが大切であるというのは、何も驚くべきことではない。しかし「無縁社会」といった言葉に象徴されるように、人と人との結びつきが希薄になってきたのではないかという懸念が近年ますます強まる中で、若者の希望という視点から、人と人との結びつきの重要性が確認できたことには大きな意義がある。とかく若者は、ネットやゲームにばかり夢中で、彼ら自身が人間的なコミュニケーションを拒んでいるかのような評価を受けることがあるが、決してそんなことはない。良好な親子関係に友人関係、そしてパートナーの存在は若者の希望の糧となる。そしてそれらが不足しがちであることが、日本の若者の希望度が他の国々に比べて低い理由の1つとなっていることに、より多くの注意を払う必要があるだろう。

第 4 章

学歴と希望

石鹼と教育は、大量殺人ほどの急激な効果はないが、
長い目で見ると、それ以上の恐ろしい効力があるのだ。
マーク・トウェイン

学費と進学率の微妙な関係

私は毎年、大学のゼミの学生をスウェーデンに連れて行っている。勝手知ったる国とはいえ、現地の大学や高校、施設などに20名近くの若者を引率するのはなかなか骨が折れる。しかし日本とは様々な意味で全く異なる社会に実際に身を置いて、様々な発見に目を輝かせる若者たちを見ると、そんな疲れも吹き飛ばされる。

特に私が楽しみにしているのは、現地の高校生や大学生との交流会である。日本の学生たちは、彼我の差に非常に驚くわけだが、なかでも彼らの印象に深く刻まれるのは、奨学金制度の違いである。日本では奨学金といえば学費の補助に充てるものと相場が決まっているが、スウェーデンでは学費はタダだ。それでもスウェーデンの学生には、日本人からすればかなり豊富な奨学金が支給される（ただしそのうち75％は返済義務あり）。彼らはそれを生活費に充て、独立した生計を立てているのだ。

「そんなに恵まれているのだったら、みんな大学に行くでしょ？」と日本の学生たちは思うのだが、実は意外にそうでもない。OECDの統計[1]によれば、大学・大学院卒業者の割合（25〜34歳、2012年）は、日本が35・2％であるのに対してスウェーデンが34・1％と少ない。これは一体、なぜだろう？

しかしスウェーデンの学生たちにそう問いかけると、逆にこう質問されてしまう。「日本はそんなに学費が高くて大変なのに、どうしてそんなに多くの人が大学に行くの？　そんなに、みんな勉強が好きなの？」

確かに、実は日本はOECD加盟国の中では、大学・大学院卒業者の割合が比較的高い。第2章において、学歴が最も重要な社会の成功要因と思う若者の割合は、他の国々と比べて、日本の方が小さいことを示した。しかしそれはあくまで「最も重要」ではないといっているだけであり、日本で学歴が重視されていないといっているわけではない。

直感的には、大学への進学率の高い国ほど、大学における知識や技能の習得が重視されているように思われるが、果たしてどうなのだろうか。

日米比較、中退・休学者の驚くべき希望度の差

『若者調査』では、回答者が学校に在学中か卒業後か、あるいは中退・休学したか、またその学校の種類は何かをたずねている。図表4-1、図表4-2は、それらの組み合わせによるタ

イプ別に、日本とアメリカの若者の総合的希望の有無を見たものである。上の3つは、中学・高校、短大・高専・専門学校、大学・大学院に在学中の者、次の3つは、それぞれの学校を卒業した者、一番下は、学校の種類を問わず中退した、あるいは休学中の者となっている。

2つの図表を眺めてまず気がつくのは、日本では学校の種類を問わず、在学中の者と比べて、卒業してしまった者の希望度がガクッと低くなっていることである。「学生は社会の厳しさを知らないのだから、そんなの当たり前だ」と思うかもしれないが、アメリカでは、在学中の者と卒業した者との希望度の差はそれほど大きくない。これは、日本では一度学校を卒業して働き始めたらもうやり直しはきかないと考えている若者が多く、アメリカではそうではないということだ。

このことは、学校を中退・休学した者について見るとさらに明らかだ。アメリカでは、学校を中退・休学中でも85%の人々が「希望がある」「どちらかといえば希望がある」と答えているのだが、日本ではこの割合がわずか29%にまで落ちる。もちろん日本の方が若者の希望度が全体的に低いというのはあるが、それにしても学校を中退・休学した人の希望の低さは極端である。やり直しがきかないために一度失敗すると将来への希望が失せてしまう日本の姿が、ここにもよく表れている。

図表4-1　学歴別に見た将来についての希望の有無（日本）

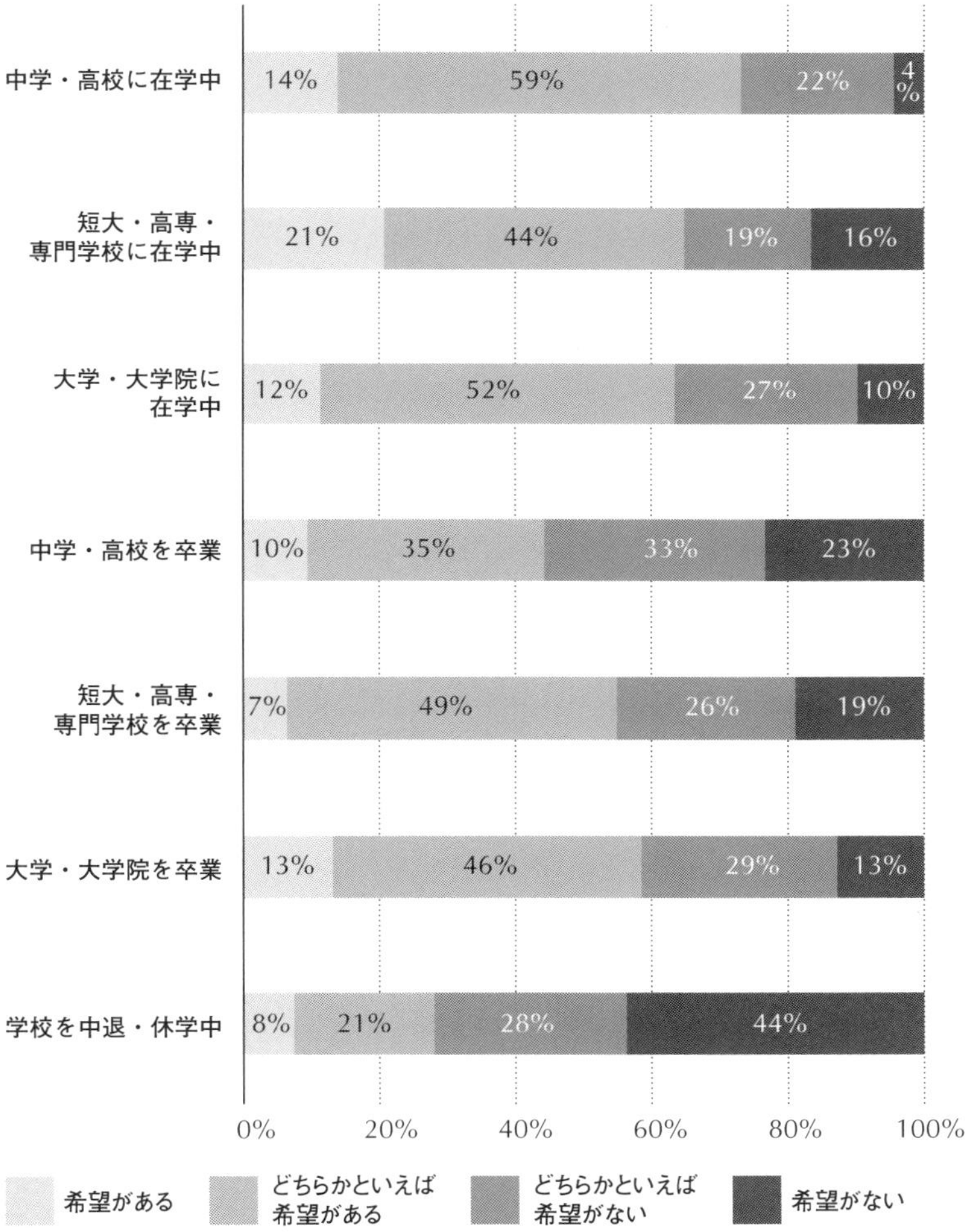

資料：『若者調査』F5、F6、Q7

次に中学・高校に在学中の者と、大学・大学院に在学中の者を比べてみよう。第1章で論じたように、どの国でも最も若い年代の希望度が最も高いことから、日本・アメリカとも中高生の希望度の方が高いことには驚きはない。しかしアメリカの場合は、両者の差がそれほど大きくないのに対して、日本の場合は大学生・大学院生の方が、明確に希望度が低い。中学・高校を卒業した者と比べれば、大学生・大学院生の方が希望度は高いので、大学・大学院に行くことが希望度を押し上げる効果は認められるが、アメリカのように中学・高校生のレベルを維持することはできないようだ。

また日本では、大学生・大学院生と短大・高専・専門学校生とで、希望度のレベルがそれほど変わらない。卒業生についても同様に、大学・大学院と、短大・高専・専門学校の間で大きな差が見られない。

こうしたことは、日本の短大・高専・専門学校の質が高いということかもしれないが、私のような大学の教員には、あまりうれしい話ではない。通常2年間の短大や専門学校の2倍となる4年間の教育プログラムを提供しているのに、在学生・卒業生の希望を高めることができないというのは、どういうことだろうか。最近、日本の大学生の学力の低さがしばしば問題とされているが、真に問われるべきは、日本の大学の教育力の低さなのかもしれない。

図表4-2　学歴別に見た将来についての希望の有無（アメリカ）

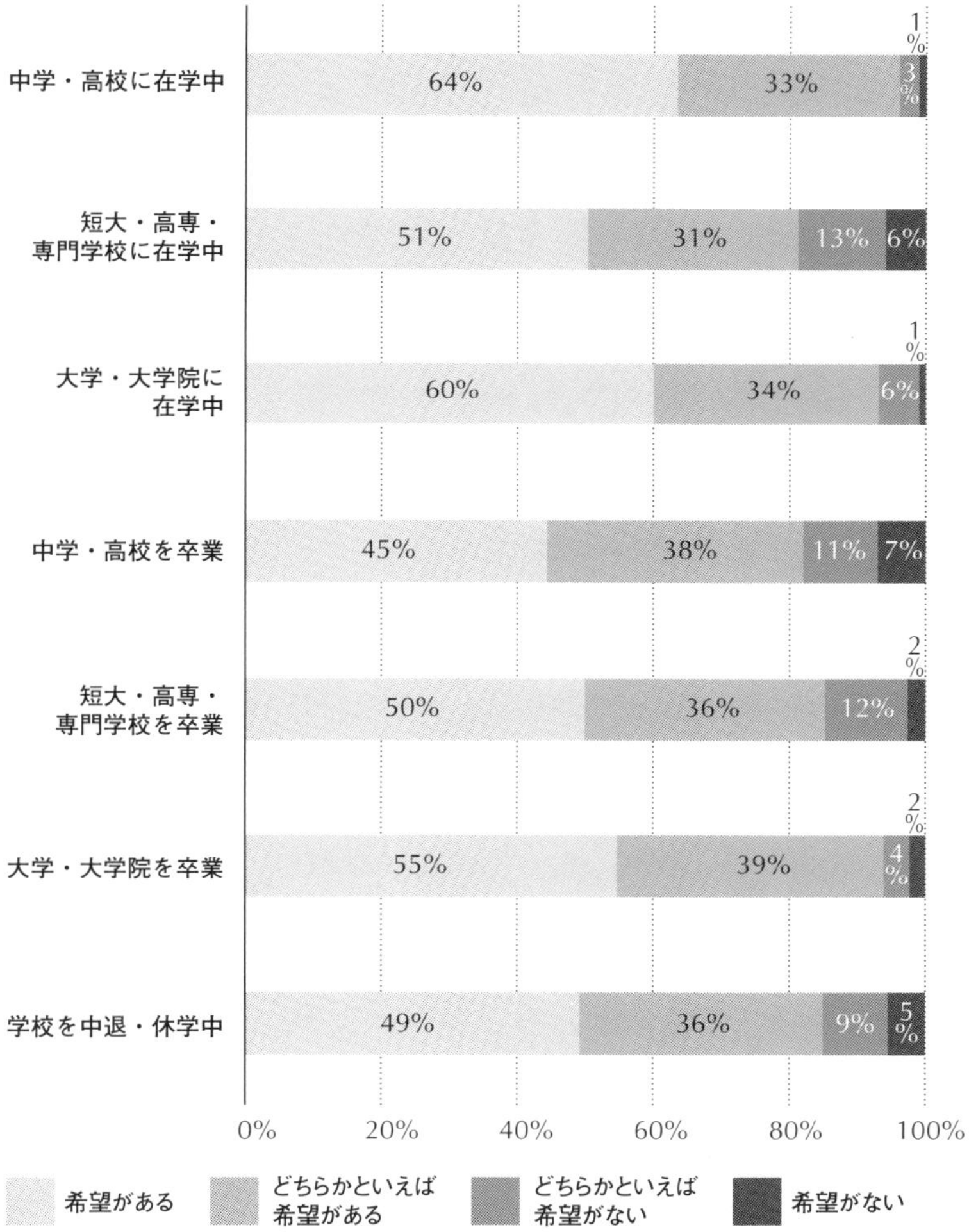

資料：『若者調査』F5、F6、Q7

7カ国比較、若者は大学をどう見ているのか

このことは、大学の意義に関する若者の考え方にも如実に表れている。『若者調査』には、自分が在学している、もしくは最後に通った学校の意義をたずねる質問があるので、回答者を大学在学中の者、または大学を卒業した者に絞ることで、若者が大学をどう見ているのかを調べることができるのだが、その結果は、大学の教員としては非常に考えさせられるものであった。

『若者調査』では、学校の意義を8つの項目でたずねており、回答者はそれぞれの項目について「意義があった（ある）」「どちらかといえば意義があった（ある）」「どちらかといえば　意義がなかった（ない）」「意義がなかった（ない）」の中から当てはまるものを1つ選ぶ。そこで各項目について、大学・大学院の在学者および卒業者の中で「意義があった（ある）」もしくは「どちらかといえば意義があった（ある）」を選んだ者の割合を算出し、その割合の高い順に8つの項目を並べてみた。それが図表4－3である。

項目の数が多いので、一見複雑であるが、日本の特徴をつかむ上では「自由な時間を楽しむ」「一般的・基礎的知識を身に付ける」「仕事に必要な技術や能力を身に付ける」の3つに絞ると

図表 4-3　大学在学生・卒業生が考える、学校の意義

日本	韓国	アメリカ	イギリス	ドイツ	フランス	スウェーデン
自由な時間を楽しむ 79.8%	一般的・基礎的知識を身に付ける 88.2%	専門的な知識を身に付ける 90.1%	一般的・基礎的知識を身に付ける 90.0%	専門的な知識を身に付ける 94.3%	一般的・基礎的知識を身に付ける 92.3%	一般的・基礎的知識を身に付ける 93.2%
友達との友情をはぐくむ 78.2%	学歴や資格を得る 85.4%	一般的・基礎的知識を身に付ける 87.8%	専門的な知識を身に付ける 90.0%	自分の才能を伸ばす 92.2%	学歴や資格を得る 92.1%	仕事に必要な技術や能力を身に付ける 92.3%
専門的な知識を身に付ける 77.8%	専門的な知識を身に付ける 80.1%	学歴や資格を得る 86.6%	仕事に必要な技術や能力を身に付ける 88.4%	学歴や資格を得る 91.9%	仕事に必要な技術や能力を身に付ける 89.9%	学歴や資格を得る 92.3%
一般的・基礎的知識を身に付ける 76.8%	仕事に必要な技術や能力を身に付ける 75.7%	仕事に必要な技術や能力を身に付ける 85.2%	学歴や資格を得る 85.8%	一般的・基礎的知識を身に付ける 91.2%	専門的な知識を身に付ける 89.4%	専門的な知識を身に付ける 92.0%
学歴や資格を得る 75.6%	友達との友情をはぐくむ 74.3%	自分の才能を伸ばす 85.0%	自分の才能を伸ばす 85.6%	仕事に必要な技術や能力を身に付ける 90.1%	自分の才能を伸ばす 88.1%	自分の才能を伸ばす 91.7%
自分の才能を伸ばす 65.5%	自分の才能を伸ばす 73.5%	友達との友情をはぐくむ 73.0%	友達との友情をはぐくむ 77.7%	友達との友情をはぐくむ 82.3%	友達との友情をはぐくむ 82.3%	友達との友情をはぐくむ 72.2%
仕事に必要な技術や能力を身に付ける 58.9%	先生の人柄や生き方から学ぶ 57.0%	先生の人柄や生き方から学ぶ 73.0%	自由な時間を楽しむ 76.5%	自由な時間を楽しむ 77.4%	自由な時間を楽しむ 81.2%	自由な時間を楽しむ 55.6%
先生の人柄や生き方から学ぶ 58.7%	自由な時間を楽しむ 48.0%	自由な時間を楽しむ 69.5%	先生の人柄や生き方から学ぶ 74.2%	先生の人柄や生き方から学ぶ 41.7%	先生の人柄や生き方から学ぶ 61.4%	先生の人柄や生き方から学ぶ 30.2%

資料：『若者調査』F5、F6、Q50(1)-(8)

わかりやすい。そこで図表には、それぞれに△、□、○のグレーアイコンを付した。

まず「自由な時間を楽しむ」(△)について見ると、他の国々ではいずれも下の方に位置しているのに対して、日本ではこれが79・8%で最上位に位置している。割合としてはフランス(81・2%)の方が日本よりも高いが、フランスでは他の多くの項目についての評価も高く、相対的に見ると「自由な時間を楽しむ」は下から2番目である。韓国とアメリカでは「自由な時間を楽しむ」への評価が最も低く、他の国々はフランスと同じく下から2番目である。日本では2番目にある「友達との友情をはぐくむ」も、他の国々ではおしなべて低い。

他方、日本以外の国々で相対的に高い評価を得ているのは「一般的・基礎的知識を身に付ける」(□)や「専門的な知識を身に付ける」である。逆に言うと、大学が果たすべき本来の役割であるはずの知識の習得について、日本の大学は、一般・専門を問わずあまり高い評価を受けることができていないのである。

さらに日本では「仕事に必要な技術や能力を身に付ける」(○)についての評価がとても低い。同項目はスウェーデンでは第2位、イギリスとフランスでは第3位に挙げられているが、日本では下から2番目なのである。

むろん、大学は必ずしも職業訓練の場ではない。しかし終身雇用を前提として「人材は企業で育てる」というほどの余裕のある企業は、今やどれほどあるだろうか。もとより、経験重視で即戦力を求める外資系の企業は、グローバル化の進展によって、今後ますます日本に進出してくることだろう。にもかかわらず、知識や技能の習得よりも、「自由な時間を楽しむ」あるいは「友達との友情をはぐくむ」ことの方が主な機能と認識されている日本の大学には、強い危惧を覚えてしまう。

学歴が重視されるフランス、されないドイツ

このように日本の多くの若者は、大学を知識や技能の習得の場とはとらえていない。にもかかわらず、初めにふれたように、日本の大学卒業者の割合は先進国の中で決して低くない。つまり、大学で何を習得したかは問われなくても、大学を卒業している方が、メリットがあるということだ。

先の図表4－1の結果は、これを裏付けている。すなわち、中学・高校の卒業者において「希望がある」または「どちらかといえば希望がある」と回答した者の割合が45%であるのに対して、大学・大学院の卒業者においては59%と有意に高い。つまり大学を卒業しているという

人の方が、将来についての希望は高いのである。

この中学・高校の卒業者と大学・大学院の卒業者との希望度の差を大学への進学が若者の希望にもたらす効果とみなして、これを国際的に比較したものが図表4‐4である。『若者調査』の対象7カ国のうち、この大学進学の効果が最も大きいのは韓国で、それに次ぐのが日本であった。韓国がトップであるというのは、同国の大学進学率が39・9%と日本よりも高いことや、韓国における受験戦争が、日本よりも熾烈《しれつ》であるという、日本でよく目にする報道から受ける印象に符合している。

日本に次ぐのはフランスであるが、この国が他のヨーロッパ諸国に比べて著しく高い。フランスの政財界のトップになるには、グランゼコールと呼ばれるエリート養成のための高等教育機関で学び卒業することが必須とされており、そのことからもわかるように、非常に学歴を重視する国である。他方、隣国のドイツは、中世以降の手工業の伝統のもとではぐくまれたマイスター制度をはじめとする職業訓練が重視されており、フランスとは対照的である。中学・高校の卒業者と大学・大学院の卒業者との希望度の差は7カ国の中で最も小さく、統計的な有意差も認められない。同じヨーロッパで隣り合っているにもかかわらず、このように対照的なシステムが維持され、しかもそれが若者の希望の持ち方にも明確に反映されているというのは興

図表4-4　大学への進学が希望に与える効果
（大学・大学院卒業者と中学・高校卒業者の希望度の差）

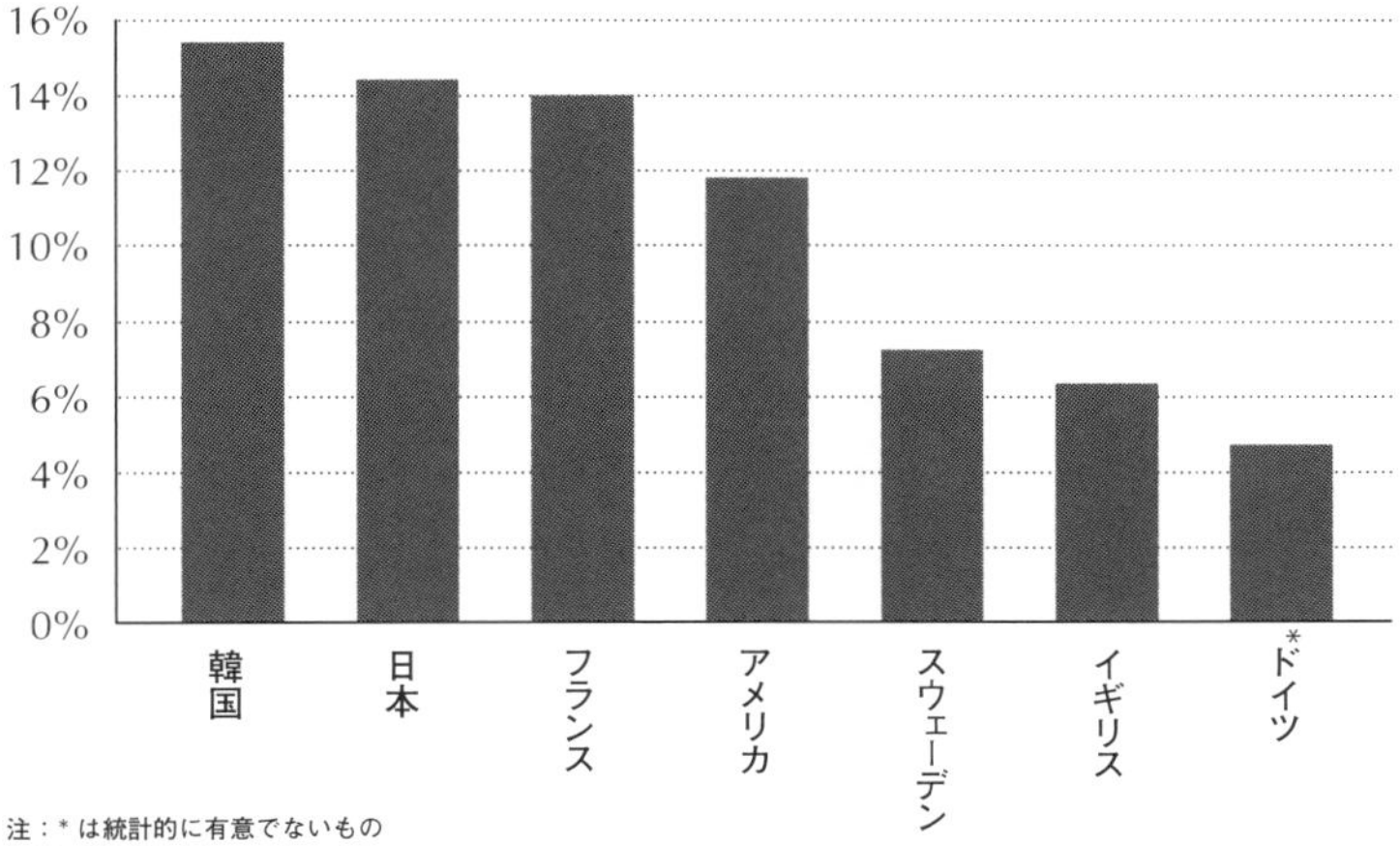

注：* は統計的に有意でないもの
資料：『若者調査』F5、F6、Q7

味深いところだ。

大学進学効果に関してもう1つ、男女の差について論じておきたい。図表4-5は先に見た日本の中学・高校卒業者と大学・大学院卒業者をさらに男女別に分け、それぞれ「希望がある」または「どちらかといえば希望がある」という回答の割合を示したものである。これによると、中学・高校卒業者の希望度は男女でほぼ同じ水準であるのに、大学・大学院卒業者の希望度は女性の方が男性よりもずっと高い。つまり、日本における大学進学の効果は、男性よりも女性の方が高いということなのである。

このことは、日本がいまだに男性優位の社会であるという一般的な認識に、一見反する

図表4-5　大学への進学が希望に与える効果（日本、男女別）

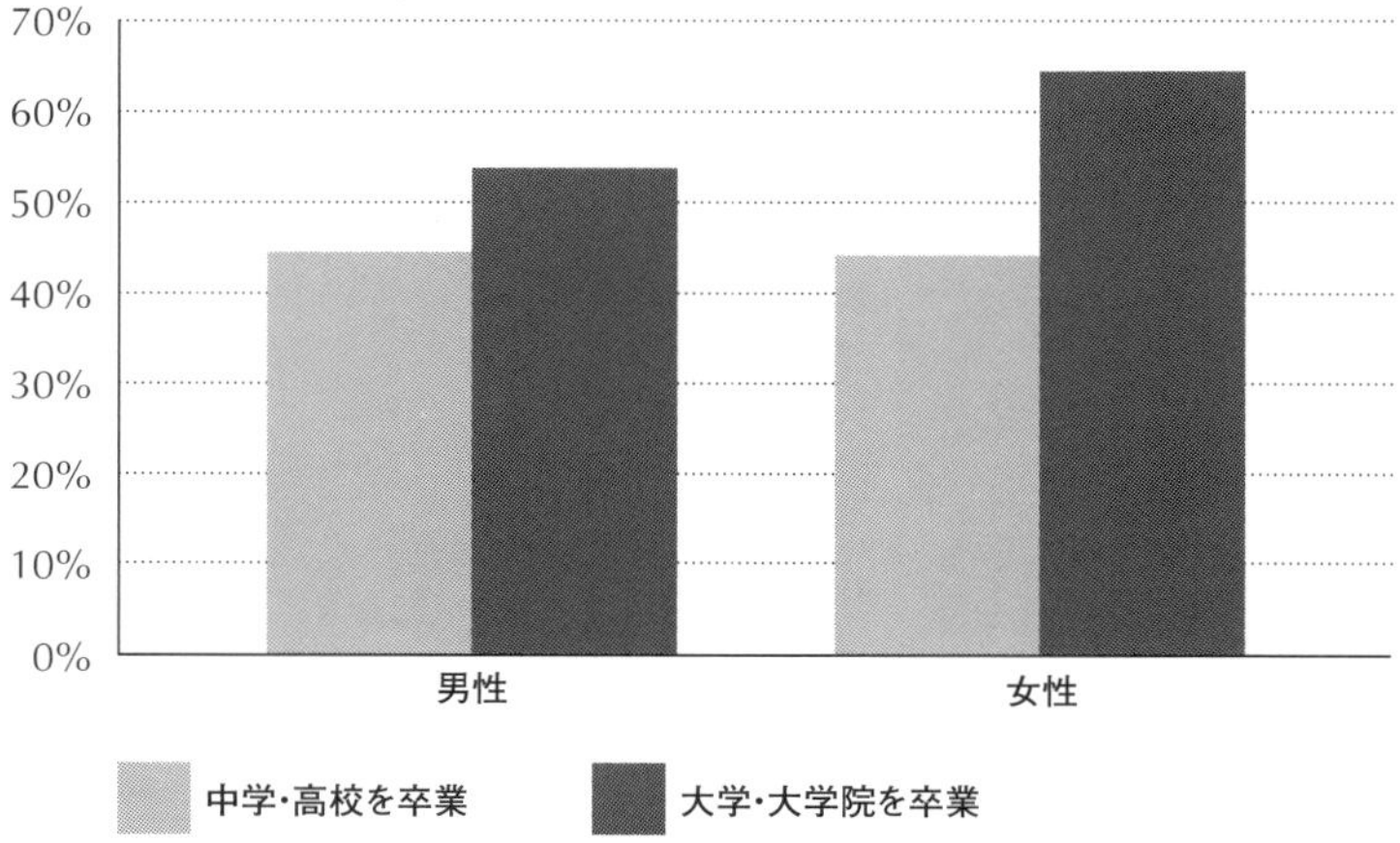

資料：『若者調査』F5、F6、Q7

ような気がする。大学を卒業してから社会で活躍できるからこそ、大学に通っていた意義があるとすれば、大学進学の効果は男性の方が高いと考えられるからだ。

　しかしこうも考えられる。日本が男性優位の社会であるからこそ、女性が少しでも対等な立場を手に入れる上で、大学に進学し卒業するということに、より大きな意味があるということだ。かつて男性の半分程度であった女性の大学進学率は、1990年代以降に飛躍的に増加し、今では短大への進学率と合わせると男性を上回るまでになっているが、このような傾向は、若者の希望を全体として高めるという点からも望ましいことであるといえそうだ。

日韓比較、学歴で得られるものは何か

ここまで、学歴の効果を将来についての希望との関係について見てきたが、その希望の内容を知るために、学歴の効果をもう少し具体的に探ってみよう。

『若者調査』には「あなたが40歳くらいになったとき、どのようになっていると思いますか」という質問があり、10の項目について、それぞれ「そう思う」「どちらかといえばそう思う」「どちらかといえばそう思わない」「そう思わない」から当てはまるものを選ぶようになっている。そこで、各項目における「そう思う」「どちらかといえばそう思う」の割合が、中学・高校卒業者と大学・大学院卒業者でどのくらい差があるかを調べてみた。図表4‐6がその結果である。

この結果からまず言えるのは、全ての項目において大学・大学院卒業者が中学・高校卒業者を上回るものの、統計的に有意な差を示している項目はかなり少ないということである。具体的には「出世している」「多くの人の役に立っている」「お金持ちになっている」の3項目のみで、他の項目、たとえば「結婚している」や「幸せになっている」については、学歴によって差は見られるが、統計的に有意であるといえるほどではない。これは「大学に進学しなくても、結婚して幸せになれると思える」と解釈することもできるし、「大学に進学しても、結婚し幸せに

なれるかどうかわからない」と解釈することもできる。ただし希望の場合と同じく、日本では全般的な割合が諸外国に比べて低いことを踏まえると、後者の解釈の方が、より妥当性がありそうだ。

有意な差を示している項目のうち「出世している」「お金持ちになっている」は、学歴の効果としてはわかりやすい。特に日本の場合、中学・高校卒と大学・大学院卒では、採用の枠がそもそも異なり、会社の中で出世が認められているのは後者のみというケースが多い。職業の経験や技能を身に付け、それを認める会社に転職してキャリアアップをしていくという形であればともかく、1つの会社にずっととどまり、その中でキャリアアップをしていくということになると、その会社に入社した時点での情報（つまり学歴）があとあとまで付いてくることになる。

他方、「多くの人の役に立っている」と思えるかどうかが学歴によって差があるというのは、やや意外な気もする。しかし、大学で自らの知識の幅を広げることが、いずれ多くの人の役に立つことになると思われているのであれば、大学教員としては多少救われるところである。もちろん、割合としては30%ほどに過ぎないことを考えると、そう浮かれるわけにもいかない。

ところで、先に見たように日本よりも希望についての学歴効果が高い韓国においては、自分の将来像に対して学歴がいかなる効果を与えているだろうか。図表4‐7は、韓国についての

図表4-6　学歴が自分の将来像に与える効果（日本）

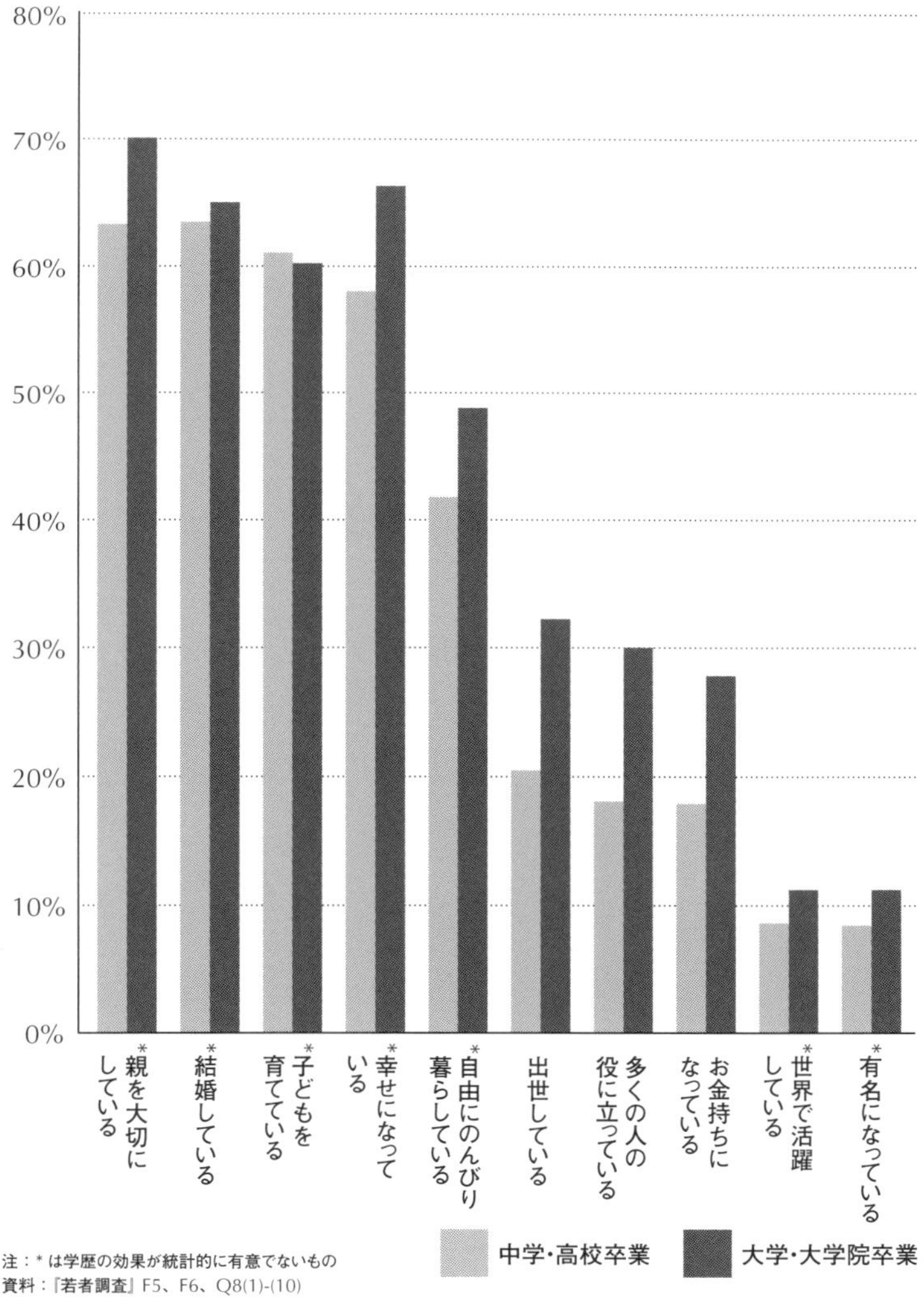

注：* は学歴の効果が統計的に有意でないもの
資料：『若者調査』F5、F6、Q8(1)-(10)

結果である。日本とは対照的に、10項目のうち過半数の6項目で有意な効果が示されている。特に「幸せになっている」「結婚している」「親を大切にしている」「自由にのんびり暮らしている」の4つは、日本では有意な差が見られなかった項目である。出世やお金に対する効果は日本でも韓国でも認められたが、それがさらに幸せや結婚、親の面倒にまで広がっているというのは、韓国がいかに学歴社会であるのか、なぜ韓国の人々があれほどまで家族ぐるみで必死に受験生の後押しをしようとするのかを雄弁に物語っている。また、将来自由にのんびり暮らすことができると期待しているからこそ頑張れる、という意味でもつじつまが合っているのである。

ゆとり世代とゆとり教育

これまで学歴という切り口で、主に日本の高等教育について論じてきたが、ここからは初等中等教育が若者の希望に与える効果について考えていこう。

最近の若者たちは、上の世代からしばしば「ゆとり世代」と呼ばれ、バカにされることが多い。これは1998年から1999年にかけて改定された学習指導要領に基づく、いわゆる

図表 4-7　学歴が自分の将来像に与える効果（韓国）

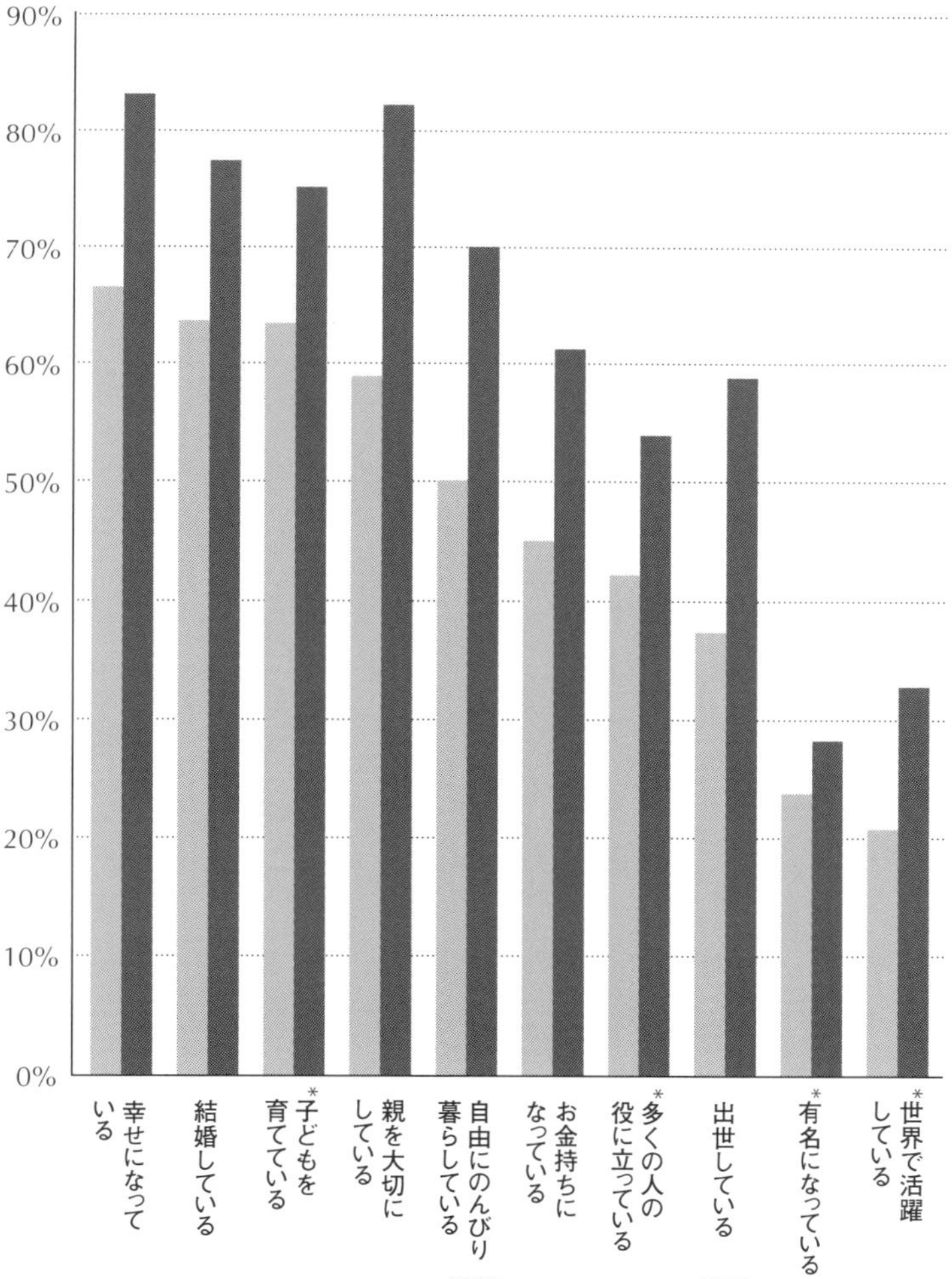

注：* は学歴の効果が統計的に有意でないもの
資料：『若者調査』F5、F6、Q8(1)-(10)

「ゆとり教育」が失敗であったという評価が世の中に広まっているためである。

私がスウェーデンから帰国し、日本の大学で初めて教鞭を執ったのは2008年のことであったが、その頃に出会った学生たちはまさしくその「ゆとり教育」を受けてきた世代であった。彼らと話して気づいたのは、彼ら自身の間でも「ゆとり教育」を失敗であったと受け止め、そのことに対してコンプレックスを持っている者が少なくなかったことだ。確かに、彼らにしてみれば、「ゆとり教育」をつくり上げた（少なくとも、それをつくり上げた政府を有権者として支持あるいは容認してきた）のは大人たちなのに、その大人たちが自分たちをまるで出来損ないのように非難するのは、理不尽極まりない話でしかなく、傷つくのは当然だろう。

ただし私は「ゆとり教育が失敗である」という認識自体がそもそも間違っていると思っている。たとえば「ゆとり教育失敗論」の証拠としてしばしば引き合いに出されるデータに、OECD生徒の学習到達度調査（通称PISA）がある。同調査は世界各国の15歳（日本では高校1年生）を対象として2000年に開始され、その初回の調査で日本は非常に良い結果を残した。しかし第2回目の2003年、第3回目の2006年と日本の順位が下がっていったことから、それを小中学校では2002年度から、高校では2003年度から完全施行された「ゆとり教育」のせいである、とされてしまったのである。

しかし同調査の結果は２００９年、２０１２年と回復した。２０１２年の調査では、日本は参加65カ国・地域中で読解力と科学的理解力が第４位、数学的理解力が第７位と、いずれも世界のトップクラスである。またＩＥＡ（国際教育到達度評価学会）がＰＩＳＡとは別に小学４年生と中学２年生を対象として実施している国際数学・理科教育動向調査（通称ＴＩＭＳＳ）の２０１１年調査において、日本は算数／数学で第５位、理科で第４位と、非常に高い成績を残している。「脱ゆとり」を掲げて改定された学習指導要領が施行されたのは小中学校では２０１１年度、高校では２０１２年度のことであり、その年にいきなり効果が出たと考えるのは無理がある。むしろこの成果は、それまで実施してきた「ゆとり教育」の効果と考えても良いのではないだろうか。

もちろん「ゆとり教育」によって学習内容が削減されたのは事実である。しかし日々この世代の若者と接している者として言わせてもらえば、彼らは「物知り」ではないかもしれないが、論理の組み立てや発想の豊かさは、上の世代よりも格段に優れている。また、彼らは敬語や礼儀が苦手（今に限らず、若者はみなそう言われるものだが）であるが、そのぶん物怖じせずに発言し、議論に参加することができる。こうした技能は、まさしく「ゆとり教育」が目指したものであったはずだ。

ちなみに日本の順位が低迷していた時期にトップの座に着き、以後も優秀な成績を収めているフィンランドの教育が近年大きな注目を集めている。フィンランドは「教育先進国」という見方が定着しているが、その教育システムは、日本のゆとり教育以上にゆとりのある制度である。夏休みは長いし、塾にも行かない。国内では「脱ゆとり」を進めながら、「教育先進国」フィンランドに大挙して視察に訪れる日本の政治家や教育関係者の姿は、何だか滑稽にさえ映る。いたずらに学習内容の量や時間を増やさなくても、高い教育水準は達成できるという同国の教訓を、彼らが理解することはない。

ゆとり・脱ゆとり世代の学校観

『若者調査』は2013年に実施されたので、調査対象となっている中学生・高校生が目下受けているのは「脱ゆとり」教育である。しかし彼らは小中学校の時点で、多かれ少なかれ「ゆとり教育」の経験者である。『若者調査』の前身である『世界青年意識調査』は中学生・高校生を対象としていないため、時系列の比較ができないのは残念であるが、現在の中学生・高校生の意識を明らかにすることは、「ゆとり教育」から「脱ゆとり」への移行を経て、学校が生徒にとってどのような存在になったのかを知る上で重要な手がかりになるだろう。

図表4-8は、各国の中学・高校の在学生に、自分が現在通っている学校の意義をたずねたものである。先に示した大学についての調査結果と同様に、注目される項目にそれぞれグレーアイコンを付した（「友達との友情をはぐくむ」…□、「自由な時間を楽しむ」…△、「仕事に必要な技術や能力を身に付ける」…○）。

中学・高校の意義については、日本も他の多くの国々と同様に「一般的・基礎的知識を身に付ける」が最も多かった。これは当然と言えば当然のことだが、日本の大学で「自由な時間を楽しむ」の割合が最も高かったことを思うと、少しホッとする。

そして、これに続く意義の2番目は「友達との友情をはぐくむ」(□)、3番目は「自由な時間を楽しむ」(△)であった。「ゆとり教育」から「脱ゆとり」に転換したとはいえ、多くの中学生・高校生にとって、学校は単なる学びの場ではないようだ。ちなみに韓国では「友達との友情をはぐくむ」の順位が日本と同じく高いが、欧米諸国における順位は低い。ただし割合の高さで見ると、アメリカやイギリス、ドイツ、フランスよりも日本の方が低い。「自由な時間を楽しむ」についても同じ傾向が見られる。ただしこちらについては、韓国における割合が他の国々に比べてかなり低いことが目立つ。韓国の大学入試が熾烈であることは日本でもよく知られているが、このデータからも、そのような様子をうかがい知ることができる。

逆に、日本が他の国々に比べて極端に低いのが「仕事に必要な技術や能力を身に付ける」(○)である。大学のところでも述べたように、日本は伝統的に終身雇用を前提として、仕事に必要な技能は会社に入ってから身に付けるものとされてきた影響が、ここにも表れていると考えられる。このような日本的経営が揺らいでいるという認識に立って、初等中等教育において職業教育的な要素を取り入れていこうという取り組みは、「ゆとり教育」にも「脱ゆとり」後の教育にも見られるが、それはまだ生徒の意識を大きく変えるには至っていないようである。

日本の中学・高校生の学校の意義は「友情をはぐくむ場」

少なくとも日本において、学校は、多くの中学生・高校生にとって生活の中心の場である。したがって、彼らが学校をどのようにとらえているかは、将来についての彼らの希望の持ち方に大きな影響を与えているのではないかと考えられる。

そこで、先に示した学校の意義について、それぞれの項目を選んだ者と選ばなかった者との間で、将来について希望を持つという者の割合がどのくらい異なるのかを調べてみた。その結

図表4-8 中学・高校の在学生が考える、学校の意義

日本	韓国	アメリカ	イギリス	ドイツ	フランス	スウェーデン
一般的・基礎的知識を身に付ける 83.6%	一般的・基礎的知識を身に付ける 79.3%	一般的・基礎的知識を身に付ける 92.8%	一般的・基礎的知識を身に付ける 95.5%	仕事に必要な技術や能力を身に付ける 91.0%	学歴や資格を得る 94.7%	一般的・基礎的知識を身に付ける 90.6%
友達との友情をはぐくむ 81.4%	友達との友情をはぐくむ 77.1%	仕事に必要な技術や能力を身に付ける 89.4%	学歴や資格を得る 91.5%	一般的・基礎的知識を身に付ける 90.6%	仕事に必要な技術や能力を身に付ける 94.2%	仕事に必要な技術や能力を身に付ける 87.0%
自由な時間を楽しむ 71.2%	学歴や資格を得る 76.7%	学歴や資格を得る 89.0%	友達との友情をはぐくむ 88.8%	学歴や資格を得る 90.2%	自分の才能を伸ばす 93.7%	学歴や資格を得る 87.0%
学歴や資格を得る 68.1%	専門的な知識を身に付ける 62.1%	友達との友情をはぐくむ 88.6%	専門的な知識を身に付ける 88.4%	自分の才能を伸ばす 90.2%	一般的・基礎的知識を身に付ける 93.2%	自分の才能を伸ばす 82.2%
先生の人柄や生き方から学ぶ 65.5%	先生の人柄や生き方から学ぶ 61.7%	自分の才能を伸ばす 88.2%	仕事に必要な技術や能力を身に付ける 88.4%	専門的な知識を身に付ける 89.3%	専門的な知識を身に付ける 91.1%	友達との友情をはぐくむ 81.3%
自分の才能を伸ばす 64.7%	自分の才能を伸ばす 59.0%	専門的な知識を身に付ける 87.5%	自分の才能を伸ばす 87.9%	友達との友情をはぐくむ 89.3%	自由な時間を楽しむ 90.0%	専門的な知識を身に付ける 79.5%
専門的な知識を身に付ける 50.0%	仕事に必要な技術や能力を身に付ける 58.1%	自由な時間を楽しむ 80.6%	自由な時間を楽しむ 82.1%	自由な時間を楽しむ 83.6%	友達との友情をはぐくむ 87.4%	自由な時間を楽しむ 65.9%
仕事に必要な技術や能力を身に付ける 50.0%	自由な時間を楽しむ 47.6%	先生の人柄や生き方から学ぶ 78.3%	先生の人柄や生き方から学ぶ 71.4%	先生の人柄や生き方から学ぶ 42.6%	先生の人柄や生き方から学ぶ 64.7%	先生の人柄や生き方から学ぶ 43.8%

資料：『若者調査』F5、F6、Q50(1)-(8)

果が図表4‐9である。

それによると、希望を持つ者の割合の差が最も明確に現れたのは、「友達との友情をはぐくむ」ことに学校の意義があると思うかどうかであった。前章で、友人関係がうまくいっている人ほど希望を持っている人が多いことを示したが、やはり中学生・高校生にとっては、生活の中心である学校が友達との友情をはぐくむ場であることが、彼らの希望にもつながっているようだ。その意味では、この項目が日本で上位に来ていることは、決して悪いことではないように思われる。したがって、知識の習得に直接の関係はないが、「脱ゆとり」への転換が進んでも、この意味での学校の機能は残しておくように気を配る必要があるだろう。

それにしても「先生の人柄や生き方から学ぶ」ことに学校の意義があると思うかどうかが、「友達との友情をはぐくむ」の次に中学生・高校生の希望の持ち方に影響を与えているというのは、非常に興味深い。私は中学・高校の教員ではないが、教員のはしくれとして、教える者としての責任をあらためて感じさせられる結果である。最近の学習指導要領の度重なる改定に伴う調整や、いわゆるモンスターペアレントによる親の過干渉などで、小学校から高校までの教員の多くが疲弊していると言われるが、彼らがそうやって生気を失ってしまえば、それは子どもたちに悪い影響を与える可能性があるという認識を、私たちは広く共有していく必要があ

図表4-9　学校の意義についての考え方による希望の差（日本、中学・高校の在学生）

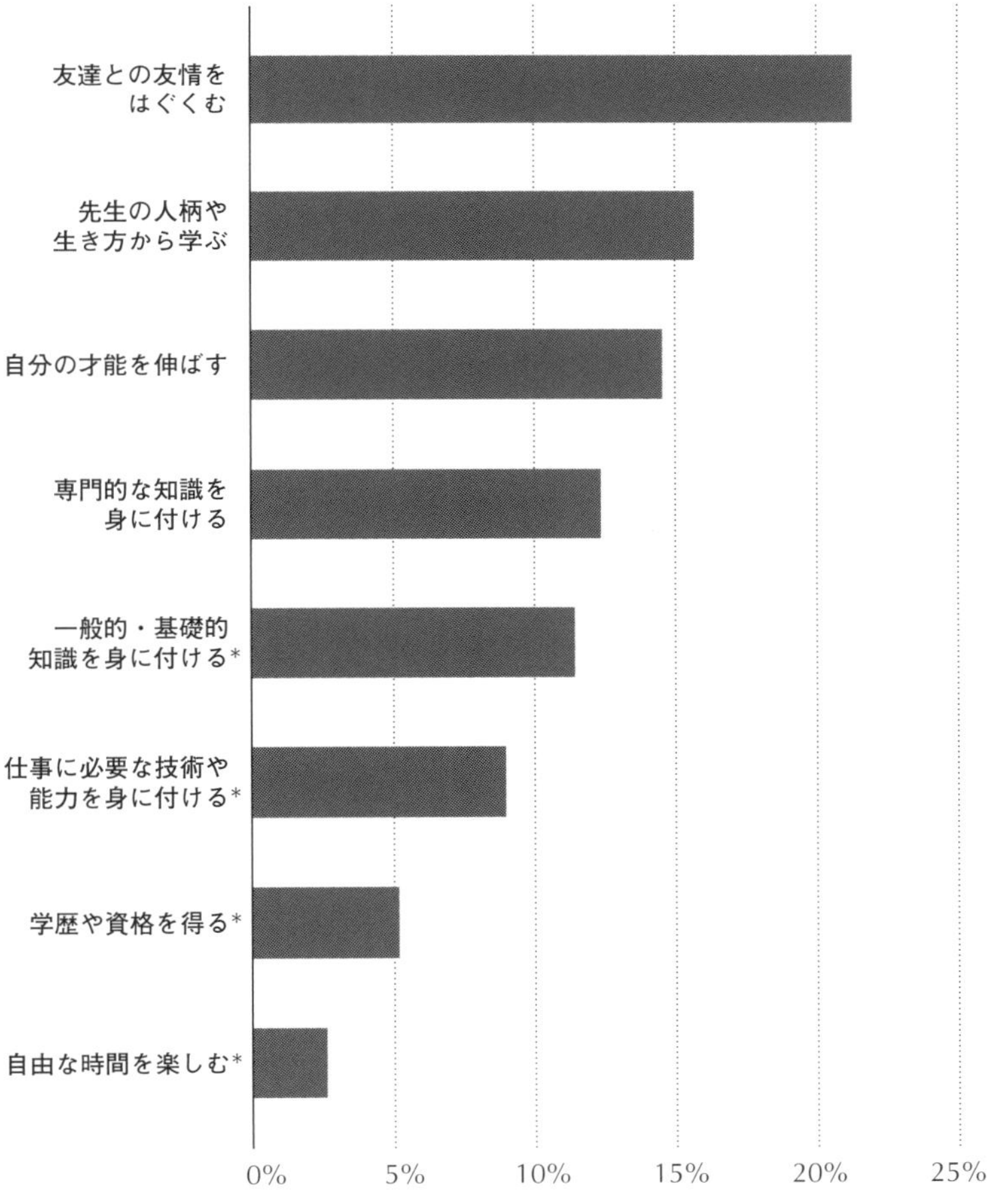

注：* は統計的に有意でないもの
資料：『若者調査』F5、F6、Q50(1)-(8)

るだろう。

＊　＊　＊

本章では、まず日本とアメリカで各種の学校に在学、あるいは卒業しているかによる希望度の差を明らかにし、その後に今の若者が大学の意義についてどのように考えているのか、また大学・大学院卒業という学歴が、若者の将来像にどのような影響を与えているのかを示した。さらに中学生・高校生に目を向け、「ゆとり教育」を経て現在「脱ゆとり」教育を受けている彼らが、学校をどう見ているのか、そしてそのことは将来に対する彼らの希望の持ち方にいかなる影響を与えているのかについて論じた。

このところ、日本の教育行政においては「ゆとり」というキーワードを軸として初等中等教育の改革に焦点が当てられてきたが、その一方で高等教育のあり方は、驚くほど変わっていない。しかし今や若者の三分の一以上が大学に通っており、その割合は今後さらに上昇していくことが予想される。そのような中で、「自由な時間を楽しむ」ことが最大の意義とされている現在の状況が、これからもずっと続くと考えるのは現実的ではない。教育を通じて、より積極的に若者の総合的希望を高めるという使命感を、多くの大学教員と共有できるよう、願っている。

第5章

仕事と希望

自分の仕事は自分の一生を
充実させるためにある。
武者小路実篤

新卒一括採用制度の功罪

毎年、秋が深まって木の葉が色づく季節になると、それとは対照的に、今までカラフルな色に染まっていた教え子たちの髪の色が黒くなる。そう、就職活動の始まりだ。

学生たちは雨の日も暑い日も紺のリクルートスーツに身を包み、企業へと足を運ぶ。大学の教員としては、授業の運営に支障を来すので欠席されると困るわけだが、学生たちも決して好きで休んでいるわけではないので、彼らを責めるのは酷な話だ。いくら応募しても採用には至らず、大学では欠席を続けて授業に行きにくくなり、家では親からプレッシャーをかけられ、ついにどこにも居場所がなくなって精神的に参ってしまう学生の例を挙げればキリがない。

こうした問題についての議論で、つねにヤリ玉に挙げられるのが新卒一括採用制度だ。新卒一括採用制度は日本特有の制度である。そもそもは高度経済成長期における大量の若年労働力の確保を背景として根付き、新卒から定年まで1つの会社を勤め上げるという終身雇用制度を支えている。

新卒一括採用制度には、重要な点が2つある。1つは、第2章でもふれたように、親や知人のコネを頼りにするのではなく、多くの学生に一斉に機会を与えるということである。もう1

つは、その学生たちに、就業経験や高度な専門性をあまり問わないことである。多くの日本企業における伝統的な採用基準は、自社に貢献する技能をあらかじめどれだけ持ち合わせているかではなく、入社後の教育によって、将来、自社に貢献する人材になる可能性がどれだけあるかである。

この制度は、コネがなく就業経験や高度な専門性の乏しい若者たちにとっては、広く就業の機会を得られるというメリットがある。しかし、就業経験を積み専門性を身に付けた者にとっては、それを評価されずに悔しい思いをすることになる。また採用に当たり、就業経験や専門性の代わりに、学歴を判断材料とする比重が高まることになる。そのため、前章で論じたように、学歴によって大きな希望の差が生じたり、大学で技能を身に付けるよりも自由な時間を過ごすことを優先させる学生が増えたりするという結果になっている。

採用の判断基準に関して、学歴に加えて問題なのは、多くの企業がいまだに新卒か否かを重視していることである。最近、政府の要請や日本経済団体連合会における議論などを経て、卒業後3年以内は新卒扱いにするというポリシーを掲げる企業の数は増えたが、実態はあまり変わっていないように思われる。卒業してすぐに就職しなかった学生は、「何か問題があったから新卒で就職できなかったのだ」「他の大勢と同じように行動しない人間が、就職してから周囲の人間とうまくやっていけるわけがない」とみなされ、初めから色眼鏡で見られてしまうことだろう。結局、新卒一括採用という制度がなくならない限り、この問題が根本的に解決することはない。

それでは、この制度を今の若者たちはどのようにとらえているのだろうか。新卒で正規雇用者として採用されていない若者は、もはや社会的に成功する道はないと考え、将来への希望を失ってしまっているのだろうか。それとも、もはやいかなる企業においても安定した地位を望むことが難しくなっていることを踏まえると、新卒採用されたところでそれほど希望を持てるわけではなく、逆に新卒採用でなくてもそれほど失望する必要もなく、両者の差はそれほど大きくないのかもしれない。データは果たしてどちらを示しているのか、まずはこの点について調べてみよう。

男性ほど雇用形態と希望度が強くリンクする

『若者調査』では、回答者の就学・就業状況についてたずねている。いかなる学校であれ、就学中の者の方が、それ以外の者よりも将来に希望を持っていることは、前章ですでに明らかにしているので、ここでは就学中の者をあらかじめ除いた上で、その働き方の違いによって、将来についての希望の持ち方がどのように異なるのかを見ていこう。

就業状況に関して、現在就学中の者を除いた区分は「フルタイム（正社員・正職員）の仕事をしている」「パートタイム（アルバイトを含む）や、派遣社員・契約社員などの仕事をしている」「失業中（現在、仕事に就いておらず、仕事を探している）」「専業主婦・主夫」「無職（専業主婦・主夫を除く）」の5つである。「失業中」と「無職」は、前者が職を求めていながら職が得られないのに対して、後者は職を求める意志がないという違いがある。

図表5-1が、その結果である。男性と女性を分けて分析しているのは、男女の役割分担に関する考え方が、いまだに根強いと考えたからである。日本でも近年は共働き化が進み、今や夫婦共働き世帯の数が、稼ぎ手が1人の世帯の数を上回るようになったものの、その内情は、男性がフルタイムの正規雇用者として働き、女性が家事や育児に軸足を置きつつ、パートやアルバイト、その他の非正規雇用者として働いて家計を助けるという形が多い。そのような社会背景のもとで、若者の意識が男女で異なっていても不思議ではない。

まず「フルタイム（正社員・正職員）」の若者について、将来に希望を持っている者の割合を見ると、男性の方が女性よりも若干低いものの、両者の水準はほぼ同じである。これに対して

「パートタイム（アルバイトを含む）、派遣社員・契約社員」の若者においては、男性の方が女性よりも格段に低い。少し見方を変えて言うと、女性においては「フルタイム…」と「パートタイム…」の間で希望を持つ者の割合にほとんど差がないのに対して、男性においては働き方の違いが希望の割合に格段の違いを生じさせているのである。この背景には、やはり先に述べたような、男女の役割分担意識が、現代の若者たちにおいても根強く残っているということが考えられる。

ただし女性であっても、主婦ではなく失業中あるいは無職の者は、男性と同じく希望を持っている者の割合が低い。考えてみれば、主婦ではない無業の女性を表す「家事手伝い」や「花嫁修業中」という言葉は、今や死語に近い。過去のデータがないので証明することはできないが、無業の女性が希望を持てなくなったのは、比較的最近の出来事ではないだろうか。

7カ国中第1位、なぜ日本では専業主婦の希望度が高いのか

先の就業状況別に見た希望度でいまひとつ気になるのは、フルタイムにせよパートタイムにせよ、働いている若者の中で希望を持っている者の割合よりも、専業主婦（カテゴリーは専業主

図表5-1　就業状況別に見た希望度（日本、男女別）

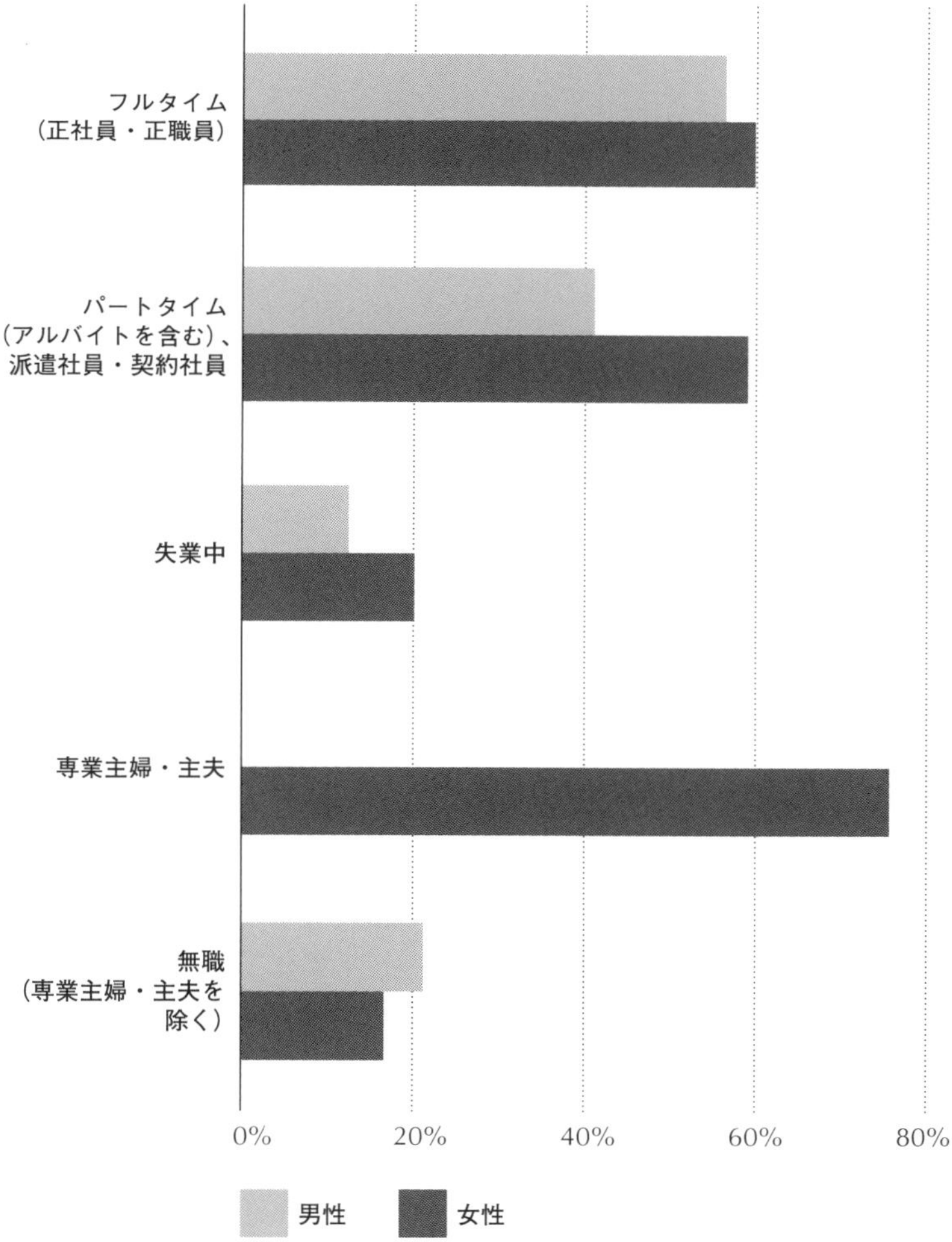

資料：『若者調査』F1、F7、Q7

婦・主夫であるが、男性の回答者がいなかったので「・主夫」を除く）の中で希望を持っている者の割合の方が高いことである。これは一体、どういうことだろうか。

1つ考えられるのは金銭的な不安が解消もしくは軽減されたという可能性である。第2章で明らかにしたように、金銭的な不安は希望度を押し下げる傾向がある。金銭的な不安があれば結婚しても働くはずであり、専業主婦にはならないと考えれば、専業主婦をしている人たちは働かなくてもいい人々、つまり金銭的な不安がなく、ゆえに希望度が高い人々ということになるのかもしれない。

ところが、実際に調べてみるとどうもそうではないようだ。フルタイムで働いている日本の若者のうち、お金のことが「心配」という回答の割合は44％、「どちらかといえば心配」を合わせると79％であったが、専業主婦については、「心配」が59％で、「どちらかといえば心配」を合わせると86％と、実は専業主婦の方が金銭的な不安度は高い。女性が専業主婦をしている家庭が、必ずしもお金に困っていないわけではないのだ。

専業主婦の希望度が高い理由として次に考えられるのは、結婚の効果である。第3章で見たように、結婚・事実婚をしている若者は、そうでない若者よりも希望を持っている可能性が高い。『若者調査』によると、日本においてフルタイムで働く若者のうち結婚・事実婚をしてい

図表5-2　専業主婦・主夫とフルタイム就業者の希望度の差

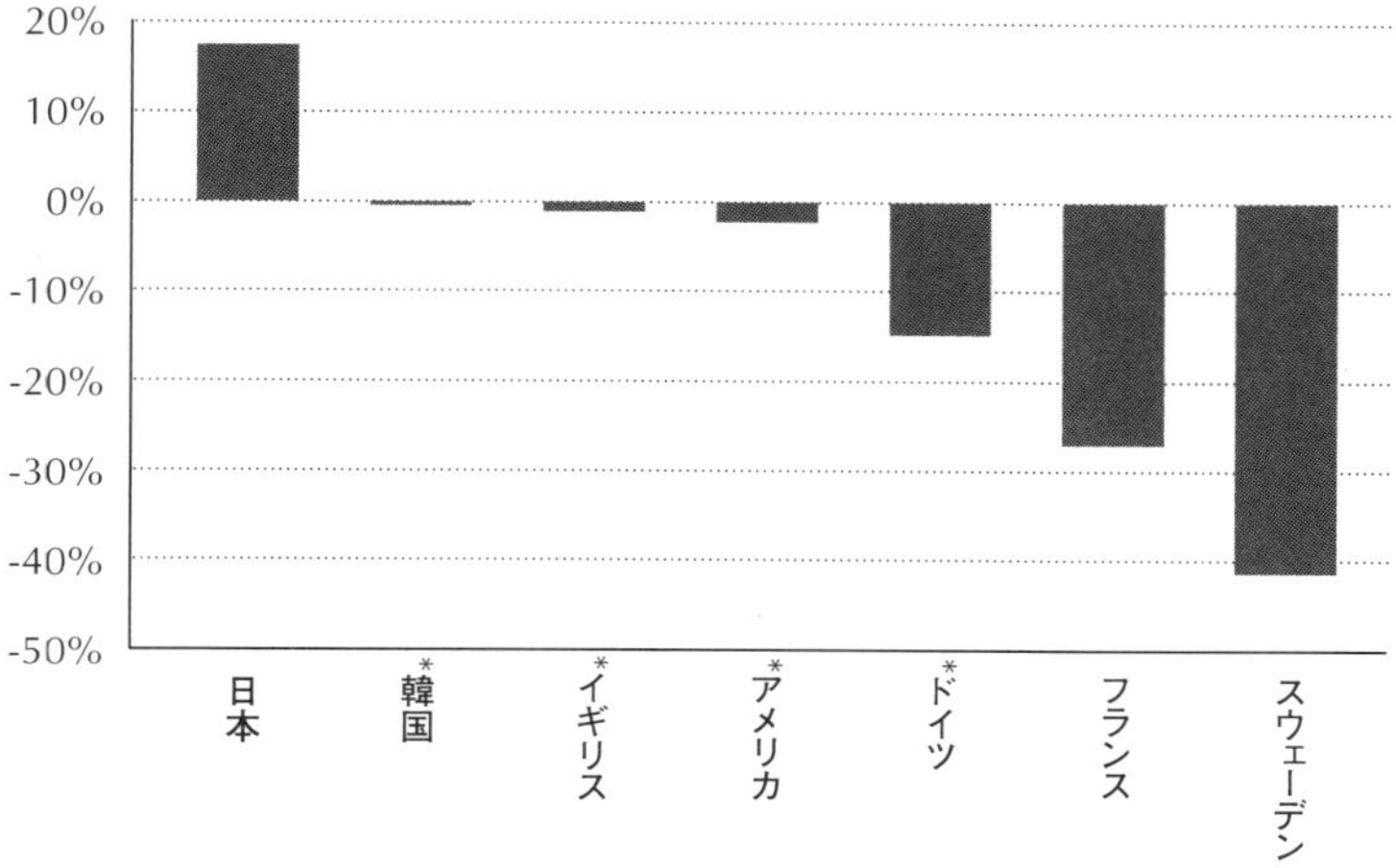

注：* は統計的に有意でないもの
資料：『若者調査』F7、Q7

るのはわずか21%、パートタイムでも28%にとどまっているので、結局はこの差が全体としての希望度の差に表れているといえそうである。

それでは、このような現象は日本に特有のものなのか。第3章で明らかにしたように、パートナーの有無が希望の持ち方に与える影響は日本においてとりわけ高いが、イギリス、韓国、スウェーデンについても、統計的に有意な影響が認められる。それでは、これらの国々においても専業主婦・主夫の希望度は、働いている者に比べて高いのであろうか。

図表5-2は、専業主婦・主夫とフルタイム就業者の間で、将来に希望を持っている者の割合にどのくらいの差があるかを、国ごと

に算出したものである。これによると、専業主婦の希望度がフルタイム就業者を上回っているのは日本のみである。同じ東アジア文化圏の韓国においては、専業主婦（韓国の回答者も全て女性であった）の希望度がフルタイム就業者を下回ってはいないが、上回ってもいない。さらにフランスとスウェーデンにおいては、日本とは対照的に専業主婦・主夫の希望度が著しく低いのである。

特にスウェーデンでは、パートナーの存在が希望度を上げているにもかかわらず、それを全く帳消しにするほど、専業主婦・主夫の希望度が低い。スウェーデンも、かつて1960年代までは男性が仕事をし、女性が家を守るというスタイルが一般的であったが、1970年代から1980年代にかけて急速に意識と制度の改革が進み、今では男女ともにフルタイムの正社員として働くことがごく当たり前となっている。

日本では、働かずに育児と家事に専念することがライフコースにおける積極的な選択肢の1つとして認められているが、スウェーデンで専業主婦や主夫になるというのは、様々な事情で働けない、もしくは仕事が見つからなかった結果として、仕方なくそうしていることが多いようだ。スウェーデンで暮らしていた時に、スウェーデン人の男性と結婚してやってきた日本人の女性から、パートナーから働いてほしいというプレッシャーがかかっているが、スウェーデン語が十分話せないためになかなか職が得られないので困っているという悩みをよく聞いたものだ。

日本のアニメが好きなスウェーデンの女子大生から、「私もサザエさんやのび太のママみたいに働かないでずっと家にいたいです」と冗談交じりに言われたことがあるが、彼女たちは本気でそう思ってはいない。逆に日本では、大学を卒業したらまずは働きたいけれども、もし経済力のある男性と結婚できたら、仕事をやめて専業主婦になりたいです、と真剣に語る女子大生が少なくない。

つまり、ものすごく単純化していえば、スウェーデンでは「働けないから専業主婦・主夫になる」という流れになっているのに対して、日本では「専業主婦・主夫になれないから働く」という流れになっている。そして、これが両国における専業主婦・主夫の希望度の差に表れているのである。

そういえば、2015年4月に放映された「サザエさん」のアニメで、サザエさんがスーパーのパートタイマーとして働きに出たことが一部で話題となった。専業主婦のシンボルであったサザエさんが働きに出るというストーリーはどうやら初めてだったらしいが、結局「タラちゃんが寂しがっている」という理由ですぐに辞めてしまったというオチであったとのこと。

これをスウェーデン人が見たら何と言うだろうかと、ふと考えてしまった。

どの国よりも長い日本の失業期間

リーマンショック以降、景気の低迷が続いているヨーロッパ諸国における大きな悩みの種の1つが、若者の失業である。OECDの統計[1]によれば、ギリシャにおける2013年時点の15歳から24歳の若者の失業率は、なんと58・3%。若者の半数以上が失業しているという異常な事態である。『若者調査』の対象国においても、イギリス、フランス、スウェーデンでは20%を超えている。ヨーロッパで最も若者の失業率が低いのはドイツであるが、それでも7・9%である。これに対して日本は6・9%と、OECD加盟34カ国中で最も低い。失業率の定義は国によって異なる場合があるので、単純な比較には注意が必要だが、それでも注目すべき点である。

日本の若者の失業率が低いのは、そもそも全体の失業率が低い(2013年時点で4・0%)こともあるが、新卒一括採用制度によるところも大きい。先に述べたように、新卒一括採用制度では就業経験や高度な専門性が問われないので、高校や大学を卒業したばかりの若者が就職しやすい制度になっている。ヨーロッパの多くの国々の若者のように、就業経験がないから採用

図表 5-3

日本の若者（15 ～ 24 歳）の失業者の失業期間別割合

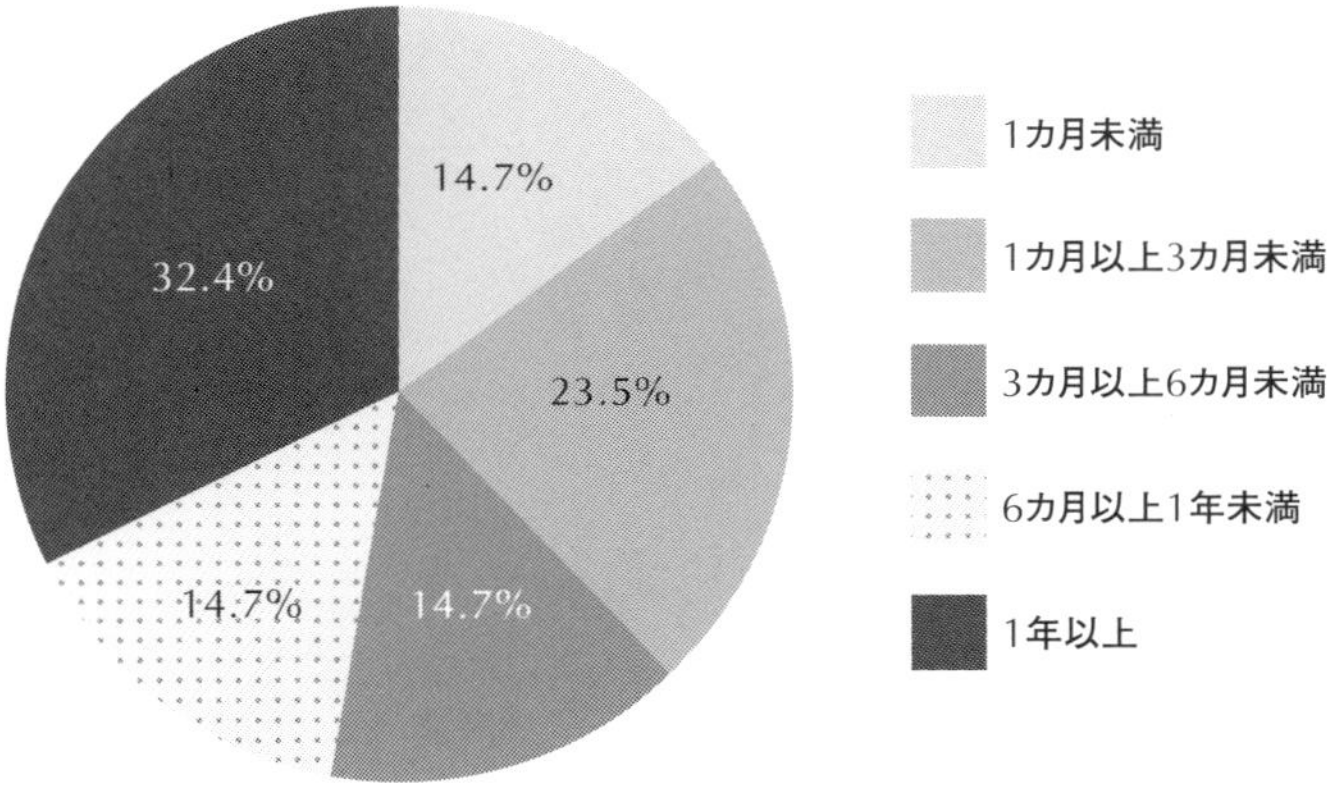

資料：OECD StatExtracts [http://stats.oecd.org/], Incidence of unemployment by duration.（2015 年 6 月 9 日閲覧）

されない↓採用されないから就業経験を積めない、という悪循環にはまらなくて済むのである。ちなみにドイツの場合は、中等教育以降において充実した職業訓練を実施することで、この問題を解決している。

ただし新卒一括採用制度は深刻な問題も生み出している。それは長期失業である。在学中の就職活動がうまくいかなかった、あるいは新卒で就職したけれども辞めてしまった、などの理由で「新卒」の扱いを受けられなくなってしまうと、次の就職先を見つけるのがとても難しくなる。結局、企業が「新卒」枠を設けて新卒者を優遇するので、その枠に当てはまらない者は、それだけ不利な状況に置かれてしまうということだからだ。

実際、日本の若者（15〜24歳、2013年）の失業者について、失業している期間の長さ別の割合を示すと、図表5‐3のようになる。他の多くの国々では「1カ月未満」や「1カ月以上3カ月未満」の割合が多い、つまり3カ月以内に職を探して失業状態から抜ける者が多いのに対して、日本では「1年以上」が32・4％、つまり若者の失業者の約3人に1人が1年以上職探しをしているという状況なのである。『若者調査』の対象国の中で、長期失業者の割合がこれほど高いのは日本だけなのである。

このことが、失業している日本の若者の希望の持ち方にどのような影響を与えるのかについて考えてみよう。むろん、働いている人よりも職を失った人の方が、将来への希望が持ちにくくなるというのは、日本だけでなく他の国々であっても変わらない。

しかし、職を失っても比較的早く次の職が見つかる国よりも、職を失ったらなかなか次の職が得られない国の方が、若者が希望を持ちにくくなるに違いない。このことを証明すべく、失業中の若者と、フルタイムもしくはパートタイムで就業中の若者との間の希望度の差（失業者の希望度から就業者の希望度を引いた数値）を算出し、それを国際比較したのが図表5‐4である。

これによると、日本において失業が希望に与える負のインパクトは、やはり諸外国に比べて大きい。日本に次いでインパクトが大きいのはドイツであるが、ドイツもまた、日本ほどでは

図表5-4　失業中の若者と就業中の若者の希望度の差

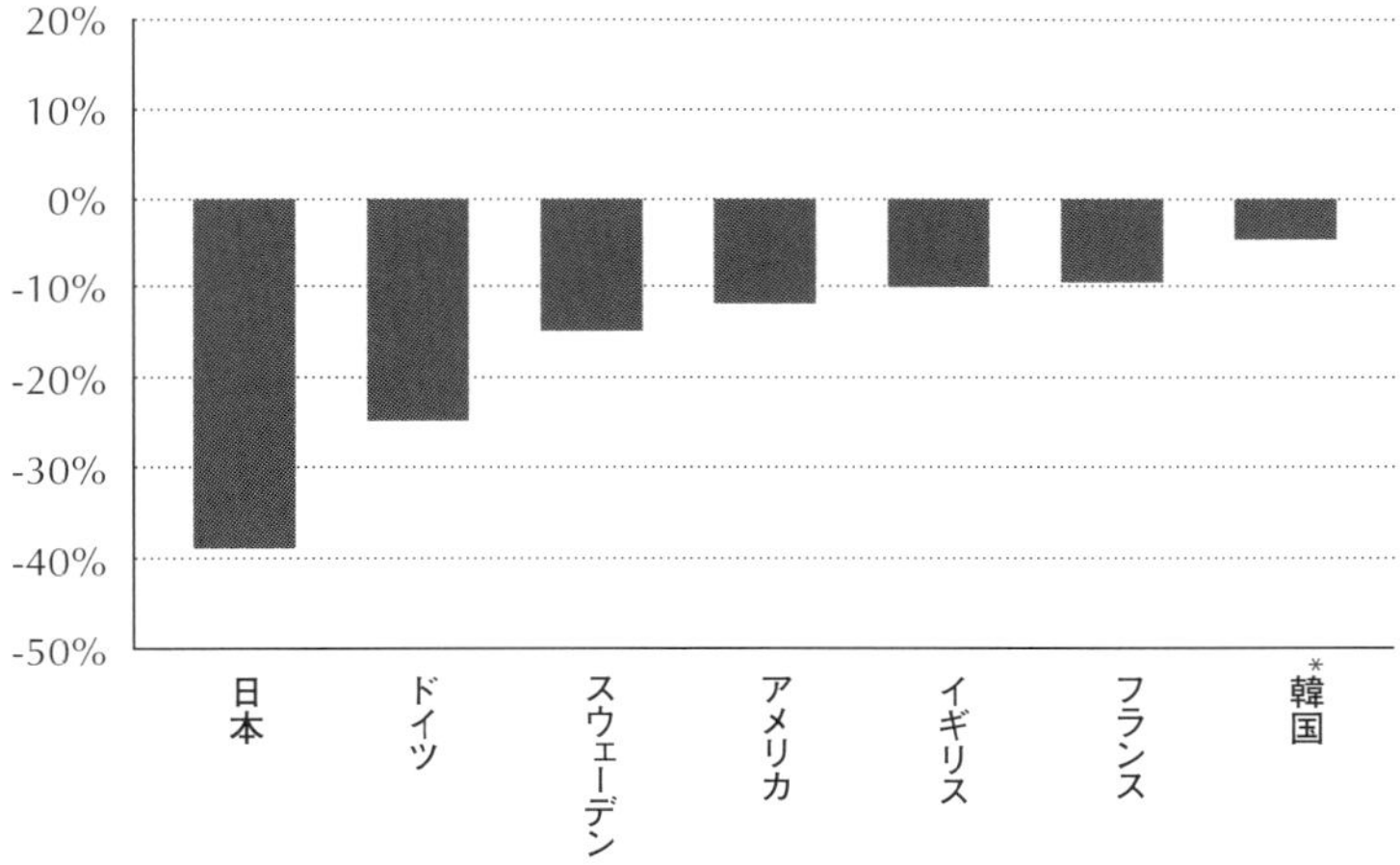

注：* は統計的に有意でないもの
資料：『若者調査』F7、Q7

ないものの、長期失業者の割合が23・2%と高い。日本もドイツも、システムの違いはあるものの、ともに失業率を比較的低く抑え、雇用の安定に成功している。おそらくそれゆえに、そのシステムに乗れなかった、あるいはそのシステムから外れてしまった者は再び戻るのが難しく、しかも「周りはうまくいっているのに、自分だけ……」という劣等感に苛《さいな》まれることになるのだろう。

これら日本やドイツと対照的なのは韓国である。韓国でも失業中の若者の方が働いている者よりも希望度が低い。しかしその差は、統計的な有意と認められないほど小さい。韓国の失業率は日本やドイツよりも高いが、若者の失業者のうち3カ月未満の者が74・0%

と大半で、1年以上の長期失業者の割合は、わずか0・2％に過ぎない。つまり韓国では、日本やドイツよりも簡単にクビを切られるが、次の職を見つけるのも日本よりずっと簡単であり、失業がことさらに希望度を低下させることがないのである。

転職したいのに、転職しにくい日本の現状

厚生労働省が公表している資料の中に「新規学卒者の離職状況に関する資料」というデータがある。これによると、２０１１年3月に大学を卒業した者のうち、13・4％が1年目で、10・1％が2年目で、8・8％が3年目で離職しており、その合計は32・4％となっている。この「3年離職率」は「大学新卒者の3人に1人が3年以内に離職」といった見出しで、マスコミにもよく登場する。

このことについて「ゆとり教育が辛抱のできない人間を育てたために、こうなった」という形で「ゆとり教育」に結びつける論調がある。しかし、そこには2つの問題がある。第1に、「3年離職率」は「ゆとり教育」の実施後に上昇したわけでも、年を追うにつれて増加する傾向にあるわけでもない。図表5‐5に示すように、直近では若干の増加傾向が見られるものの、

図表5-5　大学新卒者の3年以内離職率（日本）

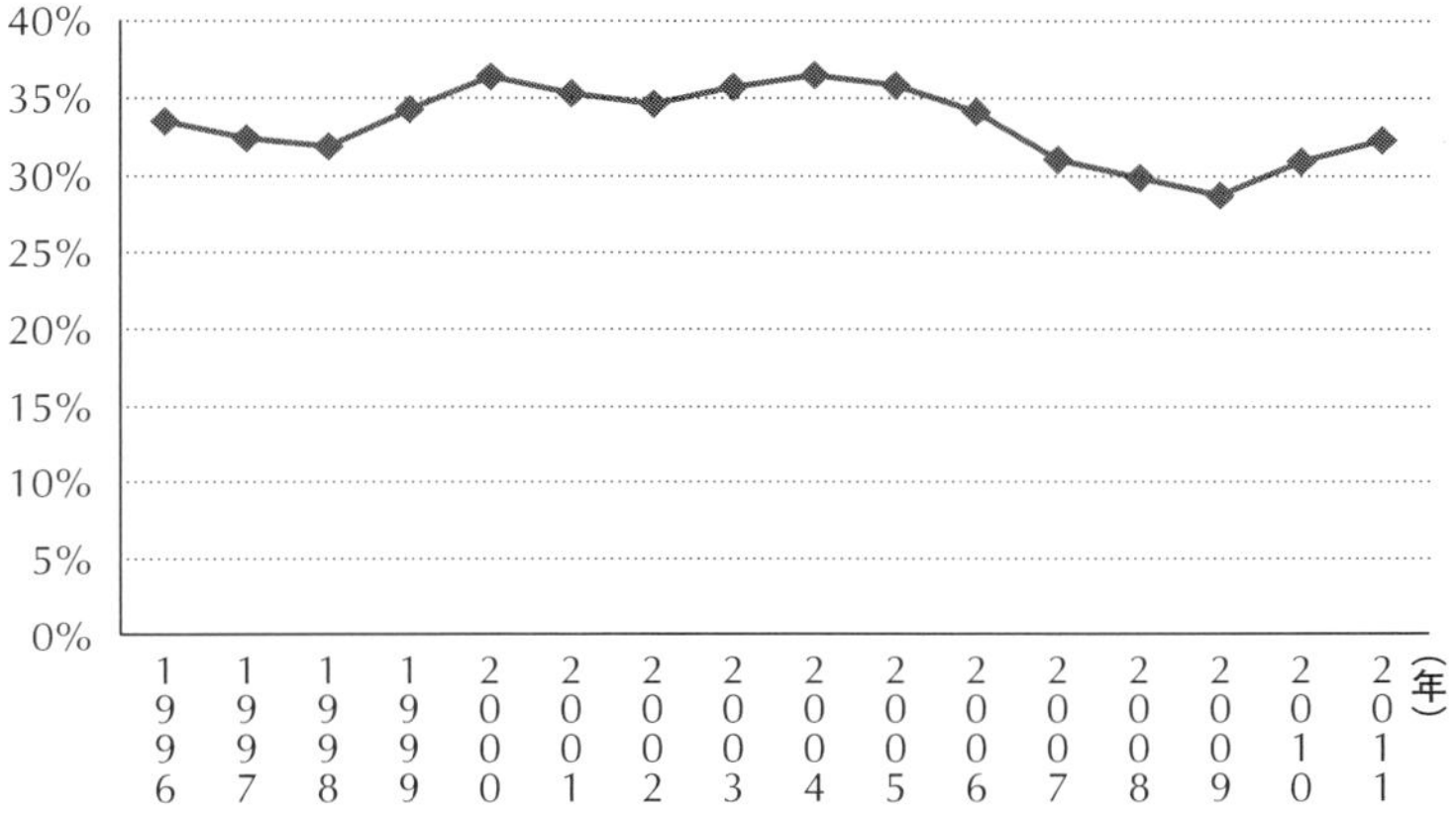

資料：厚生労働省『新規学卒就職者の在職期間別離職率の推移』
[http://www.mhlw.go.jp/topics/2010/01/tp0127-2/24.html]、2015年6月11日閲覧

10年前、15年前の水準の方が今よりもむしろ高いのである。

2つ目の、より深刻な問題は、離職者を「辛抱のできない人間」とネガティブにとらえる傾向が見られることである。「石の上にも三年」という言葉が大事にされているように、日本では辛抱することを美徳と見る向きがある。もちろん、何事もある程度の辛抱は大切であるが、何でもかんでも辛抱すればよいというものではない。30年前のバブル経済崩壊前であればともかく、今や終身雇用どころか、数年先まで勤め先が残っているかどうかさえ心許ない状況で、とにかく辛抱して今の会社にしがみつけというのは酷な話ではないだろうか。

そもそも、日本の若者は諸外国と比べて転職していない。図表5-6は『若者調査』において、学校を出てフルタイム（正社員・正職員）で働いている若者のうち、転職した経験がある者の割合を示している。これによると、欧米諸国では4人に3人以上が転職を経験し、韓国でも6割近くに達しているのに対して、日本は3割をやっと超える程度でしかない。

さらに興味深いのは、転職経験と希望の関係である。図表5-7は、先のフルタイム就業者の転職経験と、彼らの希望の有無の関係を示したものだが、日本と韓国を除く欧米の5カ国においては、その回答と希望の有無との間に、統計的に有意な正の相関関係があることがわかる。すなわちこれらの国々では、転職したことがあるという若者の方が、転職したことがないという若者よりも、将来について希望を持ちやすいということなのだ。あるいは、因果関係を逆に取って、欧米諸国では将来に希望を持っている若者の方が、積極的に転職を図っていくという見方を取ることもできる。いずれにしても、彼らにとって転職はポジティブな行動なのである。

そもそも、新卒一括採用という形で、個人の技能や経験を問われることなく就職を決めた若者たちが、入社したあとに違和感を覚えるのは、何ら不思議なことではない。上の世代は「俺たちはそれでも辛抱してやってきた」と言うかもしれないが、もはや多くのサラリーマンが自社の発展と自分の出世を期待できる時代ではない。今の新入社員の目に映る世の中は、自分た

図表 5-6　転職経験のあるフルタイム就業者の割合

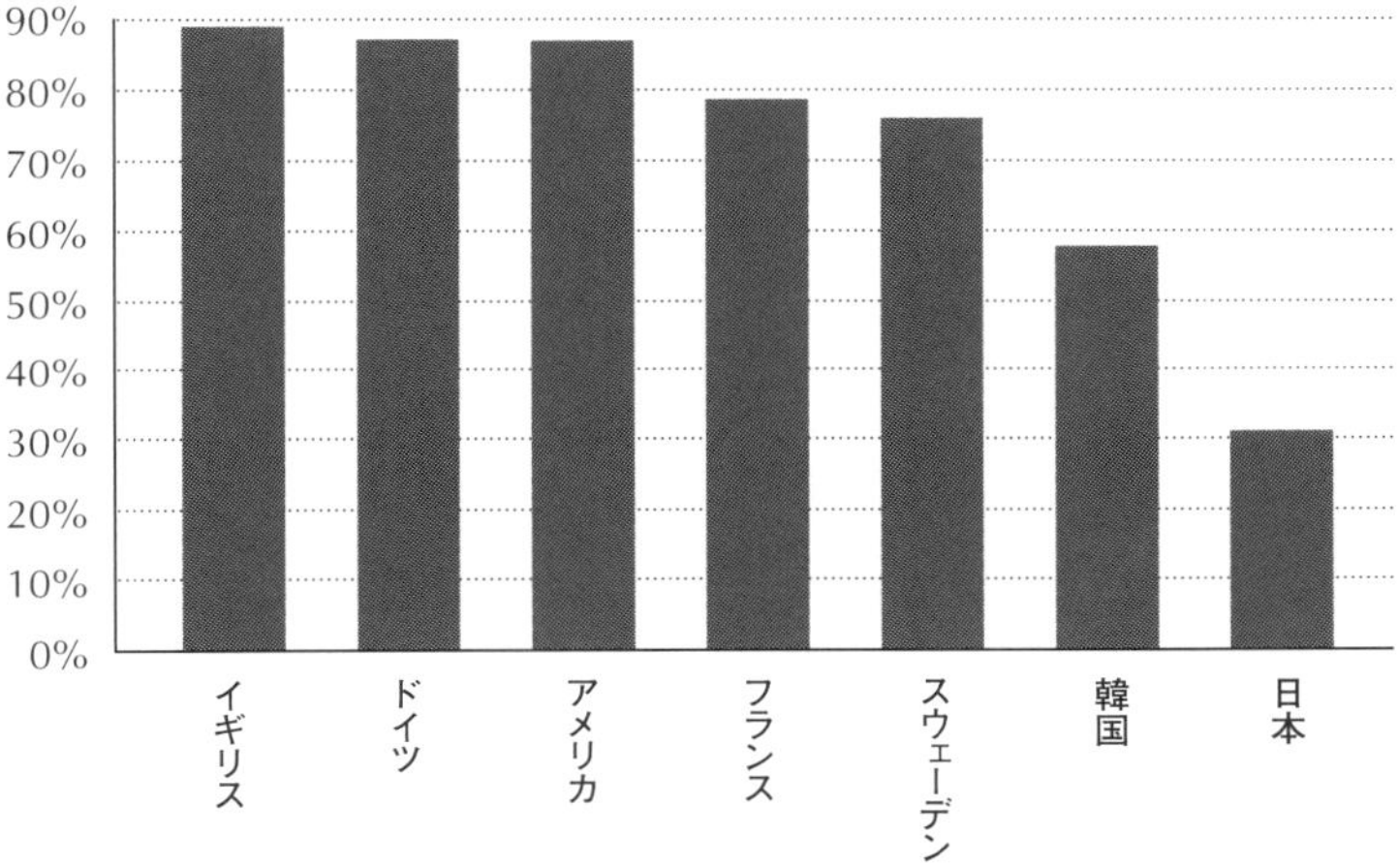

資料：『若者調査』F8

図表 5-7　フルタイム就業者の、転職経験の有無による希望度の差

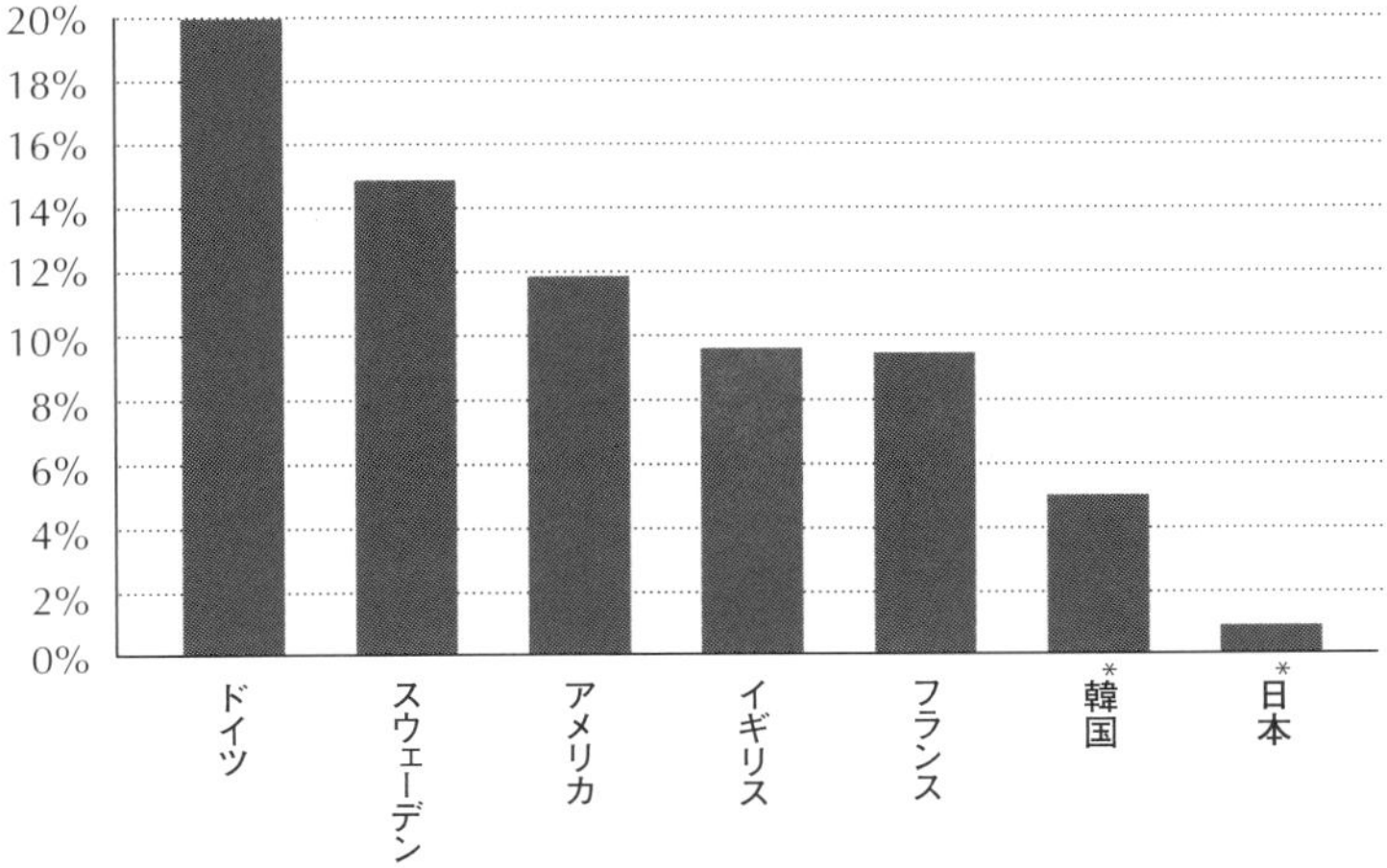

注：* は統計的に有意でないもの
資料：『若者調査』F8、Q7

ちの時とは全く異なっていることを忘れてはいけない。

転職をネガティブにとらえる日本社会の風潮は「ブラック企業」の温床にもなっている。企業が少ないコストで労働力を最大限に利用しようとするのは、どの国でも同じである。にもかかわらず欧米の企業が「ブラック企業」にならないのは、あまり無理な要求をすれば社員が辞めてしまうという自制が働くからである。言いかえれば、日本では仕事が自分に合っていなくとも、また会社が無理な要求をしてきたとしても、石にかじりつく思いで頑張れば何とかなる、という世間の根性論が、「ブラック企業」をはびこらせ、若者の希望を失わせる一因となっているのである。

職場への満足度、7カ国中日本は最下位

実際、日本の若者は諸外国に比べて職場における満足度が低い。図表5-8はフルタイムで就業している若者について「あなたは、今の職場に満足していますか」という質問に「満足」あるいは「どちらかといえば満足」と回答した者の割合を示したものであるが、欧米諸国は軒並み7割を超え、韓国でも64%に達しているのに対して、日本では52%に過ぎない。フルタイム

図表5-8　職場に満足であるというフルタイム就業者の割合

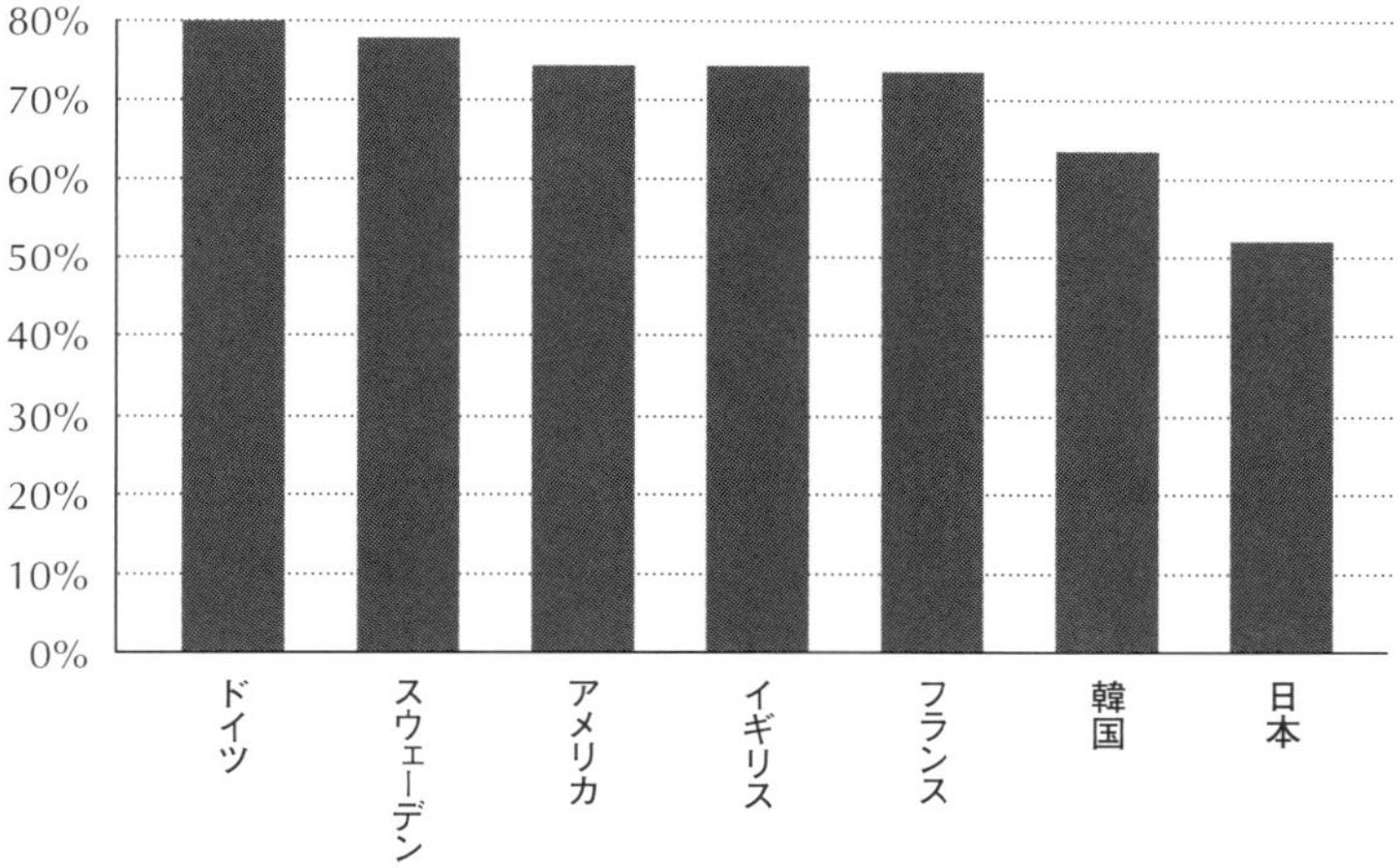

資料：『若者調査』Q45

の正社員や正職員で働いている若者のおよそ2人に1人が「満足」と言えない状況にある。

ところが日本の若者は、職場に満足しているか否かで、将来についての希望の持ち方に大きな差が見られる。図表5-9に示すように、職場に満足している者は、そうでない者に比べて、将来に希望を持っている可能性が30%以上も高いのだ。これは他の国々、特にスウェーデンとは対極的である。スウェーデンの若者の場合、職場に満足しているか否かによる総合的希望の差は5%にも及ばず、統計的な有意差は認められない。つまりスウェーデンの若者たちは、職場に不満があっても自分の将来の人生について希望を失うことはないということなのだ。

ただし他の国々については統計的な有意差が認められるので、ユニークなのは日本ではなくスウェーデンの方かもしれない。しかしドイツのように職場に満足している若者が多いのであればともかく、職場に満足している若者が少ない日本において、それが将来についての希望の持ち方と強く結びついているというのは、非常に不幸な話である。

それにしても、なぜ日本では他の国々よりも、職場の満足度と将来についての希望との結びつきが強いのだろうか。その対極にあるスウェーデンとの比較で考えると、やはり人生における職場の比重の問題ではないかと思われる。定時になったらそそくさと帰宅するスウェーデン人と、毎日残業が当たり前の日本人。5週間連続で与えられる有給休暇を目いっぱい取得するスウェーデン人と、有給休暇がさほど多いわけではないのにその半分くらいをやっと取得する日本人。フルタイムで働く日本人にとっては、職場が生活の中心となっているが、スウェーデン人にとっては、職場は生活の場の1つに過ぎない。スウェーデン人の間では、男性も女性も、仕事と余暇をバランス良く過ごす人が最も尊敬されているので、「デキル奴」ほど仕事を短時間で切り上げて、余暇は全力で遊ぼうとする。

仕事中心の生き方が、必ずしも悪いわけではない。しかし、それは働いている当人と、家族をはじめとする周囲の人々が、それで良いと納得していればの話である。多くの日本の若者が

図表5-9　職場に満足か否かによる希望の差（フルタイム就業者）

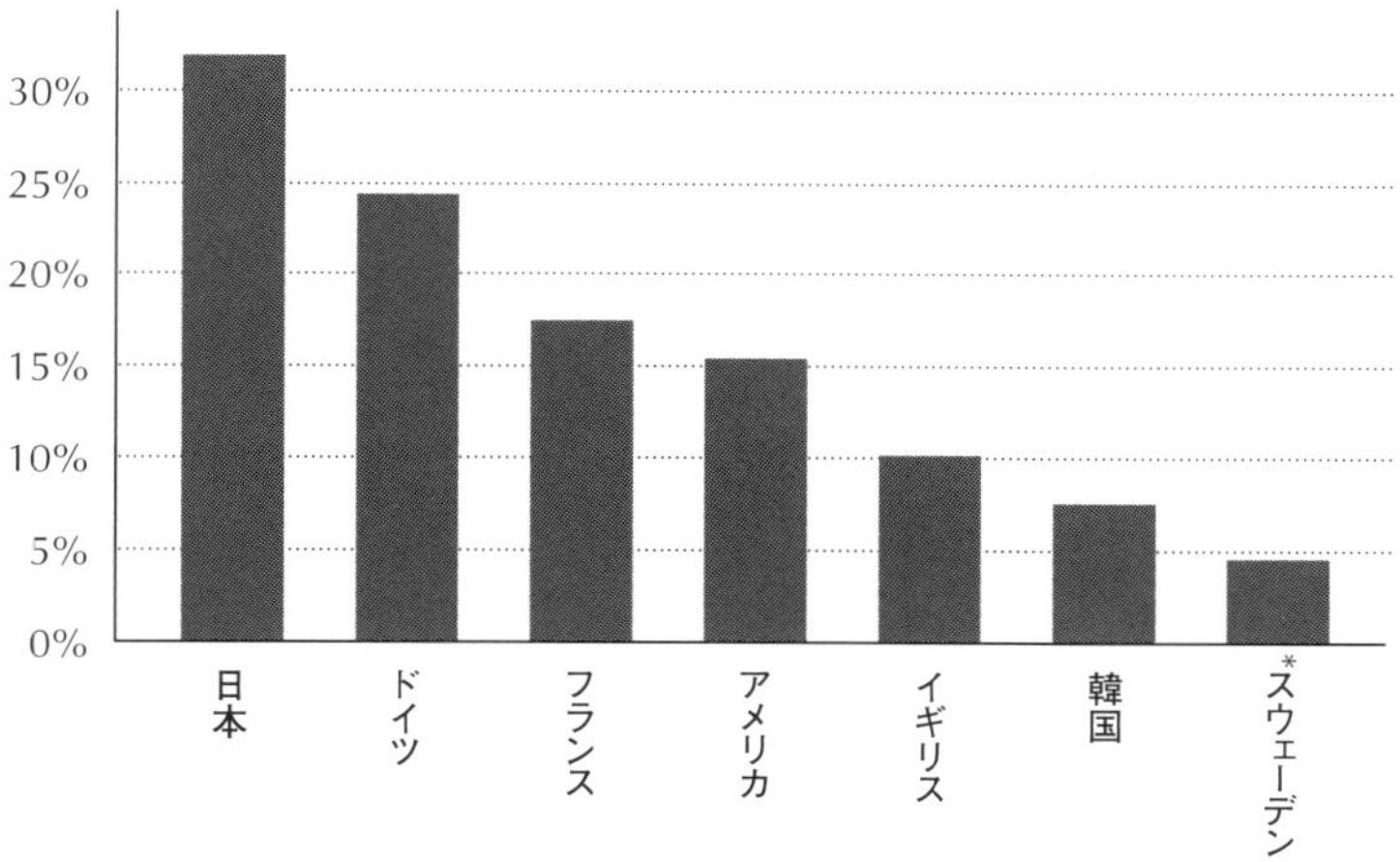

注：* は統計的に有意でないもの
資料：『若者調査』Q7、Q45

生活の中心である職場に不満を抱えており、それがネガティブな感情を誘発した結果として将来についての希望がしぼんでいるというのであれば、これほど不幸なことはない。

若者の職場における満足度を上げるポイントは、やはり転職をしやすくすることではないかと思う。就職も恋愛と同じで、一発で良い相手に巡り会うとは限らず、ミスマッチは必ず起こる。日本の職場における満足度が他国に比べて低いのは、今の仕事や職場が自分に合っていないと感じていても、辞めるリスクが大きすぎるので転職できず、ひたすら不満をため込んでしまうということではないだろうか。

実は『若者調査』には、転職についての考

え方をたずねている質問がある。図表5‐10は、日本のフルタイム就労者について、その回答結果をまとめたものである。最も多かったのは「できるだけ転職せずに同じ職場で働きたい」という転職に消極的な回答（30％）であったが、「職場に強い不満があれば、転職することもやむをえない」という、転職を許容する回答も27％と、それと同じくらい高い。これに「職場に不満があれば、転職する方がよい」（17％）、「不満がなくても、自分の才能を生かすためには、積極的に転職する方がよい」（12％）という回答を加えると56％と、実に過半数の若者が転職を許容もしくは積極的に認めているのである。こうした転職許容派・積極派の割合は、他の国々と比べてひけを取らない。図表5‐11に示すように、7カ国の中で最も低いのは韓国であって、市場競争を好むイギリスやアメリカよりも、日本はむしろ高いくらいなのである。

このように、日本でも若者が転職を積極的に認める意識を持つようになっているのは、望ましい変化であると思う。しかしだからこそ、実際に転職を経験した者の割合の低さが際立ってくる。不満があれば転職すればいいというのは頭ではわかっていても、現実にはそう簡単にはいかないという矛盾に直面し、将来についての希望を失う若者の姿が浮かび上がってくるのである。

図表 5-10 転職についての考え方（日本、フルタイム就業者）

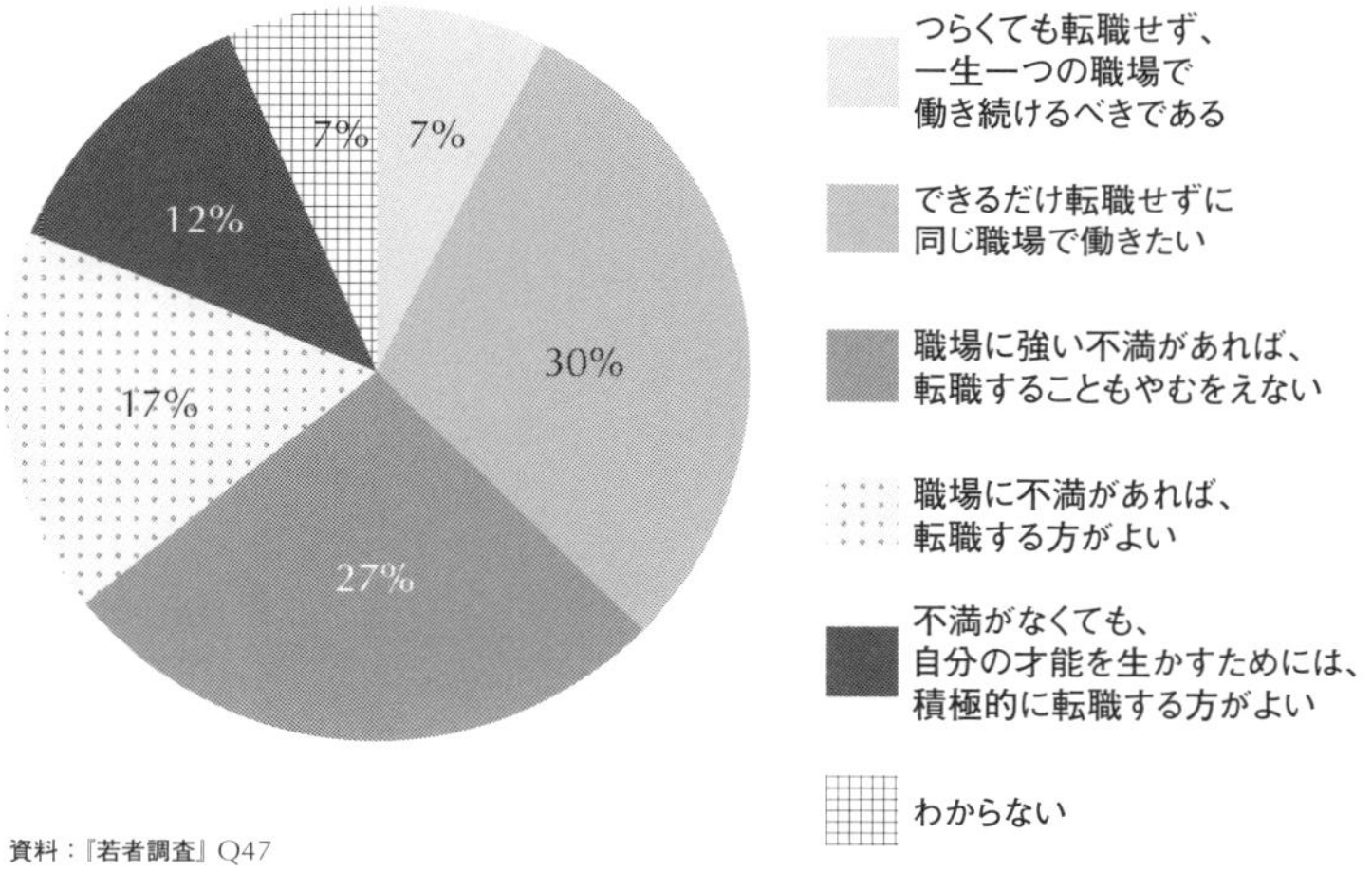

資料：『若者調査』Q47

図表 5-11 転職許容派・積極派の割合（フルタイム就業者）

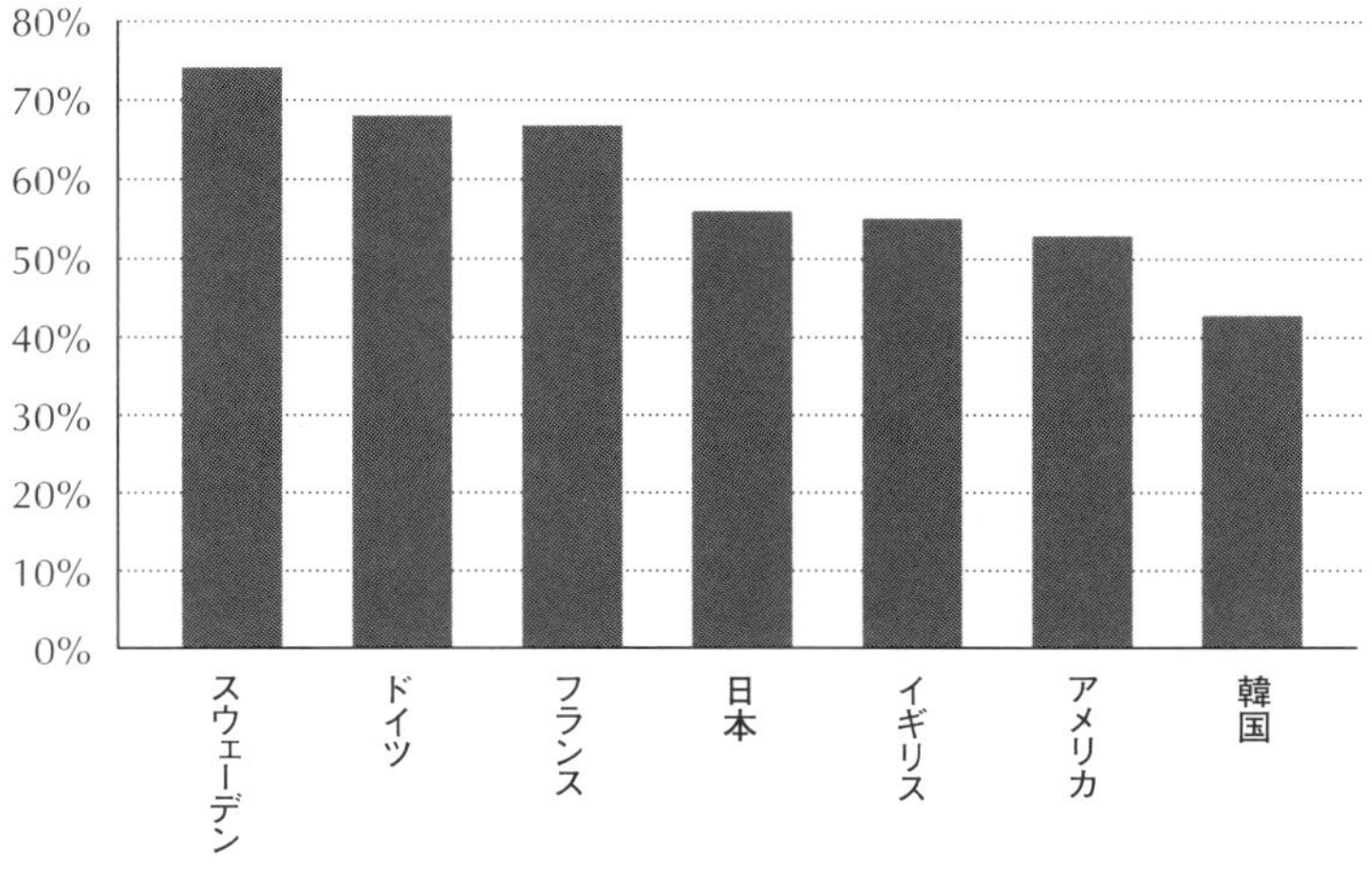

資料：『若者調査』Q47

本章では、若者の就業状況による総合的希望の持ち方について調べたあと、日本では専業主婦が外で働く人々よりも希望を持っていること、失業が希望に与えるインパクトが大きいこと、他の国々のような、転職によって希望度が高まるという現象が見られないこと、そして職場における満足度が低い上に、それが希望度の低さと強く結びついていることを示してきた。

日本の雇用制度の欠点を一言で表すならば、硬直的に過ぎるということである。バブル経済の崩壊からはや四半世紀が過ぎようとしており、日本の企業を取り巻く環境は随分変わった。昔に比べれば採用の方法も働き方も多様になってきたし、女性が大学を出て正社員として働くことも、全く珍しいことではなくなった。しかしそれでもなお、新卒一括採用で大手の企業に就職し、そこで転職せずに一生同じ会社で働くのが幸せな生き方であるという意識は、世の中に根強く残っている。そして多くの若者たちが、もっと柔軟な働き方をすべきであると頭ではわかっているのに、それが実現できないもどかしさの中で、将来についての希望が行き場を失っているように見える、とは言いすぎであろうか。

＊　＊　＊

第6章
社会との関わりと希望

皆はひとりのために、ひとりは皆のために。
アレクサンドル・デュマ・ペール
（『三銃士』より）

社会に関心を持つ若者は増加傾向

先日、20歳の女子大生が、誕生日を迎えて選挙権を得ていたにもかかわらず、その直前に引っ越したために、転居から3カ月間は新しい居住地で選挙権が得られないという制度によって、先の衆議院選挙で投票することができなかったことから、国を訴える裁判を起こしたというニュースを耳にした。

彼女のように、そこまで行動を起こす人は非常に特別である。しかし、これは最近の若者の社会意識の高まりを端的に表しているなというのが、大学で若者たちと日々接し、社会や政治について話し合っている者としての素直な感想だ。もちろん、知識が足りなかったり視野が狭かったりして、彼らの意見に物足りなさを覚えることが多いのは事実である。けれども「自分さえ良ければいい」ではなく、この社会をどうしていけばよいかということに関心を持つ若者が、最近増えている気がする。

内閣府の『社会意識に関する世論調査』の結果を見ると、そんな私の印象があながち誤りではないことがわかる。図表6-1は、日頃、社会の一員として、何か社会のために役立ちたいと思っているか、それともあまりそのようなことは考えていないかという質問に対して「思っ

図表6-1

社会のために役立ちたいと思っている人の割合（日本）

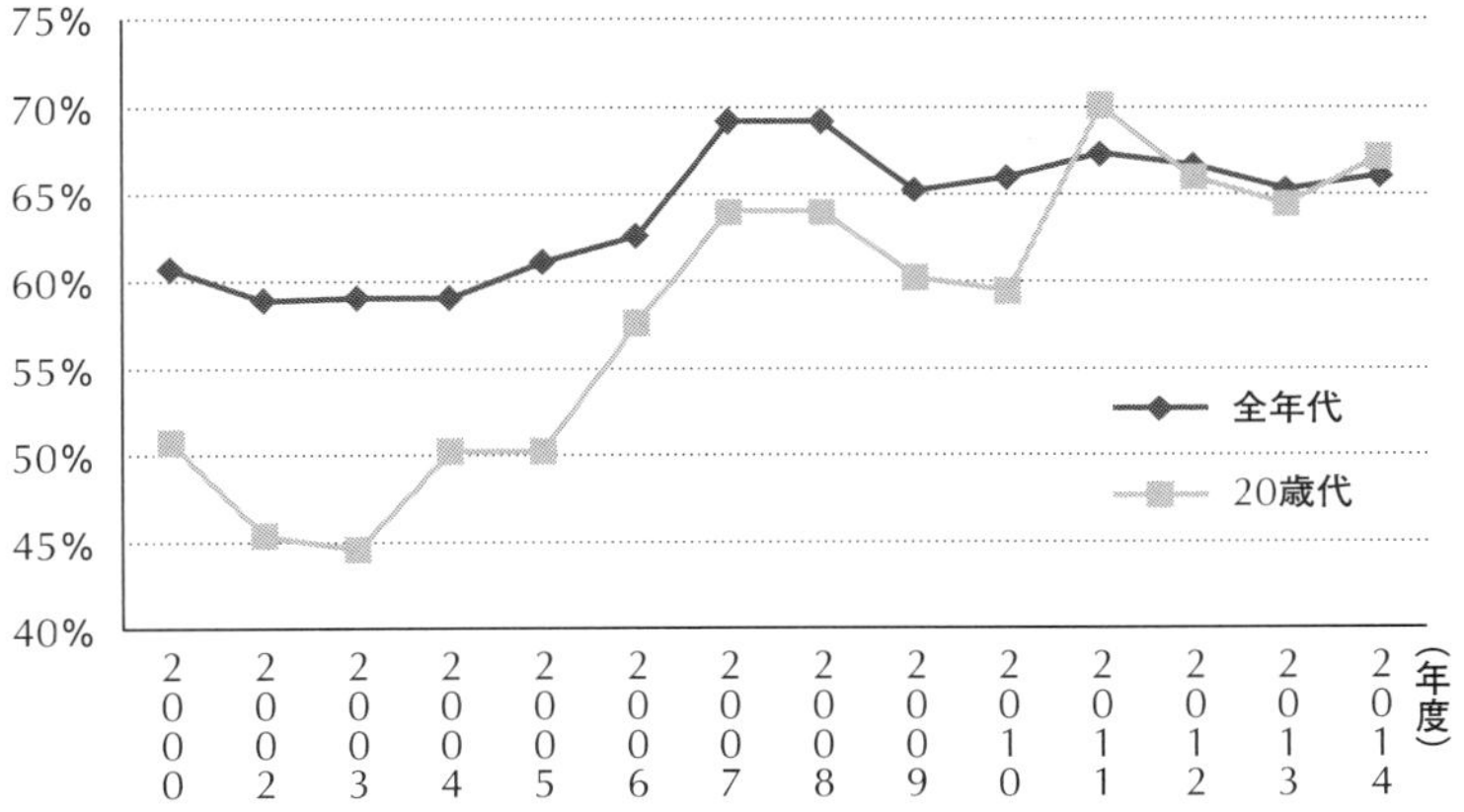

資料：内閣府『社会意識に関する世論調査』、2000～2014年度版

ている」と回答した者の割合の推移を示したものである。まず全年代について見ると、年ごとに上下しつつ、長い目で見れば上昇傾向にあり、2014年度には66%にまで達している。さらに20歳代について見ると、その推移は上昇傾向であるばかりでなく、その上がり幅は全年代よりもずっと大きい。2000年代の初めには、全年代と20歳代の間に10ポイント以上のギャップがあったが、今や20歳代の社会貢献意識は全年代を上回るほどの水準となっている。「若者は社会について考えていない」「若い人は自分勝手」というのは、すでに過去の話となっている。

このように若者の社会意識が高まっている要因は、いくつかある。たとえば「ゆとり教育」以降、社会との関わりを重視し、それを意識させるような教育が積極的に取り入れられてきたこと、また東日本大震災という未曽有の危機に直面したことで、多くの若者が、自らが社会で果たすべき役割を真剣に考える機会を得たこと、あるいは巨額の累積債務をはじめとして様々な問題を抱える日本社会があまりにダメすぎて、関心を持たざるを得なくなったことなどである。

さらに、そうやって意識が高まってきた若者たちが、情報を交換したり意見を交わしたりする手段として、SNSや掲示板などのインターネット・コミュニケーションが果たした役割を無視することはできない。特に日本においては、家族や友人との会話において、社会や政治の話をするのは、何かいけないことのような雰囲気が伝統的に強い。そのため、その代替手段となるコミュニケーションがこうして発達していたことは、若者の社会意識に対して、非常に大きな影響を与えたのではないかと思われる。

実は、このことを私に教えてくれたのは当の大学生の若者たちだ。たとえばフェイスブックでは、興味を持ったネット上のニュースに、ワンクリックで自分のページからリンクを張ってコメントすることができ、さらに友人たちがそれを共有し、コメントする。彼らは上の世代と同様に、社会や政治の問題を大っぴらに口にすることはないが、このような新しい形でニュースにふれ、彼らなりの社会意識を醸成しているようである。

またSNSは、ボランティア活動や政治的な抗議デモに参加する若者の力を結集する上でも、大きな力を発揮する。かつては同志を募るといっても、自分が住む近所でのビラ配りが精一杯であった。しかし今では、一瞬で日本中、世界中に呼びかけることができる。そうやって集まった若者たちの行動がニュースになれば、それはさらに多くの若者たちの関心を引きつける。今の若者たちが生きているのは、そんな世界なのだ。

大きな問題は、政治的リテラシーの欠如

『若者調査』には、政治に対する関心についての質問がある。図表6-2はその結果を示したものである。7カ国の中で「非常に関心がある」と「どちらかといえば関心がある」を合わせた、前向きな回答の割合が最も高いのはドイツ（70%）で、最も低いのはスウェーデン（48%）である。日本は「非常に関心がある」者の割合がわずか10%と7カ国中で最も低いが、「どちらかといえば関心がある」者の割合が44%で両者を合わせた割合はスウェーデンを上回り、フランスと並んで7カ国中の5番目である。まだ低い方ではあるが、それほど滅茶苦茶に低いというわけで

はない。

しかし日本人の間では、日本人、とりわけ若者たちは政治的関心が低いと思われている。当の若者たちに聞いても、そう思っている者がとても多い。それはなぜかというと、選挙における投票率が低いからである。たとえば衆議院議員選挙における投票率を見ると、政権交代で盛り上がった2009年ですら全体の投票率は69・3％と7割にも達せず、2014年の選挙に至っては52・7％にまで低落している。その中でも20歳代の若者の投票率は32・6％と、3人に1人も投票していないのである。

なぜ政治に関心があるのに投票に行かないのか。普段接している大学生たちから聞かれる回答として最も多いのは「誰に投票していいかわからないから」だ。

これに対して「ちゃんと新聞を読みなさい」とか「ちゃんとテレビでニュースを見なさい」と説教をするのは筋違いである。先に述べたように、彼らは新聞やテレビ以外の手段で、かなり多くの情報に接しているし、社会や政治に対する関心も持っている。彼らにとって決定的に深刻な問題は、そうした情報や関心を政治的に読み解く能力、いわば政治的リテラシーが欠けていることなのだ。

たとえば政治的リテラシーのイロハに「右」「左」という概念がある。しかし、日本の若者の

図表6-2　政治に関心がある若者の割合

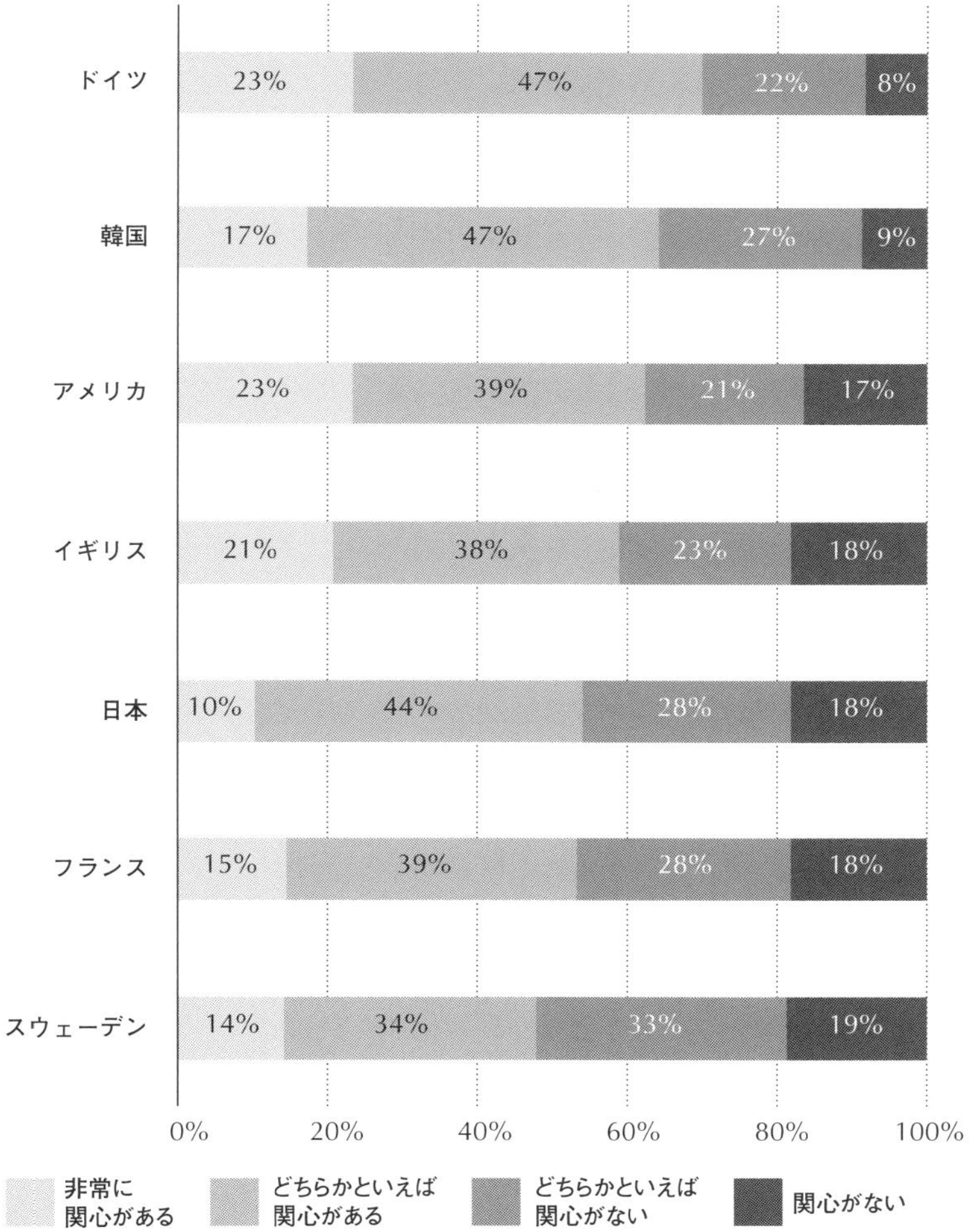

注：「わからない」という回答を除く
資料：『若者調査』Q26

多くはそれすらよく理解していない。「右」といえば街宣車で軍艦マーチを流している怖い人々、「左」といえば昔テロやハイジャックを起こした怖い人々といった感じの認識しかない。高校の「現代社会」や「政治経済」の授業では、政党の名前を暗記させられるかもしれないが、今の政党がどのような考えのもとで何を主張しているのかを、授業として教えることはない。端的に言ってしまえば、そんな問題は大学受験で出題されないからだ。政治について家族や友人が語らず、学校でも教えてくれなければ、よほど自発的に興味を持って学ぼうとしない限り、政治的リテラシーが身に付くわけがない。

そんな日本の対極にあるのはスウェーデンである。先の結果に表れているように、政治に強い関心を持っている人は確かにいるが、そうした人々を除けば、政治に関心があるかと聞かれて、あると答えるスウェーデン人はそれほど多くない。

ところが彼らの投票率は、先進国の中でも非常に高い。スウェーデンでも2014年に選挙が行われたが、その投票率は全体で85・8%、そして18歳～29歳では81・3%と、日本とは比較にならないほど高いのである。

結局、スウェーデンでは政治に特に関心がないという人々でも、どの党がどのような特徴を持っているのか、その党に投票すると、どのような政治が行われる可能性があるのかを想像できるだけの政治リテラシーを持っているのが普通なのである。それは学校における教育の成果でもあり、家族と政治の話をして、感覚を身に付けるからでもある。

さらにスウェーデンの場合は、一院制の上に途中解散がほとんどなく、国・県・市が同時に選挙を行うので、選挙は4年に1回というのが通例となっている。つまりスウェーデン人にとって選挙はオリンピックみたいなものである。日本のように、衆議院と参議院がある上に衆議院でしばしば途中解散が起こり、さらに都道府県知事、都道府県議会、市町村長、市町村議会の選挙が、極端な場合は全てバラバラに実施されるがゆえに、毎年のように選挙をやっているのとは、事情が違う。

どの党、どの候補者に投票していいかわからないのに、次々と選挙がやってくる状況では、多くの有権者が思考停止に陥るのも無理はないと思う。そして日本の政治家たちは、このような状況に、実にうまく適応してきた。すなわち、投票率が低いので、ある程度自分たちの支持者を固めておきさえすれば、選挙に勝てるのだ。かつて「(無党派層は)寝ていてくれればいい」と選挙前に発言した総理大臣がいたが、あれが多くの政治家の本心だろう。

「何も変えられない」絶望感

それでは、日本の若者は自国の政治に対して不満を持っているかというと、どうやらそうでもないらしい。図表6-3は『若者調査』の「どのようなことが自国の社会で問題か」という質問（複数回答）において「よい政治が行なわれていない」という選択肢を選んだ者の割合を示したものであるが、日本は39％と7カ国中のちょうど真ん中だ。イギリス、スウェーデン、ドイツよりは多いが、アメリカ、フランス、韓国の若者よりも、政治に対する不満は少ないのである。

しかも政治に対する不満の有無によって、将来についての希望の持ち方にどのくらいの差があるかを調べてみたが、日本の若者については、何ら有意な相関関係が認められなかった。このことは「たとえ政治に不満があっても、希望を持っている」とも、「たとえ政治に不満がなくても、あまり希望を持っていない」とも解釈することができるが、日本では希望を持っている若者が少ないということを考慮すれば、後者の解釈の方が、妥当性がより高いと言えよう。

先の政治的リテラシーの議論と照らし合わせれば、おそらく、「よい政治が行なわれていない」を選ぶ若者が日本に少ないのは、彼らが「よい政治が行なわれている」と思っているから、

図表 6-3
自国ではよい政治が行なわれていないと思っている若者の割合

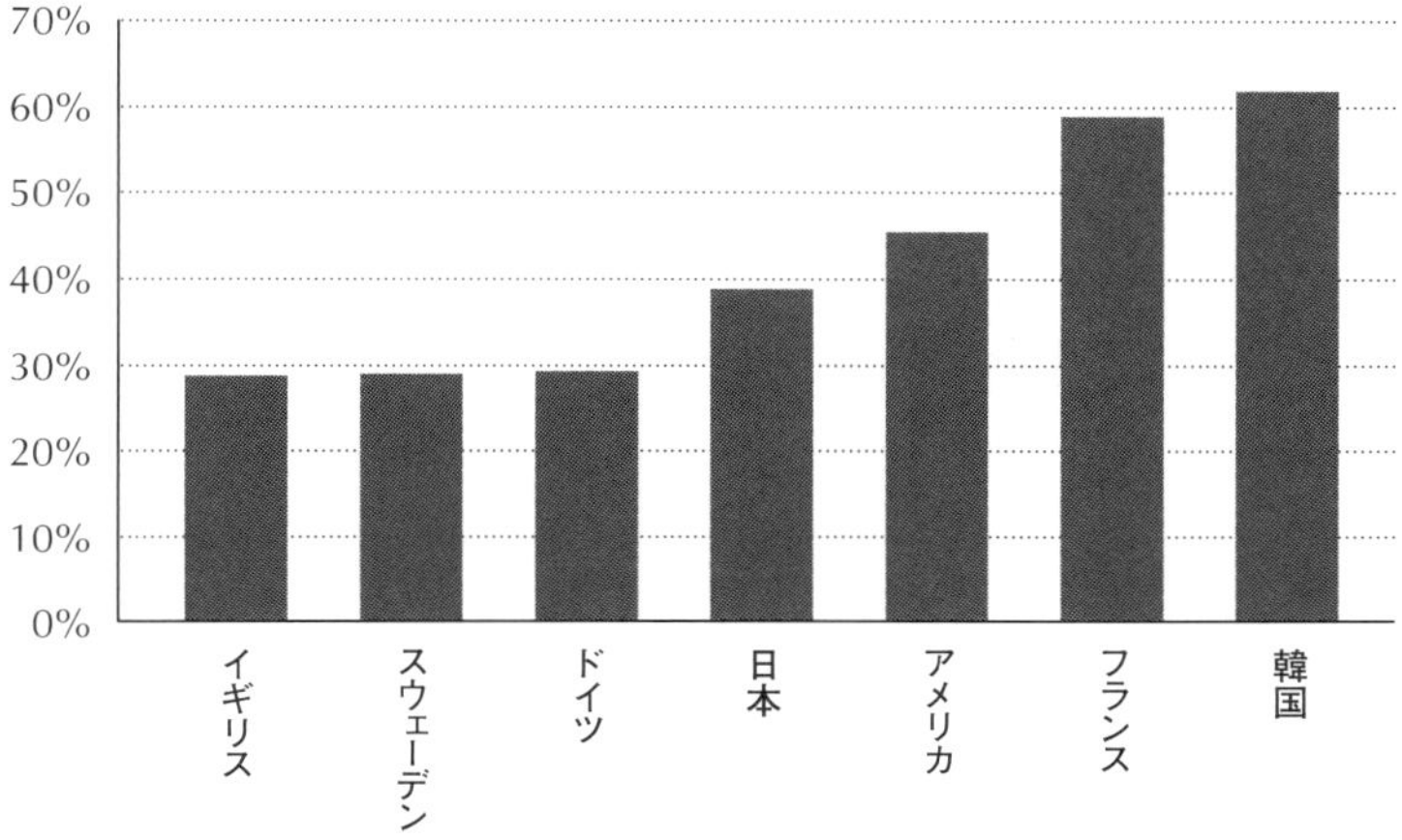

資料：『若者調査』Q30

というよりも、そもそもどういう政治が行われているかをわかっていない、ということではないだろうか。

『若者調査』には、「私の参加により、変えてほしい社会現象が少し変えられるかもしれない」という意見についてどのように考えるか、という質問がある。図表6‐4がその結果であるが、やはり日本は「そう思う」「どちらかといえばそう思う」という回答が7カ国中で最も少なかった。「どちらかといえばそう思わない」と「そう思わない」を合わせた割合は63%にまで達している。他の国々も、前向きに考えている若者ばかりではないが、後ろ向きの回答が半数を超えているのは日本と韓国のみであり、とりわけ日本は目立って

図表6-4　自分の参加が社会を変えられると思う若者の割合

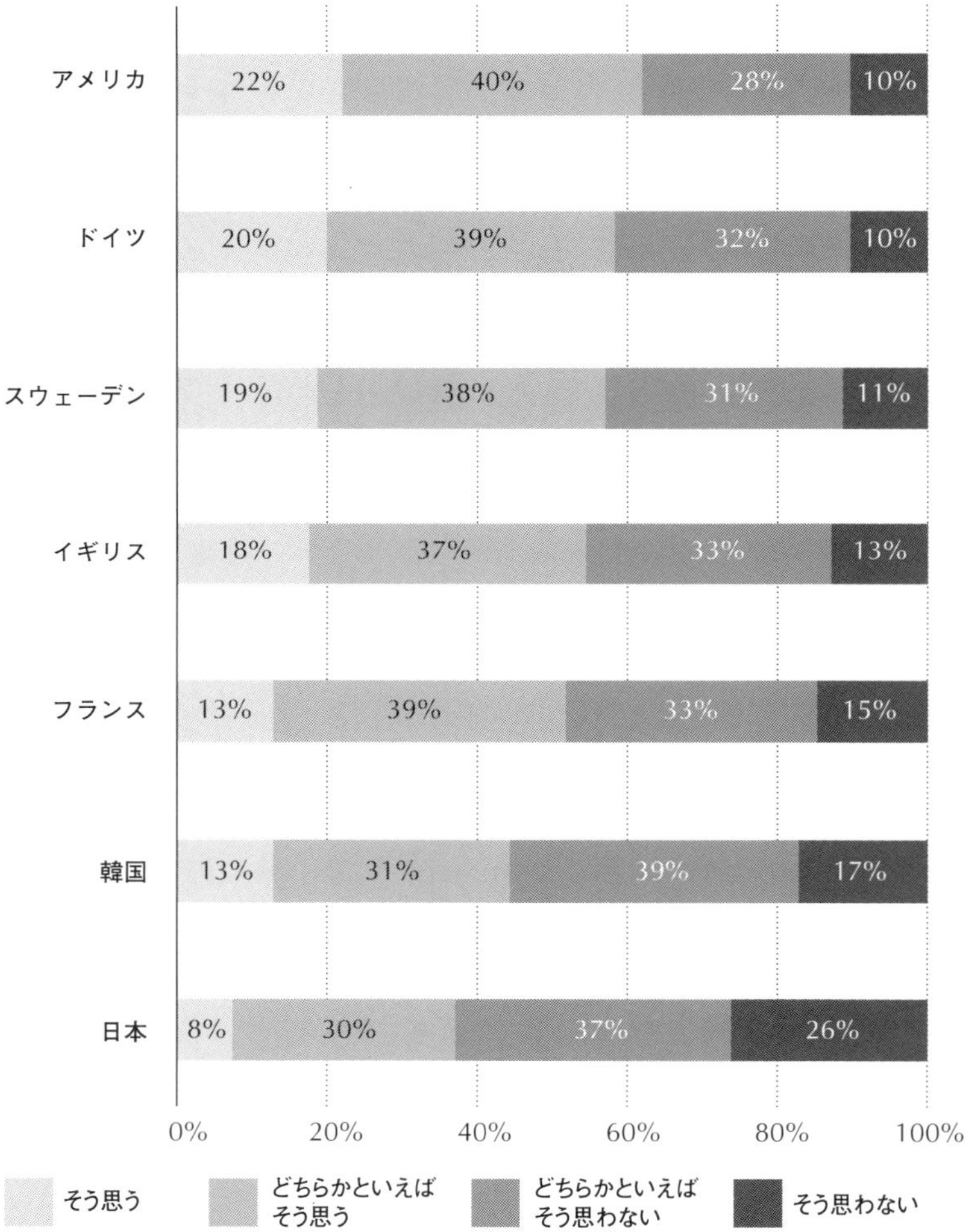

注：「わからない」という回答を除く
資料：『若者調査』Q27

図表 6-5

自分の参加が社会を変えられると思うか否かによる希望度の差

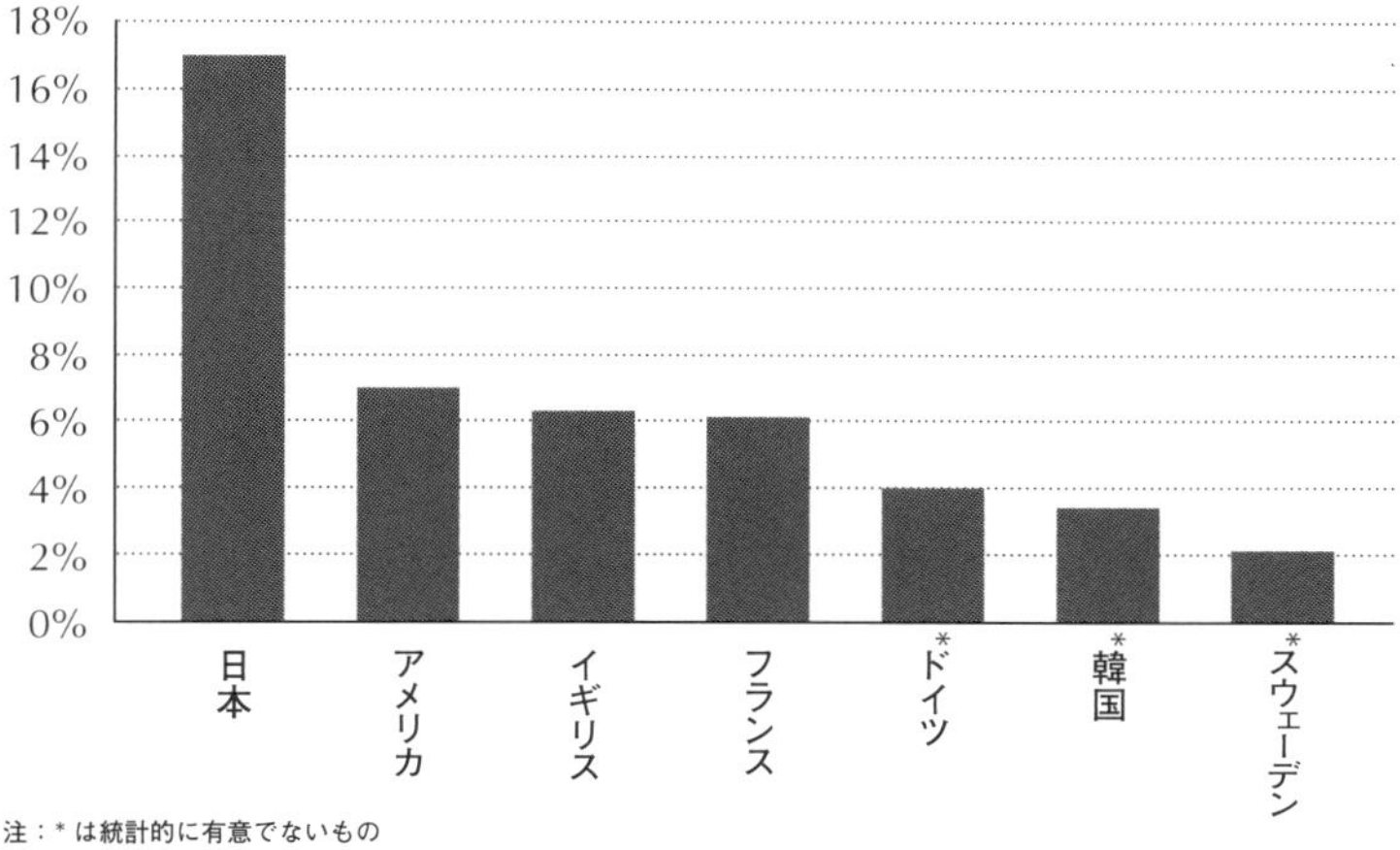

注：* は統計的に有意でないもの
資料：『若者調査』Q7、Q27

いる。

そして図表6‐5に示すように、日本では、この回答の結果と総合的希望の有無との間に、他の国々をはるかに上回る強い相関関係が認められる。日本では、自分の参加によって社会が少しでも変えられると思っている若者と、そうは思っていない若者との間で、希望の持ち方に大きなギャップがある。前者の希望度がずっと高いのである。したがって、若者の政治的リテラシーを向上させて、自分の参加が社会を変えていけるのだと思えるようにし、その無力感を解消することは、彼らの社会への関心の高まりに応えることでもあるし、また彼らの将来についての希望を高めることにもなるはずである。

愛国心の強さは日本がトップ

ところで、最近の若者について、社会や政治に対する関心の高まりとともに気になるのは、彼らの愛国心の高まりである。自分たちの国を愛するからこそ、自分たちの社会の役に立ちたいと思うと考えれば、この2つの現象が同時に起こっているのは、ごく自然な成り行きである。

先に紹介した内閣府の『社会意識に関する世論調査』には、愛国心に関する質問がある。その2014年度の調査結果によると、自分は他の人と比べて国を愛する気持ちが「非常に強い」という人は全年代で16・9%、「どちらかといえば強い」という人は38・5%と、合わせて55・4%に達している。図表6-6はこの15年間の推移を示しているが、少しずつ、しかし着実に上昇しているのが見て取れる。

そしてこの割合を年代別に見ると、20歳代の水準は全年代よりも低いものの、全年代と同じく上昇傾向にあることがはっきりとわかる。一般にどの国においても、若い世代は上の世代に比べて愛国心が弱いといわれており、それは日本の若者にも当てはまるのだが、一昔前に比べれば、若者の愛国心は明らかに強くなっているのである。

このように日本で愛国心が高まりを見せているのは、日本経済の長期低迷や東日本大震災、

図表6-6　自分は国を愛する気持ちが他人よりも強いと思っている人の割合（日本）

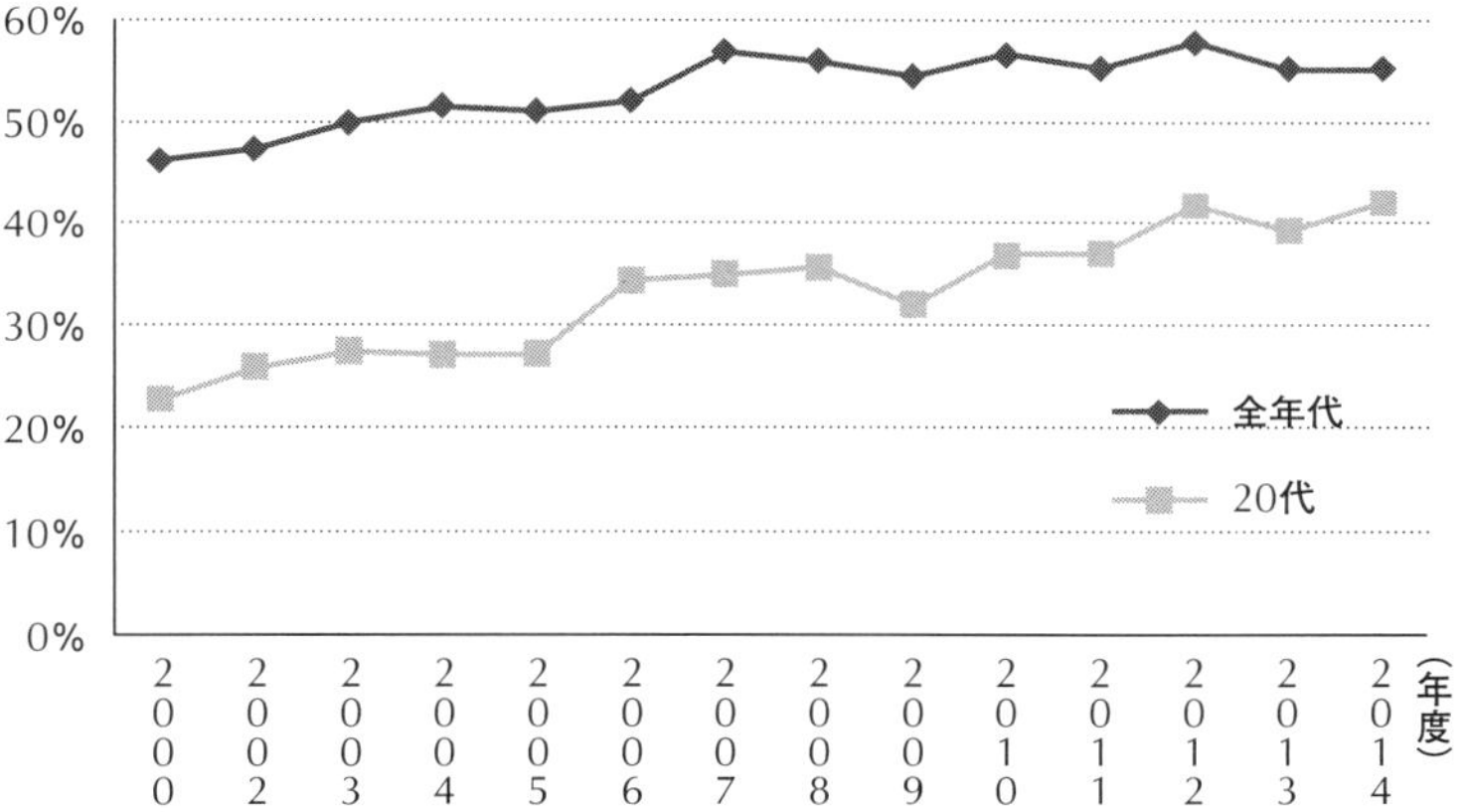

資料：内閣府『社会意識に関する世論調査』、2000～2014年度版

さらに中国や韓国といった近隣諸国との軋轢《あつれき》によって、国民の間の連帯感が強まったことが主な理由であると考えられる。

もともと日本人は、自分たちの文化や社会は欧米とも、他のアジアの国々とも異なるユニークなものであると特別視する傾向があった。しかし最近は、愛国心の強まりによって、それに拍車がかかっている。かつては「ここがヘンだよ、日本人」などの言い回しで、世界の常識から外れていることが強調されることが多かったように思われるが、最近は「スゴイですねニッポン」といった形で、海外から来た人々が日本や日本人の素晴らしさに感心するという体裁の番組が多い。インターネットのニュースサイトを見ても、「人気の記事」欄には、中国人が日本にやってきて日本人の素晴らしさを実感したとか、そういった類の見出しが並ぶ。日本の若者の愛国心が以前よりも強まっているのは、こうしたメディアの影響が大きいのではないかと思う。

それでは、日本の若者の愛国心は、他の国々の若者と比べて強いのか、弱いのか。『若者調査』には、愛国心の強さに関する質問はないが、代わりに自国人であることに誇りを持っているかどうかをたずねている。図表6‐7が、その結果である。各国とも「誇りを持っている」者が大半を占めており、国ごとの差はそれほど大きくないが、その中でも日本が最も高く、ほぼ90%に達しているというのは特筆に値する点である。大多数の日本の若者は、日本人であることに誇りを持っているのだ。

それでは、このように自国に対する誇りを持っていることは、総合的希望と関連性があるのだろうか。図表6‐8がその答えである。調査対象の7カ国の全てにおいて、自国に対する誇りを持っている若者の方が、そうでない若者に比べて、将来について希望を持っている可能性が統計的に有意なほど高かった。そしてその程度が7カ国中で最も大きかったのは、日本であった。国を愛し、誇りに思うことができる若者の方が、そうでない若者よりも、将来について希望を抱いている可能性が、はるかに高いのである。

図表6-7　自国人であることに誇りを持っているという若者の割合

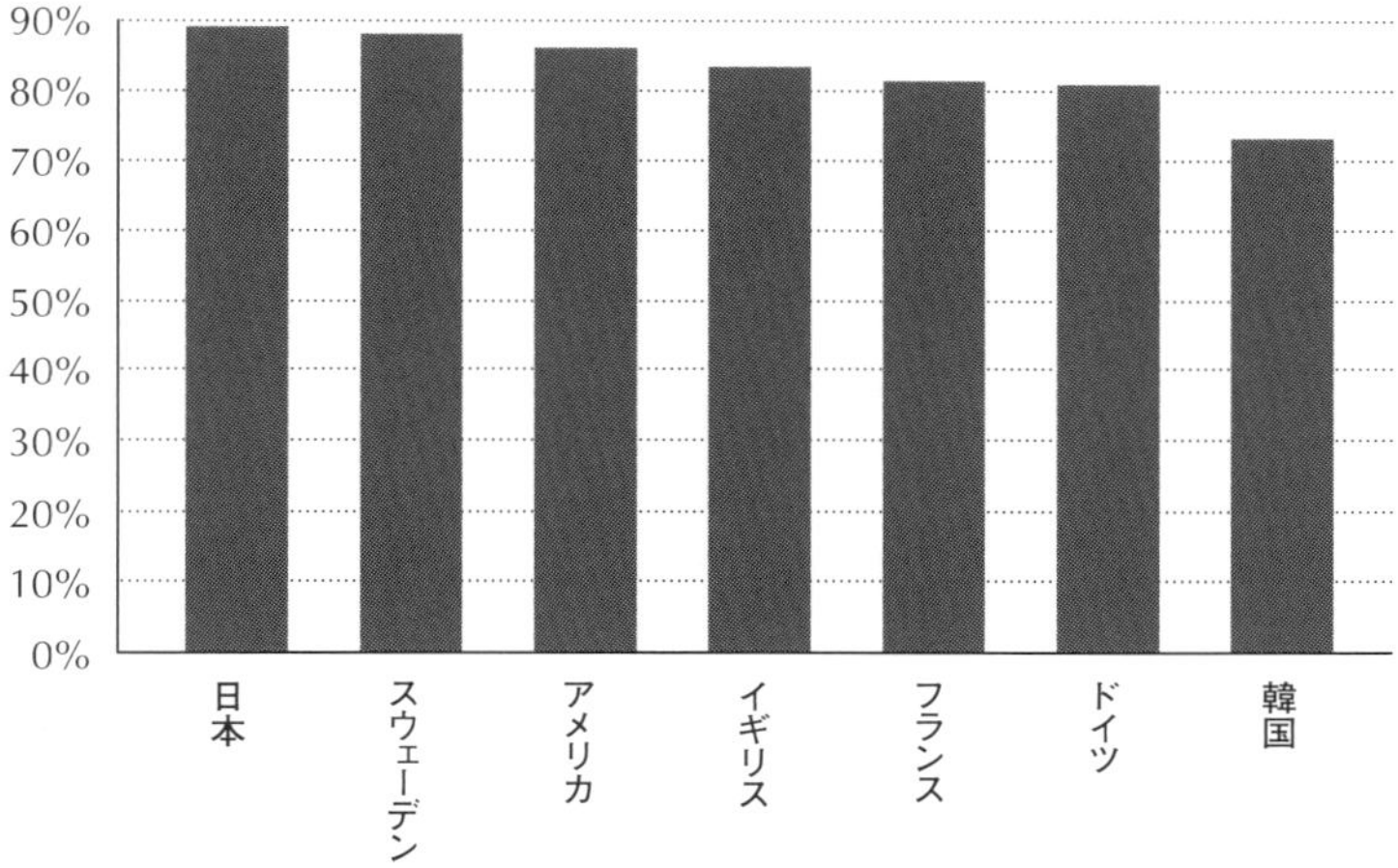

資料：『若者調査』Q25

図表6-8
自国人であることに誇りを持っているか否かによる希望度の差

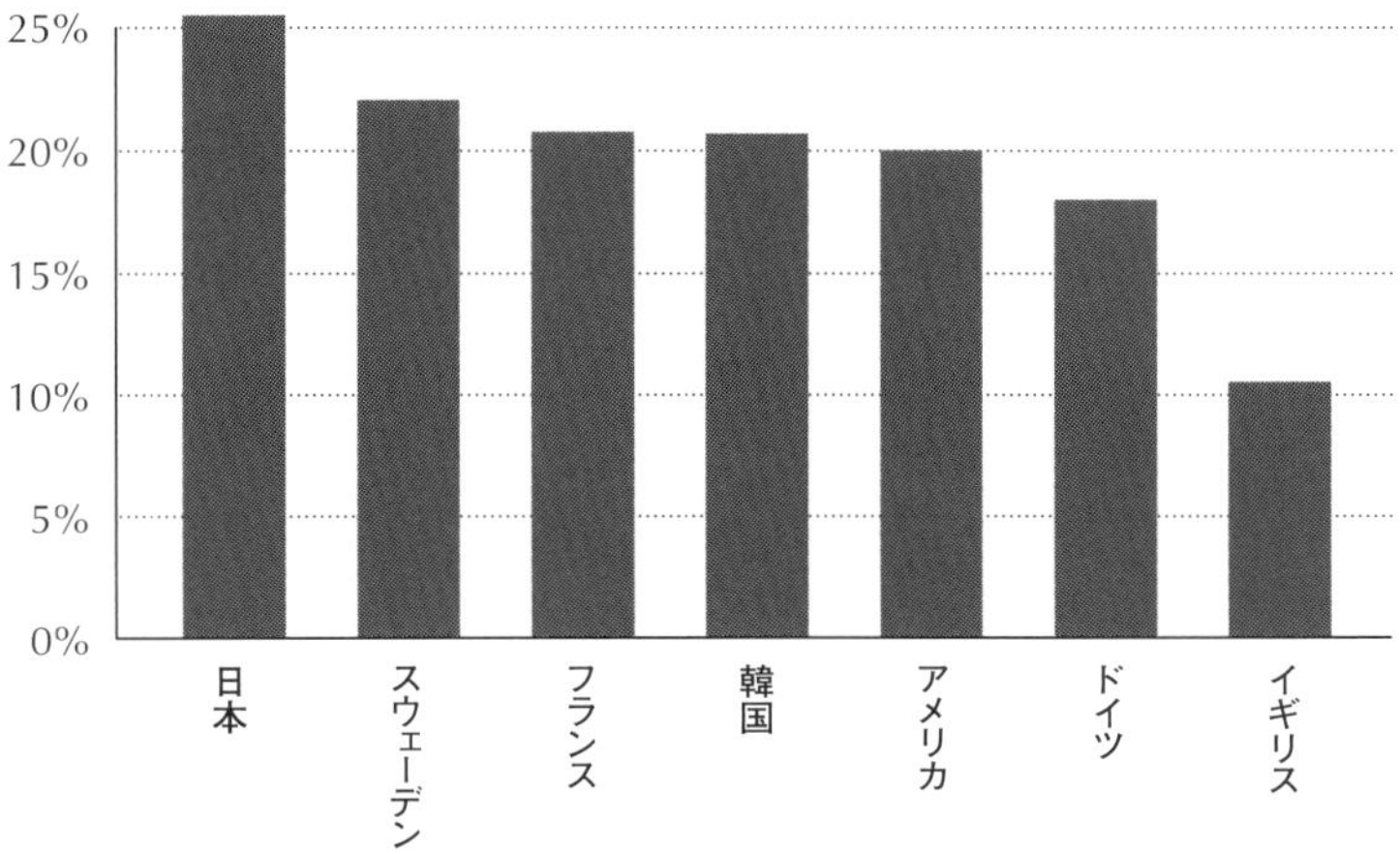

資料：『若者調査』Q7、Q25

若者は日本のどこに誇りを感じているのか

それでは、若者たちは具体的に自国の何に対して誇りを持っているのだろうか。『若者調査』には、これに関する質問もある。図表6‐9が、日本についての結果である。16の項目のうち、最も多かったのが「治安のよさ」(57・2%)で、これに「歴史や文化遺産」(52・6%)、「文化や芸術」(41・2%)、「科学や技術」(37・2%)が続いている。

ちなみに他の国々については、韓国とイギリス、フランスでは「歴史や文化遺産」が最も高く、アメリカでは「科学や技術」が、ドイツとスウェーデンでは「生活水準」が最も高かった。

それでは、それぞれの点を誇りに思うか否かで、総合的希望の持ち方はいかに変わるだろうか。図表6‐10は、それぞれの項目を選択したか否かによる希望度の差が大きい順に並べたものである。

自国で誇れる点として、過半数の若者が選んでいる「治安のよさ」や「歴史や文化遺産」については、それを選んでいる若者の方がそうでない若者よりも希望度が10ポイント以上高い。日本が自他ともに認めるこれらの長所は、やはり日本の若者の希望の持ち方にプラスの影響を与えているようだ。

図表6-9　自国で誇れるもの（日本）

1	治安のよさ	57.2%	10	教育の水準	14.4%
2	歴史や文化遺産	52.6%	11	国民の一体感	8.6%
3	文化や芸術	41.2%	12	社会福祉	7.6%
4	科学や技術	37.2%	13	将来の発展可能性	7.1%
5	国の自然や天然資源	34.0%	14	国際的発言力	4.9%
6	生活水準	27.1%	15	宗教	2.9%
7	自由で平和な社会	23.9%	16	その他	2.0%
8	スポーツ	18.2%		誇れるものはない	3.5%
9	社会の安定性	16.3%		わからない	10.8%

資料：『若者調査』Q24

図表6-10　自国で誇れるものとして選択したか否かによる希望度の差（日本）

1	将来の発展可能性	19.5%	10	スポーツ	8.1%
2	教育の水準	16.5%	11	自由で平和な社会	7.4%
3	国民の一体感	16.0%	12	宗教 *	6.2%
4	治安のよさ	14.2%	13	科学や技術 *	5.4%
5	歴史や文化遺産	11.3%	14	社会の安定性 *	4.6%
6	生活水準	11.2%	15	文化や芸術 *	2.7%
7	国際的発言力 *	9.0%	16	その他 *	-7.6%
8	社会福祉 *	8.7%		誇れるものはない	-46.2%
9	国の自然や天然資源	8.4%		わからない	-18.8%

注：* は統計的に有意でないもの
資料：『若者調査』Q7、Q24

この2つの項目よりも、希望度への影響力が強いのは「将来の発展可能性」「教育の水準」「国民の一体感」の3つである。

これはすでに第2章で論じたことだが、「将来の発展可能性」は、若者の希望に与える影響が大きいにもかかわらず、それを誇りに思っている若者の割合はわずか7・1%と非常に少ない。ここで興味を引くのは「文化や芸術」「科学や技術」との対比である。図表6-9に示したように、自国の誇りとして「文化や芸術」「科学や技術」を選んだ日本の若者はそれぞれ41・2%、37・2%と比較的高い。しかし図表6-10に示すように、これらの項目を選んだ若者とそうでない若者との間で、統計的に有意な希望度の差は見られない。つまり、日本の文化や芸術、そして科学や技術が現状で優れていると認識している若者は多いのだが、それらが彼らの将来についての希望に結びついているわけではないのである。考えてみれば、これはもったいない話だ。文化や芸術、科学や技術という豊かな知的資産を、自国の発展と自らの将来につなげていくような想像力をはぐくむことで、より多くの若者が将来について希望を持てるような社会を築いていくことが肝要である。

2番目の「教育の水準」については、「将来の発展可能性」ほどではないものの、自国の誇れる点として選択している若者の割合は14・4%とかなり低い。

図表6-11　自国の誇りとして「教育の水準」を挙げた若者の割合の推移（日本）

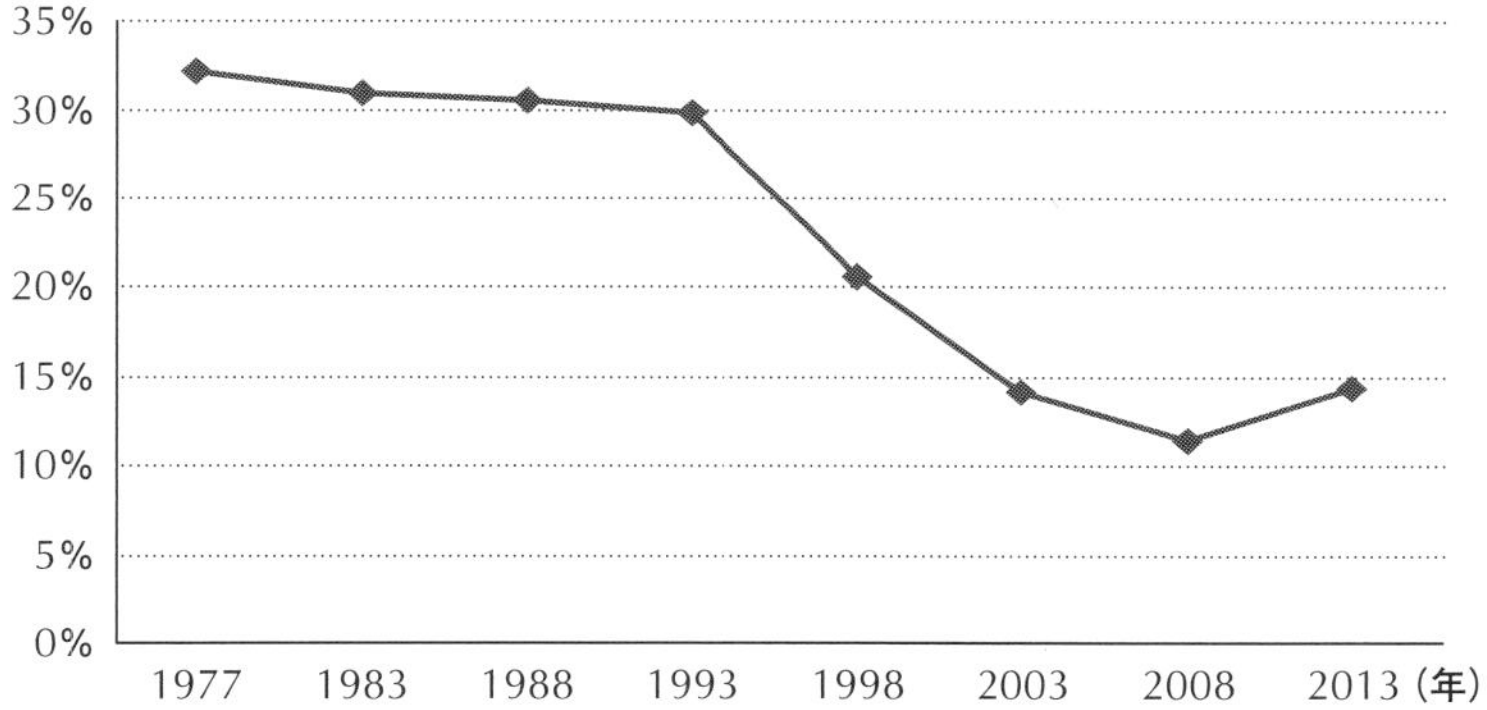

注：調査対象年齢は、1977年から2008年までは18〜24歳、2013年は13〜29歳である。ただし2013年調査のデータを18〜24歳のみで集計し直したところ、ほぼ同じ水準（13.7%）であった
資料：『世界青年意識調査』第2回〜第8回、『若者調査』Q24

実はかつての日本の若者たちは、自国の教育に対して、より高い誇りを持っていた。『若者調査』の前身である『世界青年意識調査』では、すでに1977年の調査から「自国で誇れる点」をたずねている。選択肢の数が途中で変わったこと、また『世界青年意識調査』の調査対象年齢が18〜24歳と『若者調査』とは異なることから、あまり厳密な比較をすべきではないが、自国の誇れる点として「教育の水準」を挙げた日本の若者の割合の推移を示すと、図表6-11のようになる。

1970年代から1980年代にかけては、校内暴力、いじめ、受験地獄といわれる様々な問題が噴出していたものの、エズラ・ボーゲルに『ジャパン・アズ・ナンバーワン』[1]で賞賛されたように、日本の教育が優れていると多くの人が考え、誇りに思っていたようだ。しかしこれは1990年代初頭のバブル崩壊を契機として下降し、現在に至っている。

教育については第4章で扱っているのでここで詳しく論じるつもりはないが、様々な試行錯誤を経て、再び多くの若者が自国の教育に誇りを持てるようにしていかなくてはならない。

最後に「国民の一体感」について考えてみよう。自国で誇れるものとして、日本の若者のうち「国民の一体感」を挙げた者の割合は8・6%と「教育の水準」よりも低い。図表6‐12に示すように、調査対象の他の国々と比べてみても7カ国中第6位と、フランスに次ぐ低水準なのである。

しかしながら、過去の『世界青年意識調査』の結果と比べると、この値はかなり高いことを強調しておきたい。『世界青年意識調査』では、1998年の第6回調査から、自国の誇れるものとして「国民の一体感」という選択肢が加わったが、過去3回の調査では、2・4%(1998年)、1・3%(2003年)、2・5%(2008年)と、極めて低い水準にとどまっていたのである。2008年の調査から2013年の調査にかけての急激な変化は、先に述べた愛国心の上昇と整合性のある話である。

図表6-12

自国の誇りとして「国民の一体感」を挙げた若者の割合

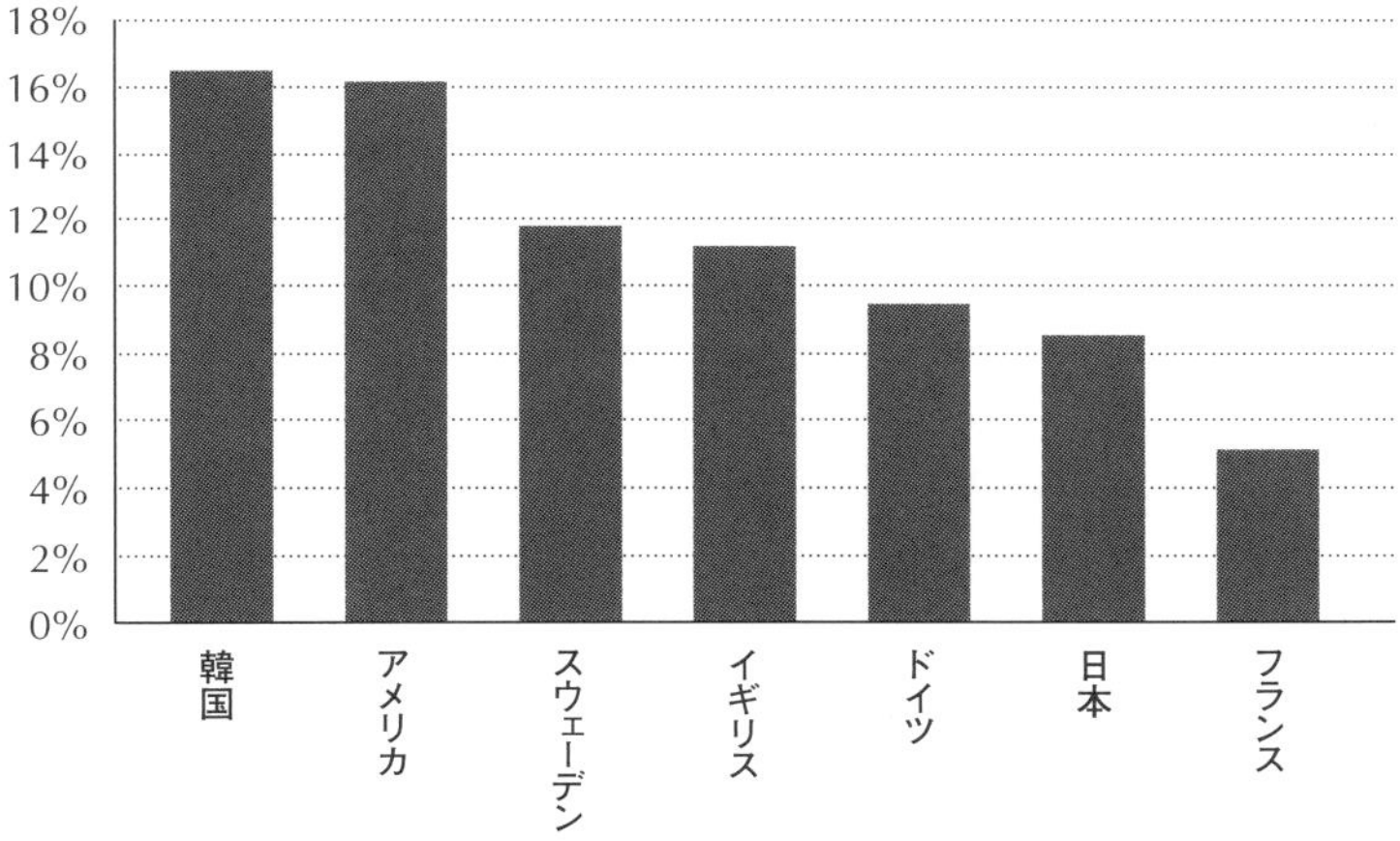

資料：『若者調査』Q24

国際交流こそが希望度を高める秘策になる

このように、国を愛し誇りに思う気持ち、また国民が一体感を持っていると感じ、それを誇りに思う気持ちを持つのは、決して悪いことではない。しかしながら、愛国心の高まりの反面で、気をつけなくてはならないことがある。それは内向き志向の高まりである。日本を愛するのは結構なことだが、そのあまりに、外の世界への興味を失ったり、外国や日本に来る外国人に対して敵対的に振る舞ったりする人が増えるというのは、日本にとって良いことであるはずがない。

最近の若者の内向き志向の高まりについて、

よく引き合いに出されるのが、海外への留学者の減少である。図表6‐13に示す通り、海外への留学者の数は、1990年代前半に急速に増加し、2004年には8万人を超えるに至ったが、その後は減少に転じ、近年は6万人そこそこの水準で推移している。

もちろん、これは内向き志向の高まりだけが原因ではない。とりわけ国内経済の長期低迷により、子どもを留学させるほどの余裕のある家庭が減ったという経済状況の変化は、大きな制約要因となっている。近年は日本国内ですら、子どもを下宿させる費用が出せないため、自宅から通える大学を選ぶ「地元志向」が顕著である。ましてや海外となれば、さらにハードルが上がるのは当然であろう。しかも近年、日本人留学生の主な渡航先であるアメリカの大学の学費が高騰している。私が教えている学生の中にも、海外に興味はあるし英語も十分話せるのに、学費や滞在費が高すぎて留学できないとこぼす者は少なくない。

しかし留学しなければ国際感覚を身に付けられないというわけではない。日本政府観光局の統計[2]によれば、2014年に日本を訪れた外国人の総数は1341万人と、今や日本の総人口の1割を超えている。その気になれば、様々な国の人々と接する機会はいくらでもある。ところが『若者調査』によると、海外の人々と交流する活動を現在している、または以前したことがあるという日本の若者の割合は、わずか9・8%に過ぎない。そして図表6‐14に示すよ

図表 6-13　日本から海外への留学者数の推移（1983 〜 2012 年）

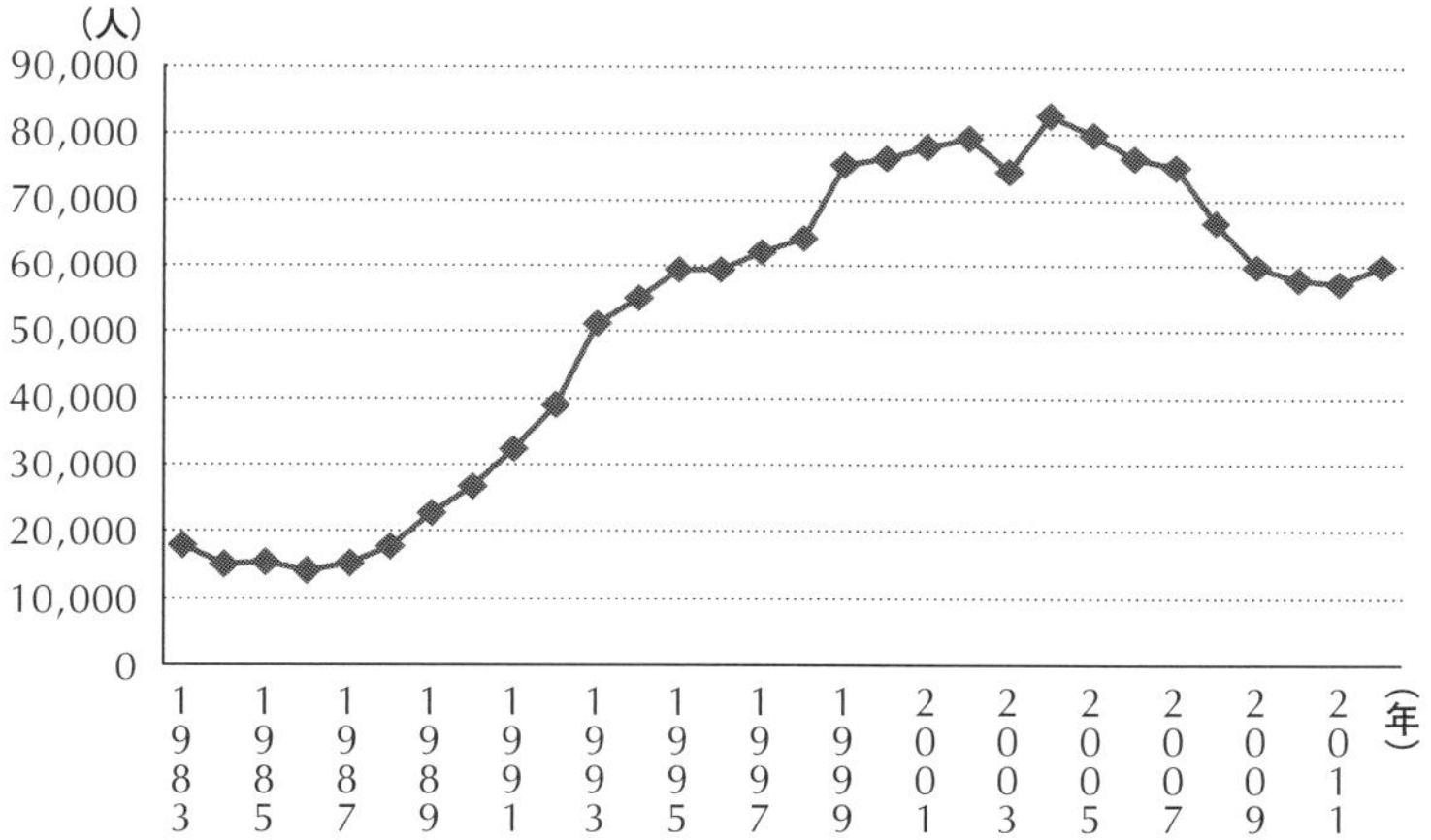

資料：文部科学省「日本人の海外留学状況」、2015 年 2 月

うに、その少なさは諸外国の中で際立っている。欧米の国々では、スウェーデンの86％を筆頭に、軒並み7割以上が様々な機会に外国人とふれあったり、外国にホームステイするといった、何らかの国際交流活動を経験している。それらには劣るものの、韓国においても、およそ3人に1人はそのような活動を経験している。

ここでさらに重要なのは、このような国際交流活動の経験がある若者の方が、他の若者よりも、将来について希望を持っている割合が高いということだ。具体的にいうと、国際交流活動の経験がある日本の若者の中で、将来に希望を持っている者の割合はそれぞれ78・3％であるのに対して、そうした活動の経験がない者の中では59・8％と、20ポイント近いギャップが見られるのである。図表6－15に示すように、他の多くの国々においても、国際交流活動の経験がある者の方が、経験がない者よりも多かれ少なかれ希望度が高いという結果が出ているが、日本ほど大きな差が現れている国はない。

このような相関関係が見られるのは、将来について希望を持っている者の方が、国際交流に限らず様々な課外活動に積極的に取り組む傾向があるということも理由の1つであろう。しかし国際交流活動によって、異なる価値観や文化的背景を持つ人々とふれあい、様々な考え方や可能性があることを知るのは、自らの視野を広げ、将来についての希望を与える効果があるということを、このデータから読み取ることができる。

最近は、小学校から大学まで、様々なレベルで様々な国際交流の機会をつくる努力がなされているのは知っているが、上記の通り、まだまだ諸外国に水をあけられているという現状を鑑みれば、さらに積極的に努力していく必要がある。そしてそのような活動は、社会に貢献するのみならず、自らの視野を広げ、希望を高める働きもあるのだということを、若者たち自身そして周りの大人たちが、しっかり認識しておくべきだろう。

図表 6-14　国際交流活動の経験がある若者の割合

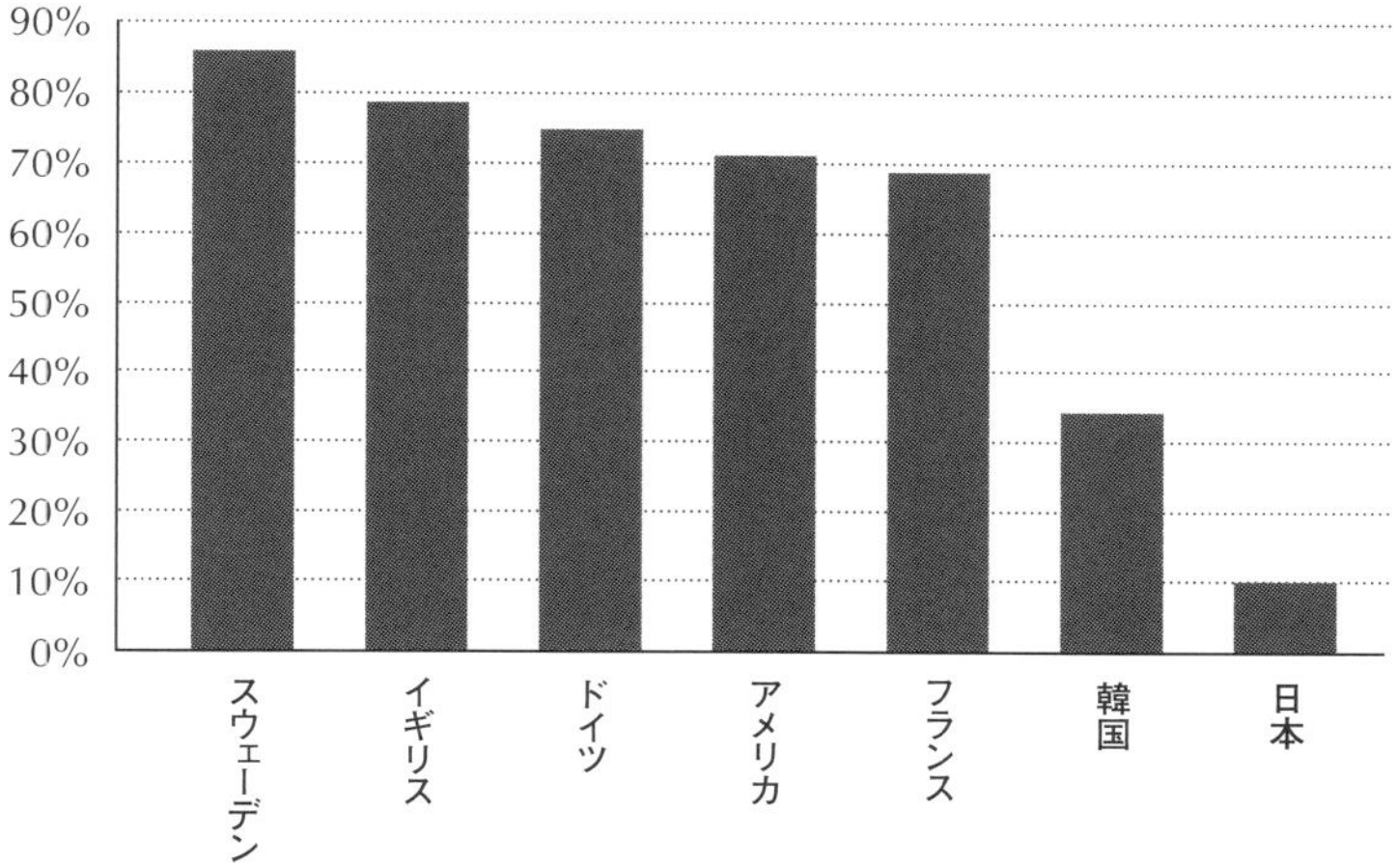

資料：『若者調査』F16

図表 6-15　国際交流活動の経験の有無による希望度の差

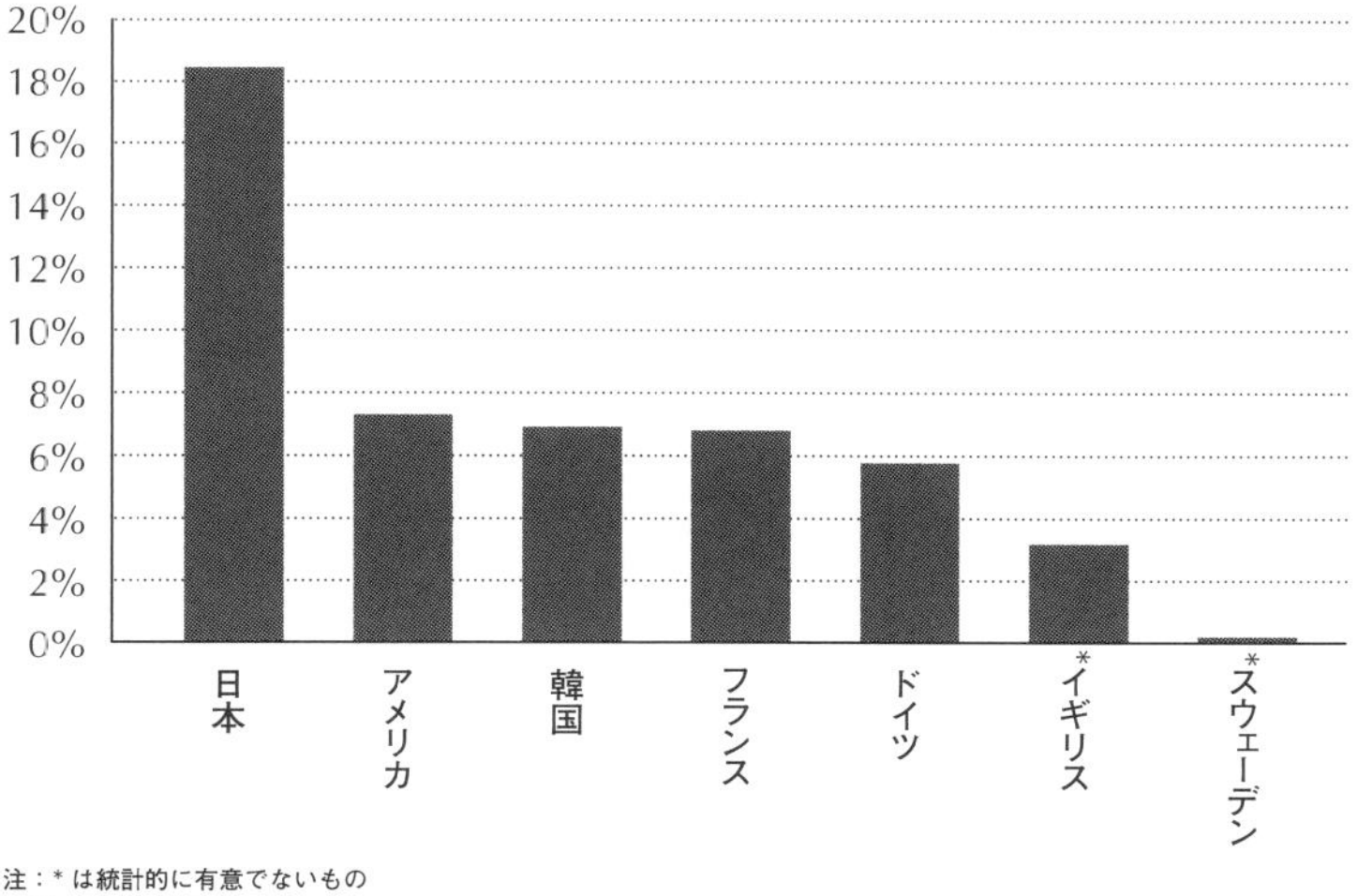

注：* は統計的に有意でないもの
資料：『若者調査』F16、Q7

本章では、最近の日本の若者の社会的関心の高まりから、政治意識、そして愛国心と自国に対する誇り、さらに国際感覚について筆を進めてきた。若者の政治参加をめぐる制度問題については、2015年6月に投票年齢を20歳から18歳に引き下げるという法改正が行われたことで、一段落してしまった感がある。しかし真の意味で若者の政治参加を促すためには、被選挙権の引き下げも視野に入れた、さらなる改正をすべきであるというのが私の意見である。むろん被選挙権が引き下げられたからといって、すぐに若い議員が多数生まれるわけではないが、同じ年代の若者が立候補し、意見を述べるというのが、若者の政治意識を高め、政治的リテラシーをはぐくむ一番の近道である。2015年のイギリス総選挙で、20歳の女子大生が「影の外務大臣」を務めた大物政治家を破って当選したことが日本でもニュースになったが、それを「外国の出来事」として片づけてしまう日本のメディアの感覚が変わっていってほしいと願うばかりである。

＊　＊　＊

日本でも安全保障法案に反対する若者たちのグループSEALDsが注目を集めた。その主張や方法論の是非はともかく、彼らが彼らなりに社会をよくしようという希望を持って行動を起こしていることについては、積極的に評価すべきである。それを上の世代が、頭ごなしに否定したり、したり顔で茶化したり、ネット上で中傷したりするのは、全くいただけない。グループのリーダーが参議院の中央公聴会に立った時に、眠っている議員がいると批判していたが、「良識の府」が聞いてあきれる話だ。

ただしデモの参加者の中には、自分の将来に希望が持てないことの不満を政府にぶつけているだけという人が少なくないのかもしれない。こうした人々は、社会が自分の思うようにならないことでフラストレーションをため、暴走するのではないかという危うさもある。やはり建設的に政治を理解するリテラシーを、多くの人々が身に付けるのは重要なことだ。

ところで、国際感覚を身に付けることと自分の国を愛することは、互いに矛盾するものではない。国際的な視野を広げれば、当然、自国の問題点も見えてくる。しかしそこで自国を卑下したり、あるいは逆に無理矢理正当化したりするのではなく、その認識を踏まえて、自国をさらに良いものにしていく努力をするのが、本当の愛国心であるはずだ。

『若者調査』のデータが示すように、自国を誇りに思うことも、国際交流活動を経験することも、両方とも若者の将来についての希望を高める効果があることを忘れてはならない。日本語では同じ「愛国心」であるが、私たちが追求すべきは、内向きで排外的な「ナショナリズム」ではなく、国際感覚に基づく建設的な「パトリオティズム」なのである。

終　章

若者の希望は
社会に何をもたらすのか

希望は頼りにならないものであるが、
心地よい道を経て、
我々を人生の終わりまで運ぶことだけはしてくれる。
ラ・ロシュフコー（『箴言集』より）

前章までは、経済状況、人間関係、教育、仕事、社会生活といった様々な角度から、日本および諸外国の若者たちが、自らの立場や周囲の環境をどのように理解しているのか、そしてそれが彼らの将来についての希望にどのような影響を与えているのかという論じ方をしてきた。つまり自らの立場や周囲の環境をどのように理解しているかという「原因」に対して、希望の有無を「結果」としてとらえてきた。

本章では、これと逆の見方をしながら話を進めてみよう。すなわち、希望を持つことによって、若者たちの意識はどう変わるのだろうか。日本に希望を持つ若者が増えれば、日本はどう変わるのだろうか。

希望とやる気

第2章では、経済環境と希望について論じた。そこでは自分や社会の経済状況に不安や不満がある若者は、将来についての希望を失いやすいことを示した。それでは、将来について希望が持てない若者が増えると、日本の経済はどうなるのだろうか。

『若者調査』には、心の状態についてたずねる質問がある。その中に、あなたはこの1週間の間に、つまらない、やる気が出ないと感じたことがあったか、というのがある。これに対して「あった」「どちらかといえばあった」と回答した日本の若者の割合を、将来に希望があるグループと、ないグループに分けたところ、前者が74％に対して後者が81％と、統計的に有意な水準で違いがあった。つまり将来に希望を持っていないグループは、日常生活においてやる気が出ない可能性が、より高いのだ。

ちなみに日本人の若者全体でやる気が出ない気分になった者の割合は77％。図表7-1に示すように、これは他の国々に比べて非常に高い。日本では、将来に希望があってもやる気が出ない気分に襲われる者の割合はもともと高いが、希望のなさがそれに拍車をかけているようだ。

やる気についてはもう1つ、自分が「うまくいくかわからないことにも意欲的に取り組む」人間であると思うかという質問がある。図表7-2に示すように、日本の若者のうち、この質問に「そう思う」と回答したのはわずか9％で、「どちらかといえばそう思う」と合わせても52％と、他の国々と比べて非常に低い。そして日本の若者について、将来について希望を持っているか否かとの関係を見ると、将来について希望がないというグループで自分が意欲的な人間であると回答した人の割合が30％であるのに対して、将来について希望があるというグループでは66％と、その差は明白である。

図表7-1　この1週間に「つまらない、やる気が出ないと感じたこと」があったという若者の割合

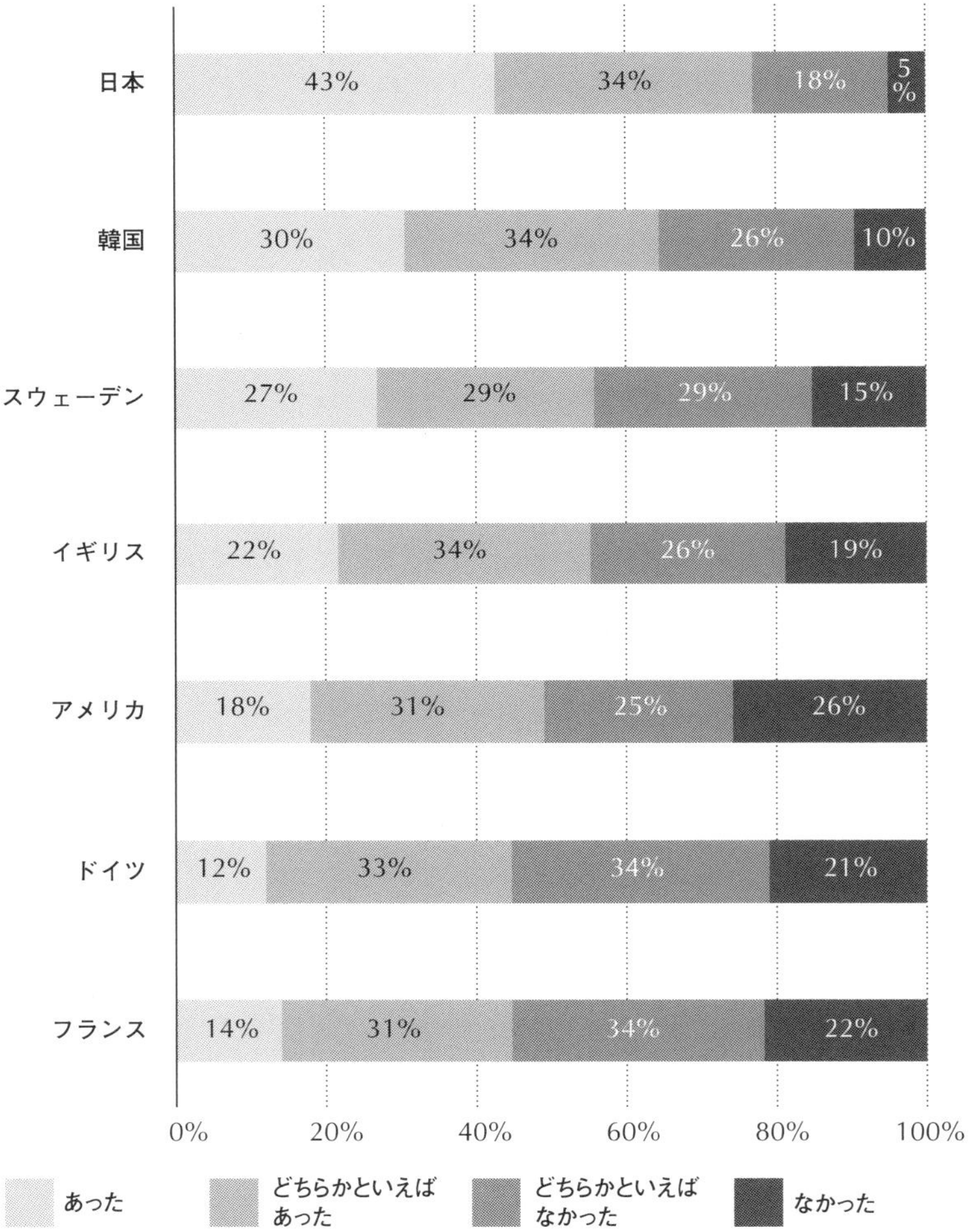

資料：『若者調査』Q4

図表7-2　自分は「うまくいくかわからないことにも意欲的に取り組む」と思う若者の割合

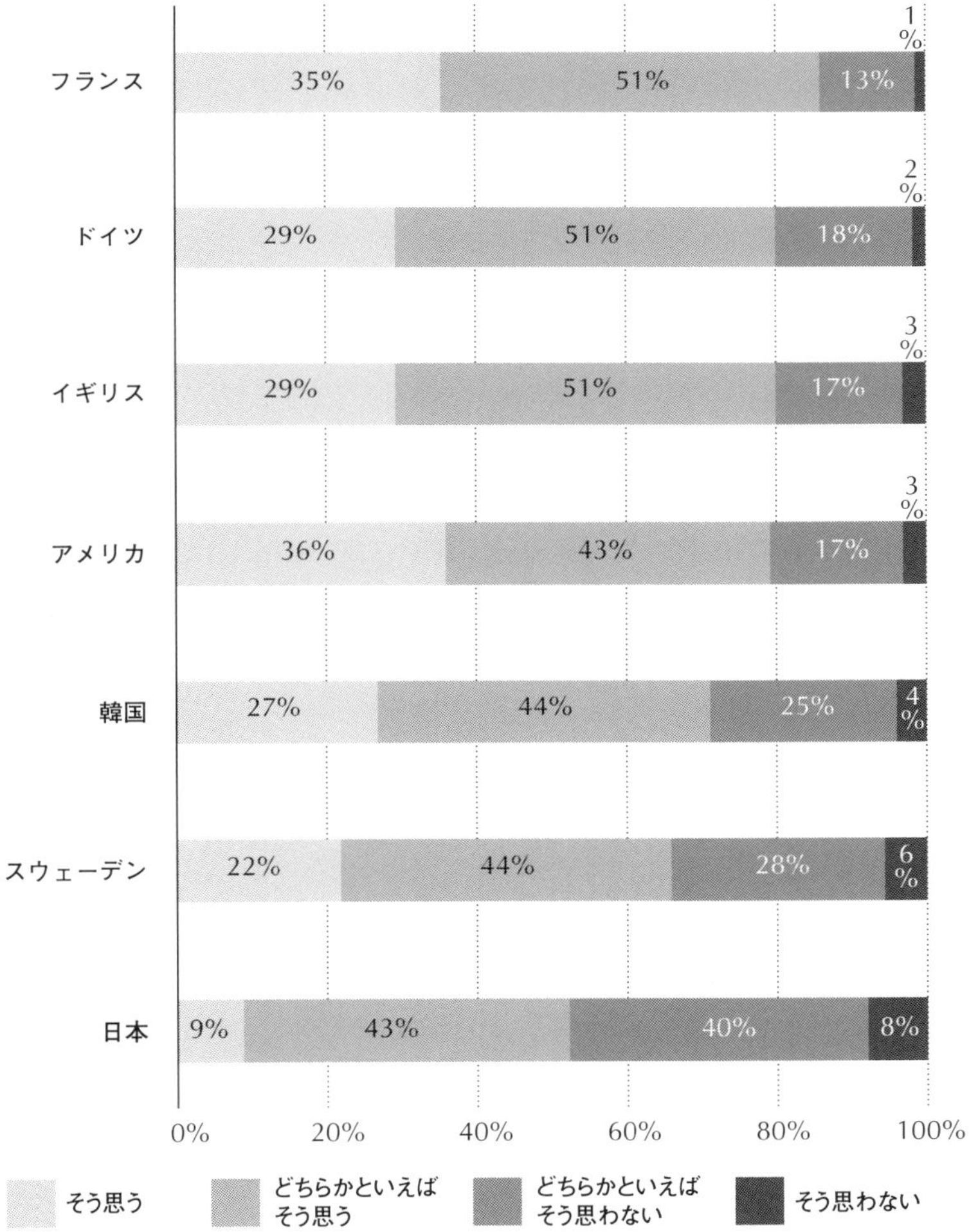

資料：『若者調査』Q1

つまり将来について希望を持っている若者は、くじけにくいし、チャレンジ精神が旺盛なのだ。逆に言えば、将来について希望を持てない若者は、つまらない、やる気が出ないと日頃感ずることが多く、うまくいくかわからないことにはチャレンジしない。もしも世の中がそんな若者ばかりになってしまったら、経済活動はさらに低迷し、その結果、次の世代の若者たちが、さらに希望を失っていくことになりかねないのである。

若者の希望がつくる将来の家庭

第3章では、家庭内に争いがない、また親の愛情が十分に感じられるなど、家庭生活に満足していること、また仲の良い友人が多く、人生のパートナーがいることが、より高い希望につながることを示した。

ここでは逆に、希望を持つことが、若者の描く家庭の将来像にいかなる影響を与えるのかを考えてみよう。もし多くの人が、結婚したい、子どもが欲しいと願っており、将来に希望があれば、その願いを実現しようとするのではないか。逆に、将来に希望がなければ、そのような願いを持つことを諦めてしまうのではないだろうか。このことをデータによって証明できるかどうか、調べてみよう。

『若者調査』には、結婚すべきと思うかどうかという、結婚観に関する質問がある。まだ結婚していない若者について、将来についての希望の有無が、この結婚観にいかなる影響を与えているかを示したのが、図表7‐3である。これによると、将来に希望のあるグループでは「結婚すべき」が20％、「結婚したほうがよい」が57％であるのに対して、将来に希望のないグループではそれぞれ14％、40％と、割合がぐっと低くなる。

さらに図表7‐4に示すように、将来、欲しい子どもの数についても、希望の有無によって明確な差が見て取れる。将来に希望のあるグループでは、子どもを3人以上欲しいという回答の割合が28％に及んでいるが、これと対照的に、希望のないグループでは「子どもは欲しくない」という回答の割合が25％とかなり高い。将来に希望のない自分には、どうせ結婚相手も見つからないから、子どもなんて初めから望まない、ということだろうか。あるいは、自分が将来に希望を持っていないのに、その将来を生きなくてはならない子どもをつくるなんてとんでもない、ということだろうか。

いずれにしても、これらの結果から言えることは、若者は将来に希望がある方が、結婚や子づくりに対して積極的であるということだ。つまり極端なことを言えば、より多くの若者が希

図表7-3
希望の有無別に見た、結婚に対する考え方（日本、未婚者）

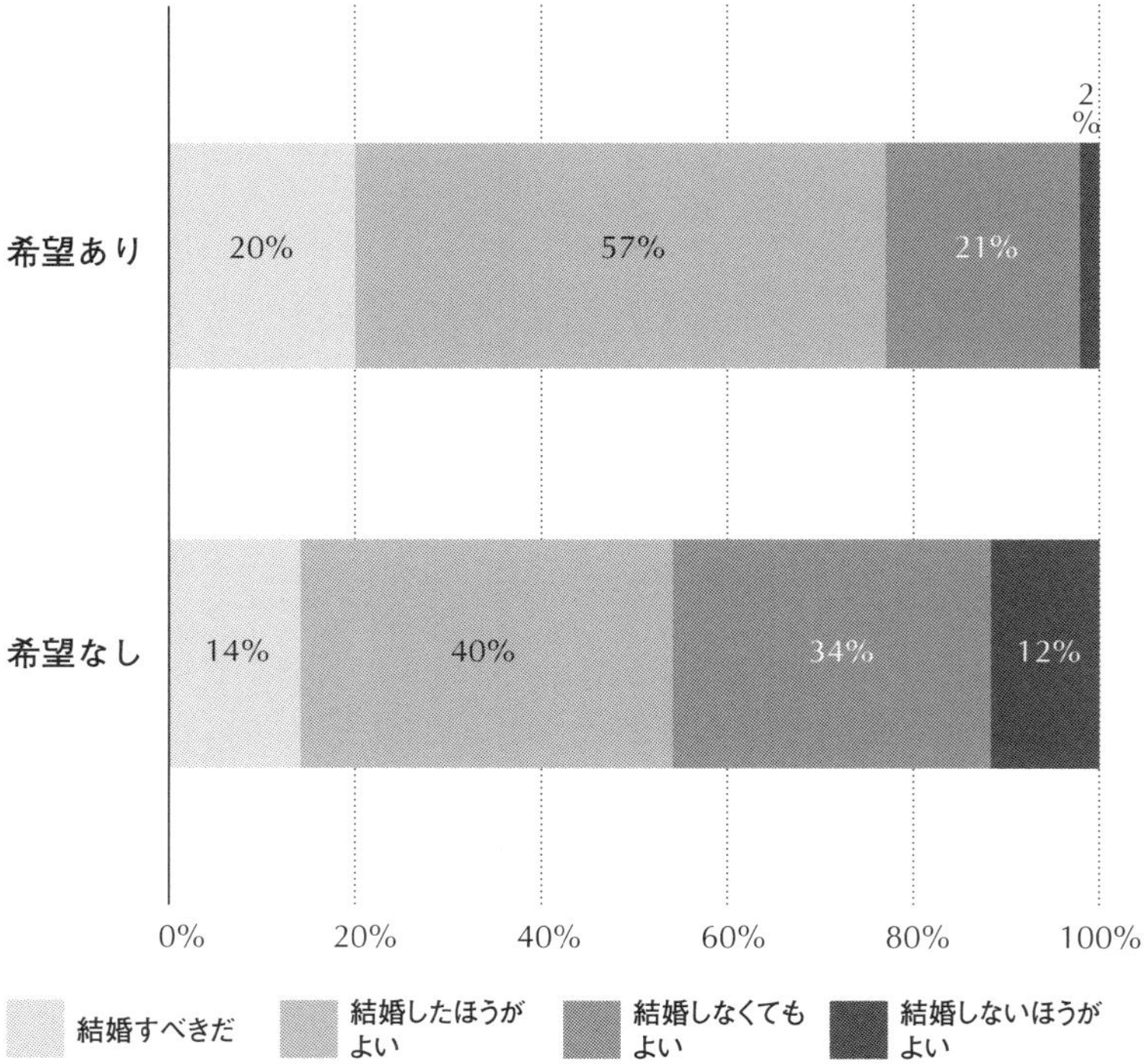

注：「わからない」という回答を除いている
資料：『若者調査』F3、Q7、Q19

図表7-4
希望の有無別に見た、欲しい子どもの数（日本）

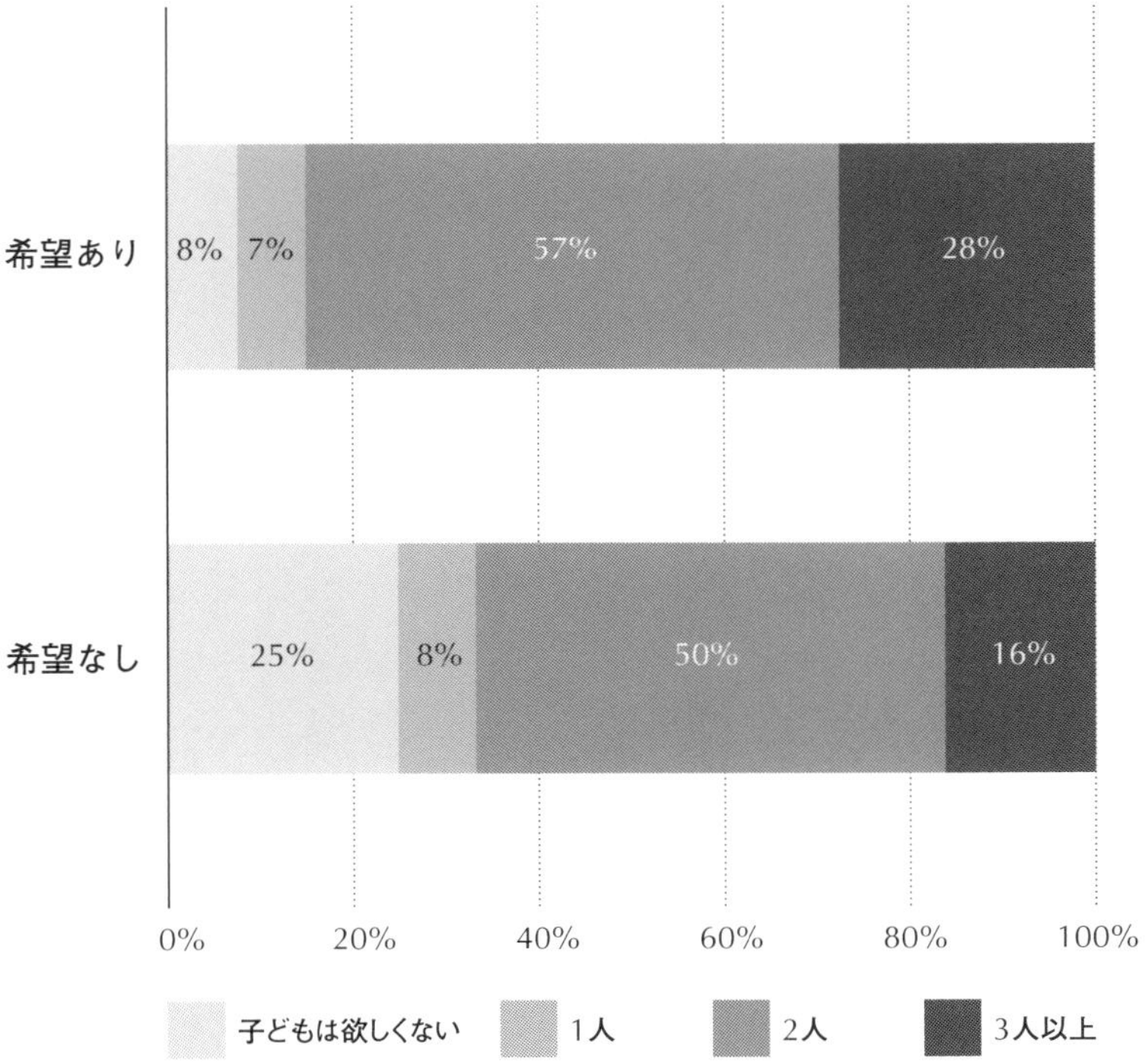

資料：『若者調査』Q7、Q22

望を持つようにすることは、少子化対策にもなりうるということなのである。

積極的進学へ、大学の意義が変わる

第4章では、学歴によってどのような希望の差や将来像の違いがあるか、若者が学校の意義をどのようにとらえているのかについて分析した。そこでは、教育システムが希望の持ち方にどのような影響を与えているかが主な論点であった。

それでは、逆に希望の持ち方が教育システムのあり方に影響を与える場面としては、どのようなものがあるだろうか。1つ思い浮かぶのは、進学の意義である。大学や大学院への進学率が上がり、将来に希望があろうがなかろうがとりあえず進学する者は多いが、その機会をどのように活かしていくかには、将来についての希望の有無が関わってくると考えられるからだ。

『若者調査』では、進学したいと考えている中学生・高校生に対して、その進学の目的をたずねている。図表7-5は、その回答結果を、将来に希望があるという者とないという者とで分けて示したものである。

これによると、希望の有無にかかわらず「学歴や資格を得る」が最も高く、以下「専門的な

図表 7-5
希望の有無別に見た進学の意義（日本、中学・高校在学者）

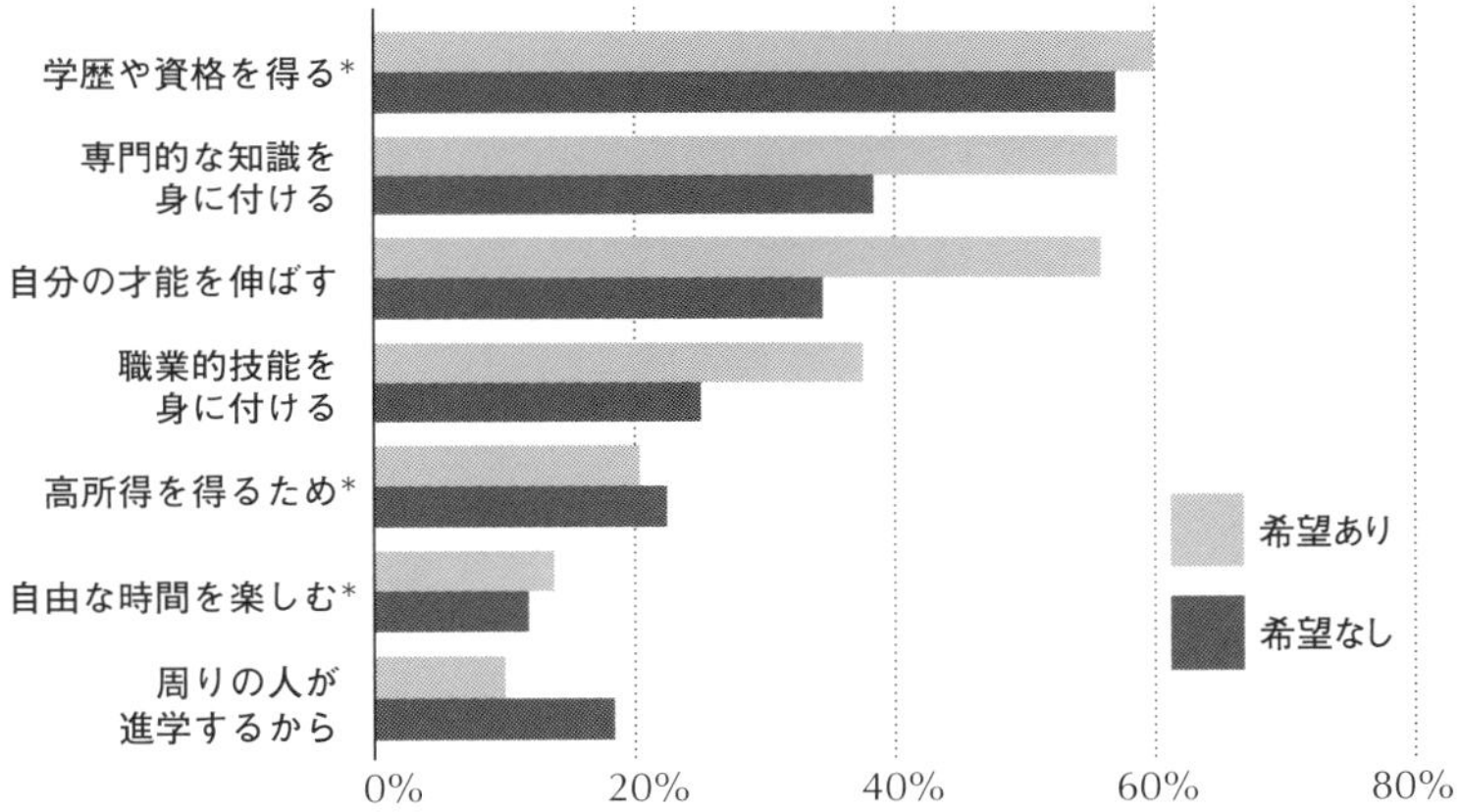

注：* は希望の有無で統計的に有意な差が見られないもの
資料：『若者調査』Q7、Q53

知識を身に付ける」「自分の才能を伸ばす」という順序は変わらない。しかし「専門的な知識を身に付ける」と「自分の才能を伸ばす」については、希望がある者とない者との間に、非常に大きな差があることがわかる。次の「職業的技能を身に付ける」においても、希望の有無による差が比較的はっきりと現れている。つまり将来に希望を持っている若者の方が、本来、大学が果たすべき機能を利用する意向が強いと考えられるのである。

これに対して「高所得を得るため」「自由な時間を楽しむ」といった、教育とは直接関係がない部分での機能については、希望の有無による差が見られない。また「周りの人が進学するから」という、極めて消極的な理由で進学を考えている者の割合は、将来に希望を持たない若者の方が多い。このような結果は、事前にある程度は予想できるものであったが、こうしてデータで示されると、やはり説得力がある。

将来に希望がなく進学してきた若者が、大学のメリットを存分に活用しないまま卒業していくのは、残念な話である。大学は、単に学びを提供するだけでなく、若者に希望を持たせるような積極的な動機づけの方策を考えていく必要があるだろう。現在、国公立大学の文系学部の統廃合や大学のカリキュラムにおける職業教育の充実といったことが議論の俎上《そじょう》に載せられているが、単純に職業訓練校化を進めるのも、大学の学問を聖域化して旧態依然の体制を守ろうとするのもおかしな話である。若者に希望を持たせるために大学がどうあるべきなのか、私は現場を預かる者の1人として、その道を探っている。

興味と能力に基づいた仕事選びへ

第5章は、若者の就業状況と希望の関係に始まり、失業や転職が希望にどう関わってくるのか、職場への満足度は希望にどの程度の影響力があるのかといったことについての分析を行った。

先に将来についての希望の有無によって進学の目的が異なることを示したが、それと同様に、仕事に対して求めるものも、希望を持っている者といない者との間で変わってくるのではないだろうか。

『若者調査』では、仕事に関する14の項目を設けて、仕事を選ぶ際に重視するものは何かをたずねている。その回答結果を、将来への希望の有無によって分けたのが図表7‐6である。まず日本の若者に限らず多くの人々が、仕事を選ぶ際に最も重視する「収入」「仕事内容」「労働時間」「職場の雰囲気」の4つの項目については、将来への希望がどうあれ、高い割合を示している。しかしその他の項目の中には、将来について希望を持っているかどうかで、重視のされ方がかなり異なるものが見られる。

希望のある若者によって重視されている項目は、「自分を生かす」「自分の好きなこと・趣味を生かせる」「専門的な知識・技能を生かせる」「能力を高める機会がある」の4つである。ここからわかるのは、将来に希望を持っている若者が仕事を選ぶ際には、自分の興味や能力との相性を、より重視しているということだ。またその反面で、希望のない若者は希望のある若者に比べて、重視すべき項目が「わからない」という回答の割合が高いことにも注目すべきであろう。

かつての終身雇用制度が揺るぎない頃であれば、とりあえず入社した会社で一生懸命働けば、途中で解雇される心配もなく、定年まで安定した生活を送ることができたであろう。しかしそのような期待をすることは、もはやできない。他の先進諸国のように、転職しながらキャリアアップを進めていく働き方が今後主流になっていくとすれば、「わからない」ではなく、自分の興味や能力との相性を重視して仕事を決める若者を、もっと増やす必要がある。最近、学校の学びと社会との関連付けを目指す「キャリア教育」が小学校から大学まで様々な形で実施され始めているが、少なくとも大学においては、そこに全てを委ねるべきではない。最も基本的で、かつ最も大切なことは、自分の興味や能力が何なのかを自分に問いかけ、その答えを導くことであり、それは他の全ての授業を通じて行われるべきである。

政治に関心を持ち、国の役に立つ人が増える

第6章では、若者の社会意識の高まりから政治的関心と政治的無力感について論じ、さらに愛国心と希望、自国への誇り、さらに国際感覚と希望との関係について分析を進めた。

図表7-6　希望の有無別に見た仕事で重視する点（日本）

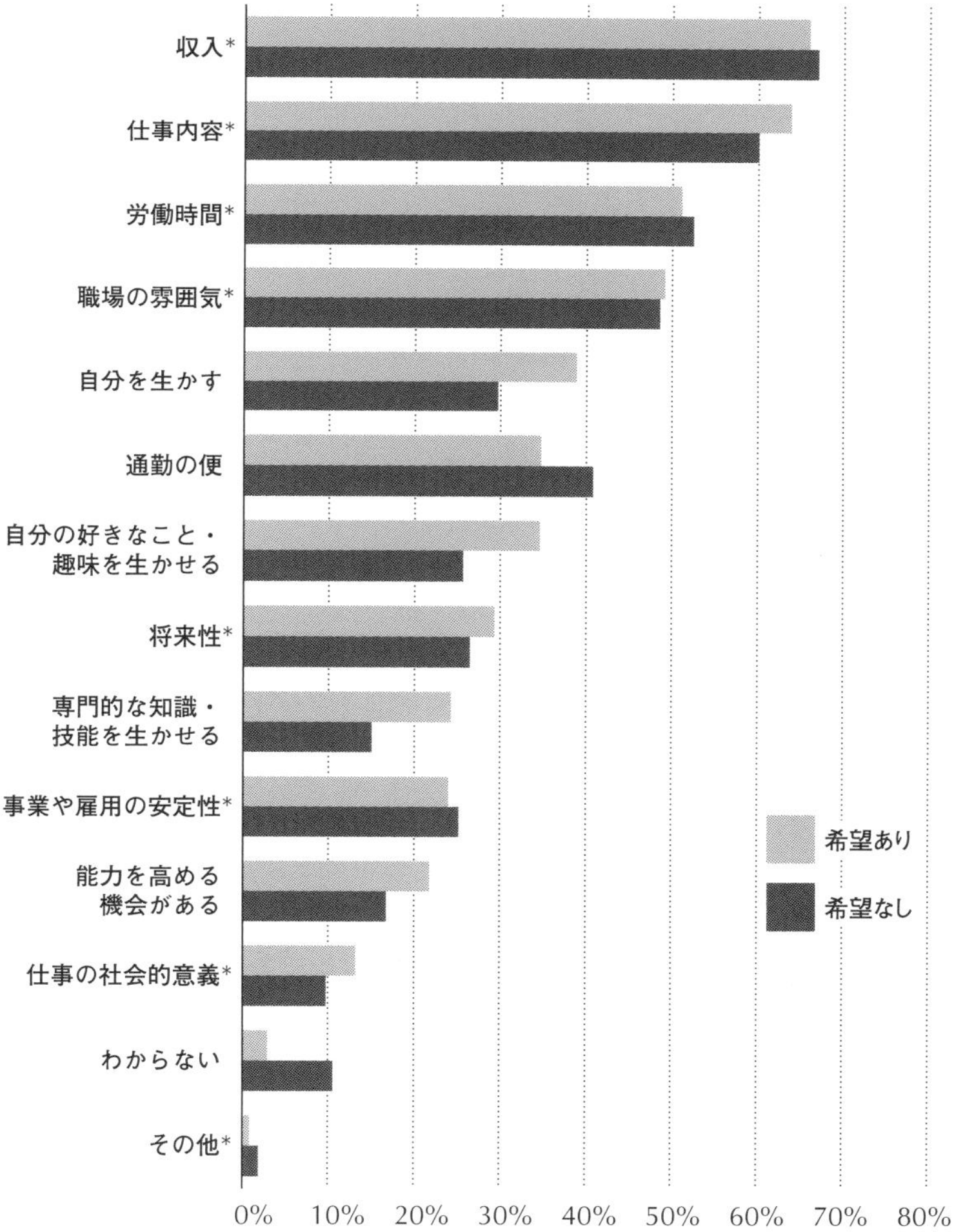

注：* は希望の有無で統計的に有意な差が見られないもの
資料：『若者調査』Q7、Q46

そこでは政治的関心と希望との関係を示さなかったが、それは、政治的関心が高いからといって、必ずしも将来に希望を持つようになるわけではない、むしろ政治的関心が高く、政治について詳しく知っていれば、将来に希望を失うことさえある、と考えたからである。しかし逆に、将来に希望があれば、将来の社会を形づくる基礎となる政治に対して関心を持つだろうと考えるのは、決して不自然ではないので、「将来に希望を持っていれば、政治的な関心が高まる」という因果関係は想定することができる。

そこで、そのような関係が成り立つかどうかを調べたのが図表7‐7である。これによると、政治に対して非常に関心がある若者の割合は、将来に希望があってもなくてもあまり変わらないが、希望があるグループの方が「どちらかといえば関心がある」という回答の割合がぐっと高まる。その結果、全体では関心があるという回答は5割そこそこであるが、希望があるグループに限ってみると6割近くにまで達することがわかる。

希望が若者の社会意識にもたらす効果として、もう1つ、自国への奉仕意識を見てみよう。図表7‐8がその結果であるが、将来に希望を持っている若者の中で、自国に役立つと思うようなことをしたいと考える者の割合は63％と、希望を持っていないグループの割合（40％）を大きく引き離している。やはり政治に対する関心と同様に、将来に希望を持っているからこそ、

図表7-7
希望の有無別に見た、政治に対する関心度（日本）

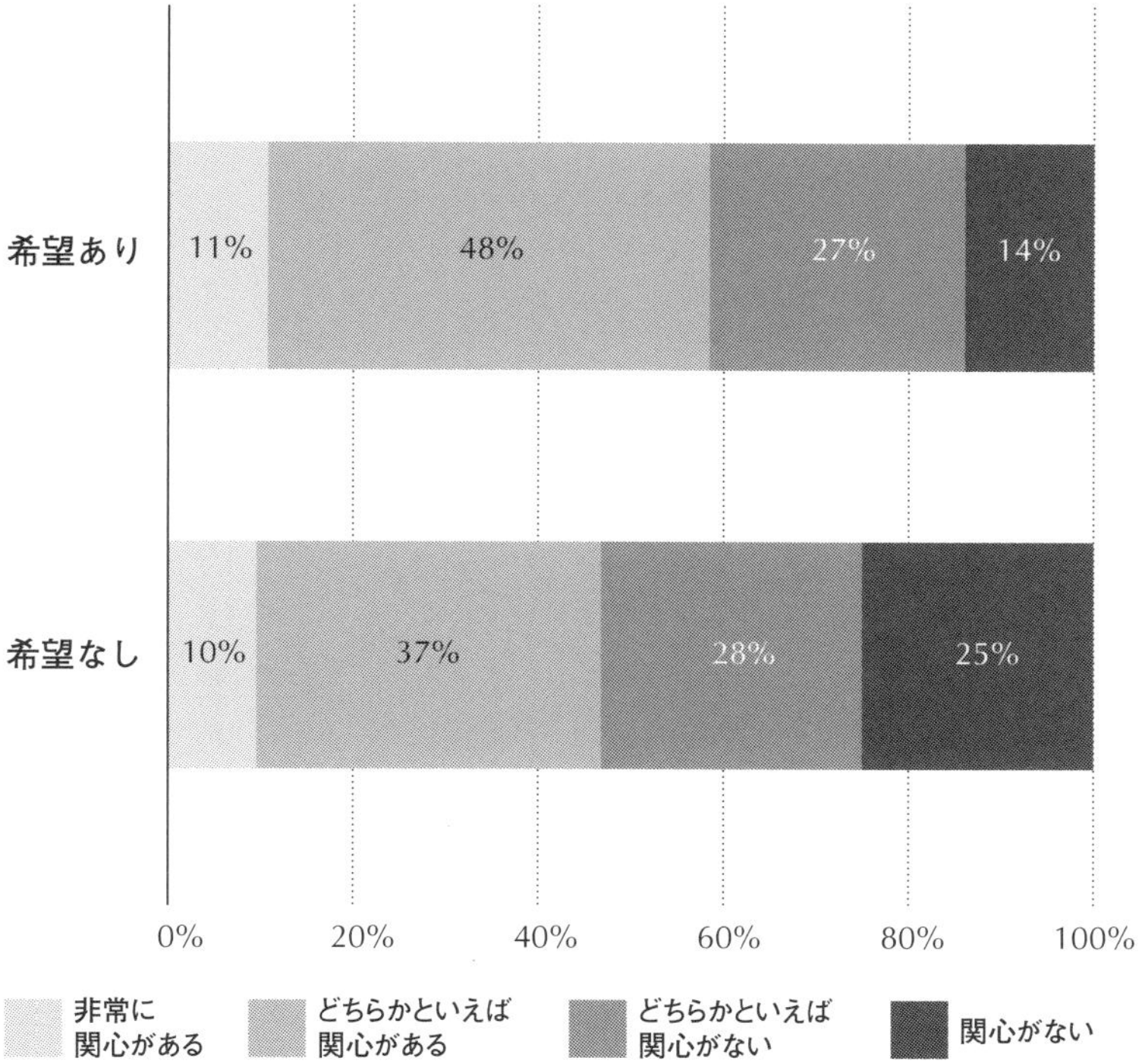

注：「わからない」という回答を除いている
資料：『若者調査』Q7、Q26

今の社会を良くして将来につなげていきたいという意識が高まると見てよいだろう。

日本の問題点が凝縮した若者の自殺率の「大人化」

以上の分析結果から、将来について希望を持っている若者は、やる気とチャレンジ精神を持ち、結婚して子どもを多く持とうと考え、高等教育機関で積極的に学び、自分の興味と能力に基づいて仕事を選び、政治に関心を持ち、積極的に自国の役に立とうと考える傾向があることがわかった。いうまでもないが、そのどれもが、今の日本にとって必要とされていることである。

ひょっとすると、一昔前の日本においては、若者が将来に希望を持つかどうかはあまり重要ではなかったのかもしれない。結婚して多くの子どもを持つのは「ごく当たり前のこと」であって、個人の選択の余地がそれほど大きかったわけではない。大学で遊びほうけていたとしても、また自分の適性をあまり真剣に考えなくても、そこそこの会社に入ってそこそこ安定した生活を送ることができた。政治についても、自分が積極的に関与しなくても誰かが適当にやってくれた。そうやってこの国は発展し、何とかなってきた。

図表7-8
希望の有無別に見た、自国への奉仕の態度（日本）

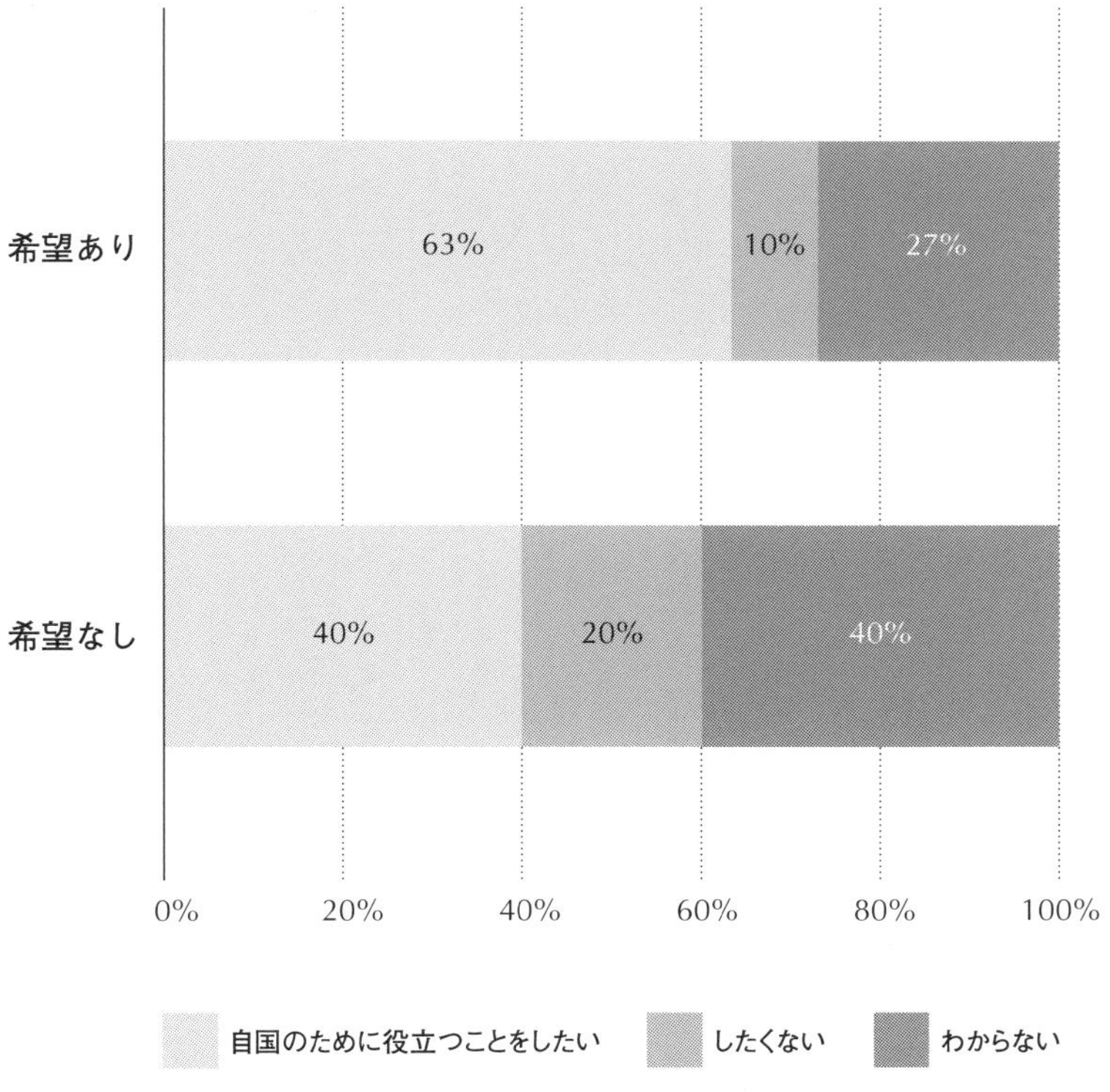

資料：『若者調査』Q7、Q25

しかしこれからはそうはいかない。産業の成熟化と少子高齢化によって、日本経済のポテンシャルがますます下がっていく中で、これまでと同じ舵取りはおそらく通用しない。そこに加えて、将来に希望の持てない若者が増え、先に述べたメカニズムが逆に働いて、日本の未来がますます見通せなくなれば、将来に希望の持てない若者がさらに増えるという悪循環に陥ることになる。それはこの国の将来にとって、絶対に避けなくてはならないことである。

図表7 - 9は、我が国における自殺率（人口10万人当たりの年間自殺者数）の推移を示したものである。我が国の自殺者の数は、バブル経済の崩壊後の不良債権処理の先送りが行き詰まり、日本長期信用銀行の国有化をはじめ激動の年となった1998年に3万人を超え、それから長らく高い水準で推移した。しかし2012年にようやく2万人台に戻り、その後も少しずつ減少している。このため、最近はあまり自殺について語られることが少なくなったような気がする。

しかし人口10万人当たり20人というのは、国際的に見ればいまだにとても高い水準である。とりわけ注目すべきは、若者の自殺率だ。ここ数年、全年代の自殺率とともに下がっているので、一見良い方向に向かっているように思えるかもしれない。しかしつい数年前まで、若者の自殺率は全年代の自殺率よりもずっと低い水準にあったことを忘れてはならない。このような若者の自殺率の「大人化」は、決して良い兆候ではない。現時点では、このような日本の若者

図表7-9　自殺率（全年代および20～29歳）の推移（日本）

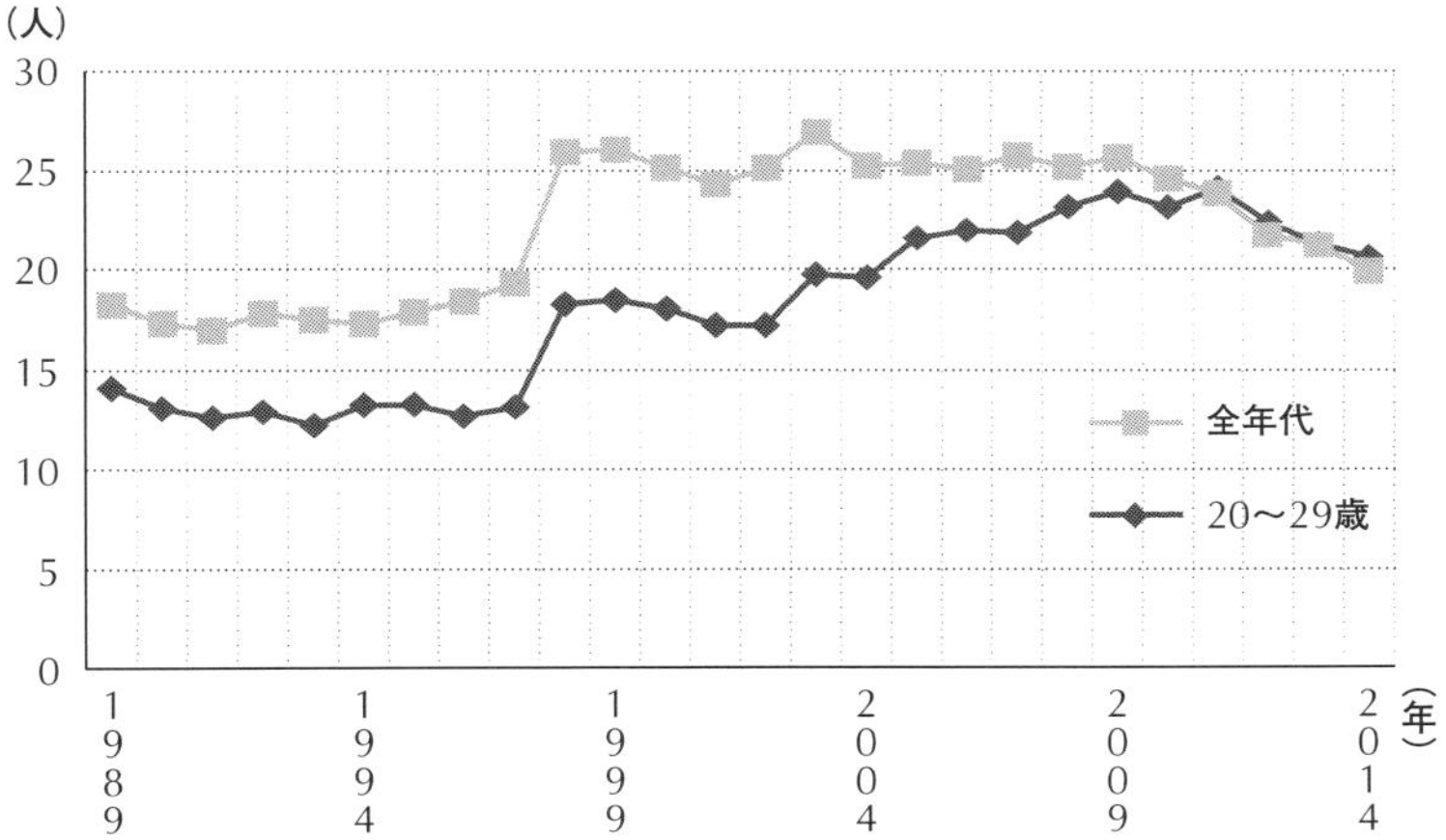

資料：内閣府『自殺の統計』、各年版

の自殺率の上昇傾向が、若者の総合的希望の乏しさと関係があると断定することはできない。しかし両者とも、日本の若者を取り巻く「空気」を知る上での重要なバロメーターであり、今後もその動向を注意して見ていく必要がある。

若者の未来を拓く日本をつくるために

本書では、経済的な不安定さや、家庭生活に対する不満、友人関係の希薄さ、学歴や仕事の有無など、日本の若者が希望を持てない要因を様々な角度から示してきた。それらを一言でまとめると、日本では、現状のマイナス要因が将来の希望度を引き下げる度合いが強いということだ。たとえば受験や就職で一度失敗すると、それをなかなか挽回できない。将来に希望を持っている若者の少なさには、そんな日本の社会システムの硬直性が端的に表れている。

逆に言えば、日本の社会システムをより柔軟にし、一度失敗して今がダメでも、明日は成功する可能性があると思える世の中にすることが、希望を持つ若者を増やす最も確実な方法である。したがって、そのための努力を重ねていくことは大切だ。もちろん、それは簡単なことではない。しかし少なくとも、現在の日本の社会システムは決して永続的なものでなく、自分たちがそれを変えてゆけるという意識を持てるようになるべきだ。

たとえば、本書の中で国際交流活動を経験したことのある若者の方が、そうでない若者よりも将来に希望を持っている割合がずっと高いということを示した。世界には様々な国があって、様々な人がいるということを理解するだけで、かなり違ってくるのである。こうした活動を通じて若者のエンパワーメントを進める、すなわち若者が自らの可能性を信じて行動することができる社会をつくることが、明日の日本を築く上での重要なカギであると、私は信じている。

まとめ――本書の意義

2014年6月に『若者調査』の結果が公表された時、将来について希望を持っている若者の割合が、日本では他の国々に比べて突出して少ないということは、一部の識者やメディアに指摘されていた。しかしそれについては「こんな国だから、やっぱりね」という反応があっただけで、特に議論が深まることはなかった。本書が少しでもその議論を進める糧となることを切に願っている。

ところで、統計の知識が多少ある人なら、おそらく本書の分析には物足りなさを感じていることだろう。本書では、多変量回帰分析や因子分析などの、様々な要素をまとめて考慮する手法をあえて用いていない。そのような手法を用いれば、分析の正確さは向上するかもしれない（ただし調査規模を考えると、細分化した分析が必ずしも望ましいとはいえない）が、それを理解するにはある程度の統計の知識がなくてはならない。本書はなるべく多くの方に手に取っていただきたいと思っているので、なるべく感覚的に理解しやすい分析にとどめようと考えた次第である。『若者調査』のデータは、より高度な分析にも堪えうる貴重なものであると思うし、本書がそうした研究を触発することになるのであれば、それは望外の喜びである。

なお『若者調査』(正式名称『平成25年度　我が国と諸外国の若者の意識に関する調査』)のローデータ(一次資料)の利用と、その分析結果の公表を快くお認め下さった内閣府青少年企画担当の方々に対して、厚く御礼を申し上げたい。内閣府をはじめとする政府機関においては、これまで様々な貴重な調査がなされているが、調査の実施に関わっていない外部の者がデータにアクセスするのは、なかなか難しいことであった。それがこうして個別のデータを携えて分析ができるようになったことは、1人の研究者としてとても有り難いことであるし、またこのような情報公開が様々な研究を触発し、日本社会の分析が活発に行われることは、1人の国民として非常に良いことであると思う次第である。

最後になってしまったが、執筆期間中ずっと前向きに励まし続けてくれた草思社の吉田充子さん、いつも私を支えてくれている両親、そして妻の礼子と息子の賢翔へ、心より感謝の意を捧げたい。

鈴木賢志

2015年10月

高さと機会平等」

2 日本政府観光局「訪日外客数の動向」http://www.jnto.go.jp/jpn/reference/tourism_data/visitor_trends/（2015年7月5日閲覧）

World Database of Happiness. http://worlddatabaseofhappiness.eur.nl/ を参照のこと。

17 広渡清吾「希望と変革　いま、希望を語るとすれば」　前掲『希望学1　希望を語る』、20ページ。

第2章

1 たとえば『日本再興戦略　改訂2014』、2ページを参照。

2 大竹文雄『日本の不平等—格差社会の幻想と未来』、2005年、日本経済新聞社。

3 OECD Family database, CO2.2.

4 World Economic Forum (2013) The Global Competitiveness Report 2013-2014.

5 性別による差別禁止は、男女雇用機会均等法第7条、年齢による差別禁止は雇用対策法第10条に規定されている。

6 たとえば Fong, C. (2001) 'Social preferences, self-interest, and the demand for Redistribution.' *Journal of Public Economics*, 82, 225–246を参照のこと。

第3章

1 婚姻率、離婚率とも、厚生労働省『人口動態調査』による。

2 総務省『国勢調査』による。

3 川口マーン恵美『住んでみたドイツ　8勝2敗で日本の勝ち』、2013年、講談社＋α新書。

4 堀田力オフィシャルホームページ　堀田 .NET　http://www.t-hotta.net/teigen/ikikata/081002_shohyou.html

5 永井暁子「第3章　友だちの存在と家族の期待」、玄田有史（編著）『希望学』、96–97ページ。

6 Allan, G. (1979) *A Sociology of Friendship and Kinship*, George Allen and Unwin.　仲村祥一・細辻恵子訳『友情の社会学』、1993年、世界思想社。

7 永井暁子、前掲、99–100ページ。

8 国立社会保障・人口問題研究所『第14回出生動向基本調査（結婚と出産に関する全国調査）—独身者調査』、2010年。

第4章

1 OECD (2014) *Education at a glance 2014*, p.44.

第5章

1 OECD StatExtracts [http://stats.oecd.org/], LFX by sex and age – indicators.（2015年6月8日閲覧）

第6章

1 Ezra F. Vogel (1979) *Japan As Number One: Lessons for America.* Harvard University Press. 広中和歌子、木本彰子訳『ジャパン・アズ・ナンバーワン』（新版）、2004年、阪急コミュニケーションズ、「第7章　教育—質の

注

はじめに

1　古市憲寿『絶望の国の幸福な若者たち』、2011年、講談社。

第1章

1　goo辞　書（http://dictionary.goo.ne.jp/jn/）よりアクセス、2015年3月5日閲覧。

2　http://www.oxforddictionaries.com/よりアクセス、2015年3月5日閲覧。

3　玄田有史、宇野重規「はしがき『希望を語る』ということ」　東京大学社会科学研究所、玄田有史、宇野重規（編著）『希望学1　希望を語る』、2009年、東京大学出版会、xviページ。

4　Snyder, C.R (2000) *Handbook of Hope: Theory, Measures, and Applications.* Academic Press.

5　Dufault, K. and Martocchio, B.C. (1985) 'Hope: Its spheres and dimensions.' *Nursing Clinics of North America,* 20, 379-391.

6　都築学『希望の心理学』、2004年、ミネルヴァ書房。

7　大橋明、恒藤暁、柏木哲夫「希望に関する概念の整理―心理学的観点から―」『大阪大学大学院人間科学研究科紀要』第29巻、2003年、101－124ページ。

8　大橋明、恒藤暁、柏木哲夫、前掲、107ページ。

9　玄田有史「希望学がめざすもの」　玄田有史（編著）『希望学』、2006年、中公新書ラクレ、23ページ。

10　O'hara, D. (2013) *Hope in Counselling and Psychotherapy.* Sage, 11.

11　http://www8.cao.go.jp/youth/kenkyu/thinking/h25/pdf_index.html

12　内閣府『平成26年版　子ども・若者白書（全体版）』、2014年。全文がホームページ http://www8.cao.go.jp/youth/whitepaper/h26honpen/index.html で閲覧できる。

13　本書では、カイ二乗（χ^2）検定で帰無仮説の有意水準が5%未満の場合に統計的に有意である、つまり偶然に生まれた差ではない、とみなすことにする。

14　古市憲寿　前掲、104ページ。

15　たとえば次の文献を参照のこと。Laura R. Umphrey and John C. Sherblom (2014) 'The relationship of hope to self-compassion, relational social skill, communication apprehension, and life satisfaction.' *International Journal of Wellbeing*, 4(2), 1-18.

16　幸福感の研究における質問方法については、たとえばRuut Venhoven,

著者略歴

鈴木賢志 すずき・けんじ

明治大学国際日本学部教授。専攻は政治・国際研究。
1968年東京生まれ。1992年東京大学法学部卒業後、株式会社富士総合研究所で官公庁の受託調査に従事。1995年イギリスに渡りロンドン大学政治経済学部（LSE）でヨーロッパ政治研究の修士号を得る。その後同国ウォーリック大学で日英の経済政策を研究し、2000年に博士号（Ph.D.）取得。ウォーリック大学在学中の1997年にスウェーデンのストックホルム商科大学欧州日本研究所に客員研究員として赴任、以後、同研究所で助教授、准教授を歴任。日本の政治経済に関する研究・講義を担当。2008年日本に帰国。2013年より現職。日本社会の様々な制度と、その集合体であるシステムについて、諸外国と比較しつつ、また国民性の違いを勘案しながら論じている。

日本の若者は
なぜ希望を持てないのか
日本と主要6カ国の国際比較

2015年11月24日　第1刷発行

著　者　鈴木賢志
装幀者　永井亜矢子（陽々舎）
本文デザイン　Nakaguro Graph（黒瀬章夫）
発行者　藤田　博
発行所　株式会社 草思社
〒160-0022　東京都新宿区新宿5-3-15
電話　営業 03（4580）7676　編集 03（4580）7680
振替　00170-9-23552

本文組版　横川浩之
印刷所　中央精版印刷株式会社
製本所　株式会社坂田製本

ISBN978-4-7942-2167-4　Printed in Japan　検印省略

草思社刊

ソーシャル物理学
「良いアイデアはいかに広がるか」の新しい科学

アレックス・ペントランド 著
小林啓倫 訳

組織の集合知は「つながり」しだいで増幅し、生産性も上がる——。社会実験のビッグデータで、組織運営や制度設計、さらには社会科学に革命を起こす新理論の登場。

本体 2,000円

おべんとうと日本人

加藤文俊 著

日本独自の携帯食であり独自の進化をとげる「おべんとう」と私たちの関係を、コミュニケーション論、メディア論の観点から読み解くユニークな食文化論。

本体 1,500円

東大教授が教える独学勉強法

柳川範之 著

テーマ設定から資料収集、本の読み方、情報の整理・分析、成果のアウトプットまで。高校へ行かず通信制大学から東大教授になった体験に基づく、今本当に必要な学び方。

本体 1,300円

君がここにいるということ
小児科医と子どもたちの18の物語

緒方高司 著

小児科医の著者が、過酷な医療現場で出会った子どもたちとの交流を描く実話。懸命に病と闘う子どもたちの姿を通して、生きることの大切さにあらためて気づかされる。

本体 1,300円

＊定価は本体価格に消費税を加えた金額になります。